The Art of Freedom:
Teaching the Humanities to the Poor

PLATO 柏拉图
也许能教我们逃离贫穷

Earl Shorris
[美] 厄尔·夏润思 著
汪小英 译

北京联合出版公司
Beijing United Publishing Co.,Ltd.

图书在版编目（CIP）数据

也许柏拉图能教我们逃离贫穷 /（美）厄尔·夏润思著. 汪小英译.
—北京：北京联合出版公司, 2016.7
ISBN 978-7-5502-7933-9

Ⅰ. ①也… Ⅱ. ①厄… ②汪… Ⅲ. ①扶贫—研究—美国—通俗读物
Ⅳ. ①F171.247-49

中国版本图书馆CIP数据核字（2016）第138031号

北京市版权局著作权合同登记　图字：01-2016-4395
THE ART OF FREEDOM：Teaching the Humanities to the Poor
by Earl Shorris

也许柏拉图能教我们逃离贫穷
作　　者：（美）厄尔·夏润思
译　　者：汪小英
产品经理：聂　文
责任编辑：宋延涛
特约编辑：刘青丽

北京联合出版公司出版
（北京市西城区德外大街83号楼9层　100088）
北京盛通印刷股份有限公司印刷　新华书店经销
字数：208千字　700mm × 980mm　1/16　印张：16
2016年7月第1版　2016年7月第1次印刷
ISBN 978-7-5502-7933-9
定价：45.00元

PLATO 柏拉图

也许柏拉图能教我们逃离贫穷

目 录/CONTENTS

1995年，苦于不能回答关于美国贫穷的重要问题，我去了纽约市北部的贝德福德山监狱，考察那里的反家庭暴力计划。我正在写一本书，想不出该怎样结尾。多少年来我四处寻找，访问了数百人，对贫穷及其原因有所发现，却找不到解决的办法。我希望能在监狱里找到答案。像研究贫困问题的大多数人那样，监狱表面的生活并没有给我预期的启示，而那里情感和精神生活的深度却超出了我的想象。在贝德福德山监狱的那个下午影响了我十七年。从那之后，我试图继续我的作家生涯，但那天下午产生的想法几乎要把我吞没。

我在别处写过参加活动的一些人，这个活动一般被叫作克莱门特人文课、奥德赛课程，或创业，或玛雅精致文化——唯一的神（alta Cultura Maya–Hunab Ku），或阿拉斯加人文进修课程（Yaaveskaniryarq），又或简单地被叫作人文101。主要目的是呈现其理论，人物描写不过是出于说明之需而已。

这本书写的是人，一些创建了众多课程的人，同时写的也是他们的慷慨及超凡的智慧。现今，这个在各种族群、用各种语言开设的课程的核心仍然是那些学生，让他们从困境和绝望的边缘走向批判性思考，感受其中的美丽和明晰。他们和他们的子女用事实证明，贫困并不是人类生活的一种必要状态。

我们传授自由。

监狱的浪漫

我错了，虽然并非完全错了，但确实错了。我用了十七年才发现这些错误。

我毫不怀疑，全是因为她。她一开始就在那儿，脸上有雀斑，眼神黯淡。你也许会说，一切是因为她开始的。这么说很接近，虽然事情并不像听起来那样，这是一连串的偶然事件。我去监狱，并不是为了给写小说寻找爱情故事、情节、对话或塑造人物；我的兴趣出于社会学：我是带着冷静、客观的眼光去的，这些毫不夸张。而且，对于生性浪漫的作家来说，防范森严的监狱是理想的激发灵感之地，于我也不例外。要不是因为意外，一切都不会有闪失，我周游世界推销的则会是另一套智慧。很久以前，我就写过这个女犯人，以及受她启发而诞生的工作。那时我还不能说出对她的了解，或者她对我、对我将要做的工作产生的影响。

贝德福德山监狱在纽约市以北，天气好时，开车一个半小时就可到达。监狱的历史相当久远，我初次看见它时，已有将近一百年的历史。夏天，下了高速，道路蜿蜒，经过高挑纤细的树木和田野，再往前开半英里，周围的景色提醒我，就要到了。一片毫无生气的荒地，上面散布着石块，太阳地里的黄色大巴和汽车上积满了灰土。监狱外面没什么动静，只有一些换岗的哨兵，或者搭载访客的黄色大巴来到或离开。在这片死寂的广场后面矗立着砖楼，楼间有一些老树，枝繁叶茂，给人增添了一丝耐心。这是最高戒备监狱，每个女囚的刑期至少是六年，还有很多被判了无期徒刑。

后来我才知道，这里的暴力比街头还要泛滥，这是她教给我的。她即将成为我的老师，正如我是她的老师那样。

初来乍到的那个下午，在一个大房间里，我和犯人们以及两名社工坐在金属椅子上，围成一圈。这房间大概位于监狱中央，不过我也不太清楚。社工让我坐在一个矮小敦实的年轻女子旁边。她和我握手，用一种我以为适宜监狱会见的正式礼仪相互做了介绍。她看我时，目光迟钝，眼神带有监狱中典型的敌意，而从一开始，她的嘴角就带着一丝讥笑。

我们听了关于虐待妇女的讲解，也听了她们的故事，看着她们一边讲，一边哭；还观看了在场一些人的录像，比她们现场的讲述更详细。放完录像，一个高个儿的金发女子大步走到圈子中央。她站得笔直，手垂在身体两侧，用一种平淡、不带口音的语气讲述着。她说自己参与抢劫了一家便利店，她的任务是把刀架在店员的脖子上；她说自己并不想伤着他，可是他非要挣扎，她不知道怎么办才好；她告诉他别动，但他还在挣扎，她就割断了他的咽喉。

高个儿女人讲话时没有表情，她只做了一个动作：抬起右手比画了一个用刀割断咽喉的动作，似乎那是店员的咽喉，然后，她的手臂又垂下来。停了一会儿，她说，她马上就能回家了。她没有再提杀人这件事，也没有提到她回家以后怎样生活。她从我身边经过回到座位上时，我看到她像是哭过。

当高个儿女人说她的故事时，我并没有留意到坐在我身边的女人，我更想看大家的反应。没有人感到震惊，没有人想回避正在坦白如何杀人的自己。也许她们以前听过这件事，也许她们听了上百遍。监狱就是不断重复，这是惩罚的本质。伟大的阿根廷作家豪尔赫·路易斯·博尔赫斯说过：“重复意味着死亡。”但这种重复并不是。我不知道它到底是什么，但这重复是一种不一样的东西，人们因此才把服刑称为“谋杀时间”。

在聆听暴力和观看救赎录像带的间歇，我扭过头看身边的这个女人。因为我不知道说什么，也因为我没有忘记到这里来的目的，我问她：“你觉得人们为什么贫穷？”

“因为他们没有城里人那样的道德生活。”

“你说的道德生活是指什么？”我猜她指的是宗教。

她说：“你应该让孩子从小就开始。”她说得很快，不时冒出一些街头俚语。她停了一会儿，然后又恢复了几乎没有停顿的语速，“你必须把城里人的道德教给孩子。怎么做到呢，厄尔？就是带他们去看戏剧、去博物馆、去听音乐会、去听讲座，这样他们才能学会城里人的道德生活。”

“你是指人文？”

她看着我，好像我是世界上最傻的人：“是的，厄尔，人文。”

她叫出我的名字让我感到意外，她的名字不那么常见，我已经不记得了。我向她微笑，她误以为我是在迁就她，可却没有认识到，事实正相反。我反问：“那他们就不会再受穷了？”

她读懂了我说的每一个字，也开始用讥讽的语气回答：“他们就不会再受穷了。”

“你的意思是——”

“我就是这个意思，一个与街头生活不同的道德选择。”

她没有提到钱或是工作。在这方面，她像我问过的其他人一样，在我去过的所有地方，没有人提到钱和工作。我在美国各地看到人们生活在我眼里的压力围困之中——丑陋、暴力、饥饿、虐待、糟糕的学校、毒品、简陋的住房、歹徒、凶狠的警察，还有电视和广告的噩梦。最后这一点把贫困的屈辱说得再清楚不过，往往最糟糕、最让人难以忍受，尤其对孩子们来说，是通过比较而感到自己一无所有。生活在这样一个国家，电视和广告时刻在提醒着他们，自己是穷人。这些宣传没完没了，没有一刻停歇。他们没有时间反省，没有时间喘息，只有被动的反应。我很欣赏她说的对于贫穷的解决办法，但是“城里人的道德生活”怎样才能使人摆脱周围的力量？一个博物馆又如何能驱赶贫穷？那些历史和雕像既不能吃也不能穿；还有，政治生活怎么办？摆脱贫穷需要政治，而不是城里人的道德生活。但是，为了进入公共领域，实践政治生活，穷人先要学会反思。她说的“城里人的道德生活”指的是这些吗？我看了她片刻，转过头去，没有说话，轻视不需要回答。

开车回纽约的路上，我回想起自己的教育经历和她的话。如果真能让穷人有城里人的道德生活，他们也许会脱离贫困；即使不能摆脱经济上的贫困，至少可以脱离束缚他们、让他们碌碌无为、疲于奔命的那个环境。我把疑问暂且放在一边，顺着她的思路思考。我发现，她为我的想法构建好了框架，可惜我没有细想，因为我的心思都在写作上，还以为自己找对了路子。

你是指人文？

是的，厄尔，人文。

没有人真正知道“人文”是指什么。《牛津英语词典》也不愿意为这个词写长篇的解释。《福勒现代英语用法》里说，一个人在报纸上读到“人文”这个词，可以给它下四种定义，哪一种都对。我接受了服刑于一级戒备监狱中的一个女囚给出的含义。部分是由于她下的这个定义，我花了十七年的时间开始从事这项轻微却有意义的工作。她没有提到彼特拉克[1]或是他对人文的定义，不过我觉得，她指的就是这个，我同意她的说法。彼特拉克在文艺复兴时这样不容置疑地定义人文：人文包括道德哲学、艺术史、历史、文学和逻辑的经典著作。不多不少，就是这样。如果她不是指这个，那她等于什么都没说。她通过默许说服了我，不是争辩，甚至不是提议。她那时已是一个了不起的囚徒。

我有一张她的照片，在《打破沉默的高墙——艾滋病和纽约一级戒备监狱中的妇女》（*Breaking the walls of Silence*：*AIDS and Woman in a New York State Maximum Security Prison*）这本书里，那是写这本书的犯人送给我的。她站在人群中，照片没有注明日期，我不知道那是在我去教人文课之前还是之后拍的。照片上的她几乎让人认不出来，矮矮的、圆脸，笑容像孩子一样。在书中的所有女囚照片里，只有她的脸天真无邪。多年来，我一直在照片中搜寻那种隐忍的讥讽，却从没有找到。也许这是个秘密，她的嘲讽如此完美，以至于我难以发现。

这种讥讽的根源我一直没有弄清楚。她很少谈起自己，这是监狱中一条不成文的规矩，对罪行和判决缄口不提。女子监狱中有组建起来的“家庭”，只有“家里人”才知道这些。我初到那天，金发女子的坦白并不常见，她可能想通过牺牲她的隐私来减少刑期。当我提出我想了解那个我最了解又最不了解的女犯人黯淡的目光和轻蔑的表情背后有什么故事时，我立马被回绝了。有关她的事情，我是通过其他犯人和监狱管理人员才知道的。在他们的叙述中，那些细枝末节、恐怖、生活的碎片、血腥残忍的故事和想象才得以慢慢拼凑起来。

1　弗朗西斯科・彼特拉克（1304—1374）：意大利学者、诗人，文艺复兴时期第一个人文主义者，被誉为“文艺复兴之父”。

8月底，我再次在一间小牢房里见到她。我们面对面坐在硬靠背的椅子上。她穿着枣红色短裤，绿上衣，手上拿着东西。夏末的闷热裹挟着我们，牢房里的空气不流通，窗户是关着的，为了遮阳，百叶窗也拉上了，阳光把百叶窗照成了橙色的台灯。这次访问很不舒服，从进入监狱后的检查、金属探测器以及把一个或多个人关在会见室里的滑动铁栅栏都让我感到紧张。防弹玻璃后面的警卫盯着会见室里的人。这是个自由退场、监禁横行的地方。虽然知道自己几个小时后就会离开，但穿过检查室时，我仍然感到难以忍受。

我给她讲了我们在城里和监狱中的进展，招募老师、学生，设计各个学科的课程。她问我会教什么，我背出一个阅读清单。她说："还少一样。"

又是这样十足的轻蔑。

"什么？"

"《洞穴隐喻》[1]。"

她摊开手，我看见两片大白药片，她把药片放进嘴里，一次一片，我认出这是什么药，监狱并没有给足剂量。我在心中问："艾滋病？"她慢慢眨了眨眼睛，算是回答了我的疑问。故事的结局已经写好，而我只能在死亡的阴影下卑躬屈膝。我说："好的，我们从《洞穴隐喻》开始。"

我们确实这样做了。

在监狱的教室里，女人们一排排坐下。没有一个蓬头垢面，也没有一个愤愤不平。她单独坐着，是她召集了全班人，也是她管理她们。很久以来我都不知道这一切是怎样进行的。我和她说话，跟对其他人一样，但是

1 《洞穴隐喻》是柏拉图著作《理想国》中的段落之一，柏拉图在其中对人类的处境，尤其是人类的认识做了形象的描述。

我没能让她参与到对话中来。她坐在自己的位置上，远离众人。她让自己显得与其他囚犯不同，更像是个社工。她很少发言，她的眼睛跟其他人的眼睛不一样，我常常看着她，以为能辨认出她的眼神：那渴望的一瞥、幸福的凝视、沉浸在梦想或思想之中的迷离。她说话时，我再也听不出任何讥讽的口气。

课堂是对话式的，这是她们从没有经历过的教学方法，除了朱迪·克拉克，她和我一样都上过芝加哥大学，熟悉苏格拉底式的教学。她与其他人不同，但也不像我预想的那样。人们爱护她，怜惜她，或许因为她是个重犯，整天都受监视，被派去做最差的活计，连一般囚犯有限的权利都享受不到。尽管朱迪像个助教，但并没有和同学疏远。只有她，维尼丝·沃克，一个人单独坐着，认识她的人都叫她尼丝。她既不是助教也不是老师，可是其他人允许她在教室里坐着。在别人绞尽脑汁思辨、在监狱的教室里拥抱济慈、拼命区分希腊和罗马艺术的时候，她坐在那儿，一言不发。

我在报纸上找到了她的名字。在《纽约日报》的头版，通栏的大标题写着《垮掉的凶手》，底下是她的照片。头版的油墨太重，看不清照片的细节。一个矮小的女子站在高高的台阶前，也可能是堵墙，她披着头发，油腻蓬乱，衣服颜色暗淡，似乎很脏，看起来像个犯了错的孩子。

照片是逮捕的当天或是第二天拍的。我在报纸里找不到她的故事，无从知道她干了什么。不管是什么，反正不是一般的谋杀案——她可是上了大报的头条。可是，她蓬头垢面，脏乎乎的，怯生生的，像是生了病，虚弱，疲倦。我没有问过她杀人或是被捕的事，她也不会告诉我。她的故事像小说一样，将在后面的章节逐渐展开。

城里和监狱里的课程同时进行着。

一个女犯人问："我们为什么要哲学？"[1]

"应该是'我们为什么要学习哲学'，除非是词组，否则一个句子里一定要有动词。话说回来，我明白你的意思，我会给你一本书，那本书是6世纪时一个坐牢的人写的，他叫波爱修斯[2]。他小时候的保姆叫菲萝索菲（即英语中的"哲学"一词），她来探望他，帮他逃走。"

后排有人发话，不知道是哪一个："我们这儿不用这个词。"一阵哄笑。

《哲学的慰藉》并没有像我预想的那样给她们带来太多影响。她们喜欢历史甚于理念。她们住在集体牢房，没有暖气，冬天，囚室内的墙壁上会结冰。有一次，学生们研究了这个罗马执政官的生平，她们用各自不同的角度阅读作品：盗贼、毒贩、凶手、贪官、举重运动员、顽固、报复心强、郁郁不得志。她们读了书的开头，这一页给人一种假象，与后来发生的事完全不同。还没有读波爱修斯的文字之前，她们就已经知道他被棍棒捶打，受尽折磨，最终死去。她们并不认为他在牢狱中获得了解脱，只知道他必死无疑。

随着时间流逝，我看到了她们的变化，特别是她。我们在监狱的一个小房间里举行了毕业典礼，我设法从离监狱最近的镇上偷偷带来了中国菜。由于这是违反监狱规定的，因而这举动比食物更让她们欢欣不已。不仅如此，就连典狱长也跑来祝贺她们，这让我们都觉得完成了一件英雄般

1 原文为"Why we studying philosophy?"缺少助动词are，考虑到中文没有对应语法结构，故将"学习"一词一并去掉。

2 波爱修斯（480—524）：波爱修斯是欧洲中世纪开始时的一位罕见的百科全书式的思想家，在逻辑学、哲学、神学、数学、文学和音乐等方面都做出了卓越的贡献，有"最后一位罗马哲学家""经哲学第一人""奥古斯丁之后最伟大的拉丁教父"之称。

的壮举。那天下午典狱长谈起她们来，更像是在说学生而不是犯人。尼丝和一个人谈起了前一天的争论，她们对布莱克的诗《黑人小男孩》有着不同的看法。它到底是一首种族主义的诗歌，还是像布莱克所认为的那样黑人男孩离上帝更近，所以皮肤是黑的？尼丝认为，这首诗是种族主义的。

这几年我不时与她见面。我们设法通电话，尽管这是不允许的。人们以为我们有什么秘密，其实我连她的中间名[1]都不知道。每次在观众对话或报纸访谈中说起给穷人上人文课的工作时，我一定会提到她。而当他们问我她犯了什么罪、为什么入狱时，我却不能回答。我把有关她的新闻剪下来寄给她，她把这些收藏在一个文件夹中。文件夹里还有两封信，一封是前纽约市长写的，一封是《哈珀斯》杂志的编辑写的。每隔两年，她都会准备一堆档案，送交假释裁判委员会。听证的那天，她只身前往，因为不能有律师在场。她二十来岁时，第一次去；三十岁时，再去；三十岁后，还去。每次听证时间不到一分钟，委员会并不看她精心准备的材料，他们会说："犯罪性质严重，驳回。"

她在哈莱姆[2]长大，之前没有过过穷日子。我不知道她是什么时候遇到那个男人，什么时候跟他在一起的。我不知道他叫什么，也不知道他在哪座监狱服刑。他不给她写信，她也不给他写。她很少提起他，一旦说起，她就悔恨交加。不过，沉默并不等于忘记。她每天服白药片，监狱给的剂量不够，而州政府不会释放一个女犯人，让她死在家中，所以，每次看见棺材或者为死者祈祷时，她就会想到他。

在她的记忆中，无法抹去的是他和那只鸟。他把手伸进鸟笼，拿出她养的小鸟，在她眼前把它的脖子拧断。他让她看那只死鸟，并且让她记

1 中间名即美国人名和姓之间的名字，通常用缩写表示，外人一般不称呼。
2 哈莱姆为纽约曼哈顿的一个黑人社区。

住。之后，他让她干什么，她就干什么。她站街卖淫，给他挣钱。他们吸白粉，吸得越多，她活儿干得也越多。他们的故事很普通，这种悲剧在纽约上城随处可见。

那只脖子被拧断的鸟使这个悲剧更加戏剧化，也更加恐怖。鸟是一个支点，揭开了她母亲不想看到的生活，她母亲知道死鸟意味着什么。她母亲离世时给她留下一笔年金和保险金。可是她母亲不相信自己的独生女，于是把这笔钱悉数留给她的外婆，她的外婆每周把钱慢慢汇出去。

他们去她外婆的公寓，想拿走所有的钱。外婆不给他们，他就打她。打人的声响像是打断了骨头，更像是打破了皮肉和头骨。窗外就是城市，外孙女走到窗口，望向城里。她没有留在案发的房间，没有听见棍棒打在外婆身上的声音，没有看见外婆死去，也没有闻到血腥的气味。

突然，他们就逃走了。那时他是否已经把老太太解决了？他们为什么没有拿走老太太的银行卡或信用卡？有人尖叫吗？我没有问过她，她也不会告诉我。受虐待的妇女都会让自己远离痛苦，她们没有别的办法，只有这样才能求得生存。我不知道她何时才明白发生了什么事，或者她看到了窗外的什么。我也不知道尖叫的到底是谁。

因为害怕有人听见响动，他们逃跑了，没有拿走老太太的银行卡。他们没有回到原来的住处，警察肯定在那儿等着他们。整整三天，他们在纽约上城的贫民区游荡，不敢去有熟人的地方，他们觉得警察正在追捕他们。他们没吃没喝，不能洗澡；他们吸可卡因，东躲西藏。最后，到了第三天，他们没有钱，也没有地方睡，精疲力尽。他们虚弱，毒瘾发作，他们被欲望吞噬。

警察根本就懒得去找，因为他们发现银行卡还藏在老太太的房里，谁都知道下一步会怎么样，这并不需要洞悉不法之徒的哲学家弗朗索瓦·维庸和米歇尔·福柯的智慧。她开门进了老太太的公寓，警察就等在那儿，她没有反抗或争辩。记者给她拍照时，她甚至没有力气遮住脸。

在监狱的那些年，我常与她谈话，但是她学习人文课之后，与我谈话的需要好像减少了，她获得了英文高级学位。在刑期将满的最后几年，她更加沉默，读书更多，成了非正式但颇有成绩的社会工作者，担任“狱友”的心理顾问。

当她离开囚室，走向外边的世界时，她没有留下通信地址。社工特莉·麦克耐尔跟尼丝很要好，但也不知道她去了哪儿。那时尼丝的HIV感染已出现艾滋病症状，她早就需要“鸡尾酒”[1]来抑制感染，可是监狱每天只提供一种药，便宜而无效。

她死了。我不知道维尼丝·沃克在什么地方死去，也不知道到底是什么偶然的感染置她于死地。尽管她还没享受过自由人才有的甜蜜的社交生活，但是人文给了她自由的喜悦，这是波爱修斯在菲萝索菲去探监时感到的喜悦。她体会到了，她自由地死去。

* * * * *

> 参加1995年克莱门特课程的女犯，除去一人，已经全部获释，没有一人再犯。参加过一些大学课程的犯人，包括重犯监狱的犯人，再次犯罪的比例非常低，尽管零重犯率确实还很少。
>
> 只有朱迪·克拉克一人未能获释，她由于误解社会正义而杀人，被叛终身监禁，不得假释。我和很多人一样，给法院写信，要求对她重新审判。

1　鸡尾酒疗法，即“高效抗逆转录病毒治疗”，指通过三种或三种以上的抗病毒药物联合使用来治疗艾滋病。

自从维尼丝·沃克第一次对我提出“城里人的道德生活”，全世界已有一万多人参加了克莱门特课程。这个课程开始于这所监狱和这座城市的罗伯托·克莱门特家庭指导中心。很长一段时期，这个课程严格遵循以西方古典名著为基础的教学大纲，它正是波爱修斯、彼特拉克、赫钦斯、维尼丝·沃克和我认为唯一可行的课程。我行走于世界，像个18世纪的英国校长，只醉心于希腊文学和喝茶。我周游世界，做法一成不变，我穿着睡袋一样的棉服走过一座又一座城市，一个又一个国家，一片又一片大陆。周围的世界重新定义了人文这个词。美有很多名字，智慧有很多语言，历史仅凭一个人的心智难以领悟，诗歌无法翻译。我曾经对环境的压迫、对被动的生活宣战，可是在那时并没有种种反思，那时没有。在最初的时候，也没有。在白令海峡寒冷的小村，在俯瞰墨西哥城的高地，在首尔无家可归者之间，在芝加哥的人群中，在非洲和阿根廷，我逐渐认识到人文的民主特性。当我到了墨西哥尤卡坦的小村庄圣安东尼奥西禾时，我才知道，我错了，不过并没有完全错。有件事必须做，而且我们有办法完成。

第一章
开始——1995年

2006年9月8日，在得克萨斯靠近墨西哥湾的一座小镇上，一位高挑的年轻女子写了一封信，这封信给罗伯托·克莱门特家庭指导中心第一年的人文课画上了句号。我上次见她还是在很久以前，可是我仍然记得她。大概十年前，她来家庭指导中心申请参加这门课程，我面试了她。跟她谈了二十分钟，还是决定拒绝她的申请。这件事有些不对劲，我不知道究竟哪里不对。也许是一个得克萨斯的金发美女与纽约下东区格格不入？

1995年，克莱门特中心的前门正对着美国最著名的“风景”之一，街对面的三座大楼被用作电视剧《纽约重案组》的片头。破败的出租楼已经被房主弃置，现在住着流浪者和毒贩。电视剧的制片人显然觉得，这里代表着美国最丑陋、最暴力的警察辖区。也许是为了对抗，杰米·因克兰医生特地把纽约唯一为讲西班牙语的人提供心理咨询的门诊设在此地。

那年初夏，我问他，是否愿意听一听关于穷人教育实验的设想。

我向他解释，我用三年多时间访问了美国几乎所有的穷人，发现难以计数的外力压迫——饥饿、孤独、疾病、房东、警察、邻居、虐待、毒品、犯罪、种族主义只是其中几种。这些压迫施加于穷人身上，形成一种“外力”将他们困住，使他们无法挣脱。我开始明白，这就是穷人不能参与政治生活的原因，而政治在生活中的缺失又反过来使他们继续穷困。我所说的“政治”并不是指参加选举投票，而是伯里克利所说的：在各个层次上与他人交往，从家庭、邻里到更大的范围，到城邦。

当我向杰米·因克兰医生讲述我的想法时，我已经听取过六百多人的意见，与其中一些人保持了两三年的联系。我干活儿的方法像一个修补匠，把世界上能找到的零七八碎的东西拼凑到一块儿，我那时觉得，已经没有什么东西会让我感到意外。当然，这是在我遇到贝德福德山监狱的尼丝之前。我去杰米的办公室时，跟尼丝还不太熟。可是，我已经明白，她所说的“城里人的道德生活”指的是人文，是关于人类的设想和忧虑的学问。自从希腊人离开自然，走进世俗世界，惊喜于自己的发现，它便成为世人的反思之源。如果政治生活是脱离贫困的途径，人文则是通向反思和政治生活的入口。穷人不需要任何人去解放，解脱的道路就在那里。可是，要想打通反思和政治的道路，首先应当消除富人和穷人在思想准备上的差别。

自从尼丝用她的理论挑战我，我就不再为当个修补匠而心安理得。我再也不能顺从偶然的世界。为了在监狱之外验证尼丝的理论，我需要学生、老师和设施。实验的伦理也需要考虑进去：我绝对无意造成任何伤害。我们没有必要使课程带有“要么学会游泳，要么淹死”的性质，它的目的是让尽量多的人浮起来。

杰米提供了中心会议室做教室。我们把三张金属桌连起来，模仿赫钦斯[1]时代芝加哥大学讨论课的船形桌，这种摆法后来被我当作模板。一张轻便的小桌放在教室后面，用来放咖啡机和饼干。布置并不雅致，可是管用。

1 赫钦斯（1899—1977）：美国教育家，永恒主义教育流派的代表人物。1929年担任芝加哥大学校长，推行“芝加哥计划”，对这所大学进行改革。

现在，万事俱备，只差学生和老师了。没有资金，而预算又随着我不断冒出的新想法不断增加，我不得不请求老师捐献出他们的时间和精力。而且，赫钦斯说："给最好的人最好的教育，就是让所有人都得到最好的教育。"他说话算数，坚持让正职教授来教学院上讨论课。如果克莱门特人文课也按照同样的模式，那就需要有一批博学兼有声望的教授，也就是哈佛、耶鲁、普林斯顿或是芝加哥大学的学生在入学第一年里遇到的教授。

我首先去请小说家查尔斯·西蒙斯。他曾经是《纽约时报书评》的副编辑，曾在哥伦比亚大学任教。他主动要求教诗歌，从简单的开始，比如豪斯曼的诗，以拉丁诗结束。格蕾丝·格鲁克曾为《纽约时报》撰写艺术新闻和评论，她设计了一门课，从岩画开始，以20世纪末的作品结束。蒂莫西·柯兰达毕业于麻省理工，在学术杂志上发表过数理逻辑方面的文章。他离开学术领域已经有一些时候，现在渴望回归。我想以阅读文献的方式教美国史，从英国的《大宪章》开始，到洛克的《政府论两篇》中的第二篇，再到《独立宣言》，通读国内战争的文献。我还会教一门政治哲学课。

那时我还无比天真，没有立即想到招生会成为一个问题，我不知道到底要招多少学生，我只有个大概标准：

年龄：18—35岁。

家庭收入：比统计局的贫困标准低150%（这一点将会做细微调整）。

教育程度：读得了通俗小报（这一条也会改，变成可以读一页苏格拉底的《申诉》英译本，因为小报文章有时很费解）。

教育目标：表达完成课程的意图。

杰米召开了一次社区积极分子会议，这些人会协助招生。林纳特·劳瑞迪格来自一个叫“门”的组织，为青少年提供医疗和教育服务；安吉尔·罗曼来自“大路安置计划”，这个机构提供工作和培训，开展“普通教育发展计划”。她们二人都愿意为我们提供生源。她们也提出了一些实际的考虑：课程需要提供公共汽车和地铁票，因为一个学生上一次课就需要三到六美元，他们负担不起一个月六十美元，哪怕三十美元的交通费。我们还需要提供便餐或点心，因为课要从晚上六点上到七点半（后来延长到八点）。

几天以后，林纳特·劳瑞迪格安排我跟“门”的员工开了一次会。我们对课程有了争执，他们觉得课应当简单些，虽然我无法改变他们的想法，但他们还是同意集合一批“门”的成员，这些人也许对人文感兴趣。

还是那个星期的一个晚上，安排大约二十名可能参加的学生在“门”的教室里开会，大多数人迟到了。那些先到的歪在椅子上，眼睛盯着地板，或者冷冷地看我一眼就算是打了招呼。有几个在吃糖，或者在吃好像是没吃完的饭。学生大多是黑人或拉美人，只有一个亚洲人，还有五个白人，其中两个是移民，英语很差。我做自我介绍时，很多学生并不跟我握手，两三个甚至连看都不看我一眼，一个女孩咯咯笑起来，最后一个人愿意说出自己的名字，他是一个男青年，穿着汤米·希尔费格牌T恤，歪戴着帽子，慢慢吞吞地说：“亨利·琼斯，不过他们都叫我‘睡不醒’，因为我的眼睛总睁不开——”

“在我的班里，我们会叫你琼斯先生。”

他一笑，身子沿着椅背滑下去，直到与地面平行。

我正在与所有学生挨个握手的时候，一位像是流浪儿的亚洲女孩嚼着满嘴的蛋糕，对我说：“能开始了吗？我都烦了。”

我一下子就喜欢上他们了，也许是因为他们带来的挑战，也许是参与的愿望。回想起来，那是因为实验刚刚开始。开始的时候，不需要责任，真实的负担那时还没有出现，就算解散了、失败了，谁也不会受到影响。这种开始时的轻松让计划得以继续向前推进，我想不到这个当时连名字都不确定的计划会影响到谁，它甚至也不会影响我。我计划写的书不会像斯塔林·劳伦斯小说的结尾，我又有点希望它会是那样，但是书的结尾都不是预先想好的。它会以另一种方式结束，以谈话而不是动作。说起来，谈话也是一种动作。这样的开始，让我放松下来，如果说不上自由自在的话，选择是无尽的。在“门”的狭小的教室里，这群人聚集起来，这就是一种选择。我对他们感兴趣，我觉得可以招他们进来参加实验，至少在不长的时期内，足以看清楚人文课是否能改变他们。

我在南布朗克斯的第一次招生是一场灾难。一位非洲来的黑人妇女——她现在住在美国，是一位社会工作管理者——请我去和她的受助者们对话。在房间里，有两个白人社工和一群黑人女人，她们都是穷人，大部分是单身母亲。开始一切顺利，直到一位白人社工问我会不会教非洲史。

我说：“不会，我只教美国史。当然，黑人的历史在美国的发展中也很重要。”

白人社工要求讲非洲史，黑人妇女一言不发。这里负责的是白人社工，她们是一群心地善良、容易紧张的雇员，但同时又冷酷无情。全程主持这个项目的黑人社工纳巴卡巴女士离开了房间，我失去了同盟，孤军深入。我告诉她：“我只教美国史。”

真是无可救药。那个发言的社工坐在后面，又高又胖，就像格特鲁德·斯坦[1]，也像她那座有名的雕像，又冷又硬，她说这些妇女不会来上

1　格特鲁德·斯坦（1874—1946）：旅居法国的美国女作家、艺术品收藏家，对20世纪西方文学产生过重要影响。

课。我问："有多少人愿意免费学习大学课程？"没有一个人举手。

这一次，我决定用另一种办法打动"门"的学生。我说："你们被人蒙骗了，以为只有富人才学人文，人文与穷人无关。人文是处世的基础、思想的基础、反思世界的基础，而不是让你被动地对影响你的外力做出反应。我觉得人文是一种使人参与政治的途径，我指的政治不是投票选举，而是就更大的范围而言。"我告诉他们伯里克利对政治的定义。

"从这个意义上说，富人懂得政治，他们知道怎么协商，而不必使用暴力，他们知道使用政治生存下去、获取权利。这并不意味着富人好、穷人坏，这仅仅意味着富人了解在这个社会上生存的更为有效的方法。

"是不是所有的富人，或者中产阶级，都懂得人文？完全不是，只不过有一些人懂得。但这很有用，能使人过得更好、更会享受生活。人文会不会使你富有？会的，当然会。但不是金钱上的富有，而是生活得更丰富多彩。

"富人在私立学校、昂贵的大学学习人文课，那是他们学习政治生活的方式。我觉得这是美国穷人和富人之间的真正差别。如果你想要真正的权利、合法的权利，那种来自人民、属于人民的权利，你必须懂得政治。人文课会帮你获得这些。

"这门课是这样上的：我们付你们的地铁费，帮你们看孩子——要是你们有的话；我们还给你们准备了点心或三明治，为你们提供书和任何需要的材料。但是，我们要求你们比以往更加努力地思考，充分运用你们的头脑。你们需要阅读和思考哈佛、耶鲁或是牛津大学一年级学生所学的内容。

"你们要风雨无阻，不怕天黑，不怕天冷。没有人来哄你们，没有人会停下来等你们。有考试，还要写论文。我不能应许你们什么，只是在课程结束时会发给你们一张结业证书。我会跟大学协商给你们记学分的事，但是不能保证谈成。如果你参加了克莱门特课程，你必须是出于想要学习人文的目的，想要过一种生活，想要有丰富的心智。我能给的就这么多：诗歌、艺术史、逻辑、修辞学和美国史。”

我说：“你们的老师都是在各个领域里卓有成绩的人。”我对每位教师做了简短的介绍。“这个课程就是这样，从10月到5月，圣诞节放假两周。在美国，人们普遍认为文科和人文只属于精英。我觉得你们就是精英。”

那位年轻的亚洲女孩问：“你能从中得到什么好处？”这正是我喜欢这个课堂的原因，这不是敌意，而是参与的愿望。

“这是个实例项目。我正在写一本书。我希望，这个课程将能验证我对人文课的看法，它的成功或失败都取决于教师和你们。”

除了一人，其他人都报名申请了。

我在“大路安置计划”和城里别的地方又重复了这番新的展示，大约有五十人申请这三十个名额。9月初，面试开始了。

同时，几乎所有募集资金的计划都落空了。支持这项实验的只有小说家、诺顿出版社的编辑斯塔林·劳伦斯（我和诺顿签了出书的合约），以及诺顿出版社和一个小型的家族基金。这些钱离我们的预算支出相差甚远，而我和妻子希尔薇亚一致认为成本仍然很低，我们决定只管接着往下走。

来克莱门特中心面试的五十名招生对象中，有几位太富有（一位邮局主管的儿子；一位声称其父在尼日利亚拥有一座工厂，雇了六十名工人），有好几个不识字，还有一些申请者年纪太轻（一个13岁，两个刚满16岁）。露西亚·梅德纳是面试学生中年纪最大的，她有五个孩子，她告诉我，她住在一个按天付房租的旅店，只租了个单间。如果有人敲门，她就带把菜刀开门。卡门·奎诺斯正在戒毒，曾经坐过牢，他的年纪第二大。他们两人也都不过三十岁出头。面试进行了好多天。

阿贝尔·罗迈斯（这不是他的真名，他是最出色的学生之一，难得的聪明勤奋）与人合租一个公寓，在梅西百货包装商品打零工。阿贝尔刚一出生，他的父亲就抛弃了家庭。13岁时，他亲眼看见继父杀害了母亲，没有人可以投靠，没有地方住，他只好露宿街头。他先流浪到佛罗里达，然后又回到纽约。他靠着母亲的一点点社会保险聊以为生。

“门”那里的招生会结束后，我开车带着阿贝尔从坚尼街去第六大道。在车上我们谈起了“道德”这个话题。他说话像个街头混混，都是用些四五个或者八个词的短句简单叙述，从来没有用过一个从句来表达他的思想；他不会用笑话来开场，当我们拘束的时候自然会这样；他说话也不讲究技巧。

他问：“你觉得毒品怎么样？”

“我见过很多人被它害了。”

“你家里没有东西吃和你去贩毒，哪一样更坏？在家里挨饿，还是卖毒品？”

“挨饿和贩毒都是坏事，是不是？”

他说：“是的。”而没有用“嗯”或者“啊哈”回答我，而是用近乎正式的“是的”。

“所以这是个两害取其轻的问题吧？我们该怎么做呢？”

说这个问题的时候，我们在第三十四大街上。第六大道上堵得水泄不通，天已经黑了下来。汽车喇叭在叫，人们迎着车灯涌上街道。在拥挤不堪的大街与同样拥挤的百老汇交会处，公共汽车、卡车、出租车不停地变换车道。我们经过先驱广场，向北继续行驶。这时，我说：“有几种看待这个问题的方法，一个方法是伊曼努尔·康德的，他主张任何事情要是不能普及适用，也就是说，如果不是人人都应当去做的话，你就不要去做。

所以，康德不会同意你去贩毒，也不同意让家里人挨饿。”

他又回答了一个很正式的“是的”。

“还有一种办法，那就是问，怎样做对最多的人才最好？在这个情况下，是让你们家人挨饿，还是让几十个，也许是几百个人因为毒品而死掉，哪样对最多的人最好呢？”

“我就是这么想的。”他说。

“是吗？”

“不应当卖毒品，吃的总可以找到，靠福利之类的。”

“你属于康德一派。”我把他的回答归于“绝对命令”。

“是的。”

“你知道康德吗？”

“我想是的。”

我们来到了第七十七街，他在这里下车搭地铁，我要接着向东去。当他打开车门时，灯光照在他身上，我才看见他几乎像军人一样整洁，这让我感到十分惊讶。他新理了军人式平头，衣服很干净，没有一点褶皱。他是个孤儿，流落街头，这个整洁、漂亮的小伙子，再过几周就满19周岁了。到时候，社会保险就会中止，他就要进收容所了。

有些来面试的人太穷了，我刚开始没有料到会有这样的事，直到现在也不愿意相信，但那就是真的。围困着穷人的压力有一个临界点，超过那个点，这种力量就变得不可超越。在那种境地，人们再没有时间也没有精力做别的，只得受穷。我在大多数情况下不会招这样的学生，如果录取了他们，很快他们自己就会辍学。

面试了几天，我凑齐了一个班，我不能想象谁能坚持一年，谁不能坚持。一个年轻女孩交上来一份打印得整整齐齐的文章，上面写着：“我曾经无家可归，后来又在收容所里住了一阵。现在，‘无家可归者合作计划’让我有了自己的地方。我独自生活，所剩无几，负债累累。我买不起自己的食物。”

一对塔什干[1]的难民兄妹跟父母住在皇后区的边缘，远远超过了地铁线所能到达的地方。他们没有钱，申请过的学校都不收他们。我不想收移民或不会说英语的人，可我还是收下了他们。

我还招了四个坐过监狱的人，以及三个无家可归者、三个孕妇，其中一个处于吸毒的幻觉之中，感到自己受到虐待；还有一个我早就认识，就要死于艾滋病，我在南布朗克斯区的“年轻母亲”戒毒中心遇到她。我那时正在为研究贫穷问题做采访，小组讨论时，她跳起来攻击我提到的一个戒毒成功的人。我告诉她这个人已经死了时，她也收回了前面的话，从那以后，她发言更放得开了。小组里的人都惊奇地看着她，无论从什么角度来看她，她都长得十分美丽，皮肤像黑天鹅绒一样光滑，我从没有见过哪个女人有这样的皮肤。她的丈夫起先很爱她，之后把她这样的皮肤派上了用场，让她去站街当妓女，负担他们两人吸毒的开销。那时我并不知道她患上了艾滋病，没有一点迹象，我只觉得她很美丽。当她说要来上课，我没有要求她读一段报纸。我多次听到她在年轻母亲小组中发言，她会很出色的。

我一边听着申请的学生诉说，一边在想课程将给他们带来什么影响。他们没有公共生活，没有地方住，他们被外力围困，为了生存的必需品而忙碌，没有一刻停下来思考。那么，为什么他们要来学14世纪的意大利绘画，或是逻辑运算中的真值表，或是苏格拉底的死呢？

就在招生结束和课程介绍之间的间歇，我去了贝德福德山监狱与维

1 塔什干州首府，乌兹别克斯坦首都。

尼丝·沃克讨论。那时她问我，我要在道德哲学中讲些什么。我说："我要从柏拉图的《申辩篇》开始，再讲一点《克里多篇》，再讲几页《斐多篇》，这样才能让他们明白苏格拉底的事。然后，我们会读亚里士多德的《尼各马可伦理学》，我想让他们读修昔底德的书，尤其想让他们读伯里克利的《国殇演说辞》，将政治和道德联系起来，让这个课程把学生引向我所希望的方向。最后，我们以《安提戈涅》收尾。但是，我们不只从戏剧的角度，也要从道德和政治哲学的角度看这部剧。"

她就是在这时说："还少一样。"

一周以后，在克莱门特介绍课的开头，我留了第一次作业："为了下一节课，我请你们阅读柏拉图《理想国》的选段《洞穴隐喻》。"

我想猜猜第一节课有多少学生会来，我希望有二十名，不过估计有十五名，最怕只有十个人会来。希尔薇亚同意分担课程的管理，我们一起准备了二十五个人的咖啡和饼干。我们在一个塑料盒子里放上地铁车票。多亏了诺顿出版社，我们有了三十本伯纳德·诺克斯所著的《诺顿经典文学》，除了《理想国》和《尼各马可伦理学》，这本书包含了我们哲学课的所有课文。

六点钟，只来了十个学生，坐在长条桌旁边。到了六点一刻，人数翻了一番。又过了几分钟，天色将暮，另外两个人慢慢腾腾地出现了。我在黑板上画了个时间轴，表示思想的发展。从新石器时代的神话，到《吉尔伽美什史诗》，再到《旧约》、孔子、希腊人和《新约》《松迪亚塔》，以纳瓦特尔和玛雅的诗歌结束，这个结尾把我们引向欧洲与美洲的相交，历史又重新展开。时间轴既作为地理也作为历史背景，没有忽略任何一个种族或主要文化。我对大家说："我们要同意，我们都是人类，不管我们出身是什么。现在，让我们进入柏拉图的洞穴。”

我告诉他们，哲学课上不会有讲课，我们只是用苏格拉底的方法，即所谓的助产士对话。“Maieuti”从希腊语“助产士”一词而来。在对话中，我担任助产士的角色。那么，我说的是什么意思呢？助产士要做什么呢？

这是一场恋爱的开始，他们与苏格拉底的第一次接触。后来，阿贝尔·罗迈斯用他严肃的方式来描绘这个时刻，说这是他们的观点第一次受到他人的关注。

格蕾丝·格鲁克关上教室的灯，播放拉斯科岩洞的幻灯片，就这样开始了她的艺术史课程。接着，她把学生的注意力引向埃及，带他们参观大都会艺术博物馆的丹铎神庙和埃及展厅。他们五点钟到达。格蕾丝带着她两岁的儿子。贝尔·刘像往常一样，又迟到了。一个学生曾对我说他是多么向往参观博物馆，但是他没有出现，这让我感到很意外。后来我听说，他因为在地铁里跨越栏杆被逮住，被关进了布鲁克林刑事法庭下面的牢房。

在丹铎神庙，萨曼莎·斯穆特向博物馆讲师费利西娅·布兰问问题。萨曼莎初次上课就说，她的邻居们认为“上学一点儿用也没有，因为白人不会让你跻身上去，不论你怎么样”。虽然如此，萨曼莎还是停在一个半人半兽的女性雕像前，问那些符号是什么意思，让费利西娅·布兰给她念出来，翻译成英语。到了参观快结束的时候，格蕾丝带领学生们走出文物展厅来到洛克菲勒侧厅，她在这里给大家讲述了马里、贝宁和太平洋岛屿文化之间的联系。当学生拿上外套聚在博物馆的门口，准备离开时，萨曼莎却站到一边。她年轻而苗条，头戴呢子鸭舌帽，身着深孔雀蓝色的大衣，她向我们夸张地挥手再见，似乎要穿越古镜，回埃及去。

我请查尔斯·西蒙斯教文学，给了他一个大概的阅读清单，他同意了。可是，到了上课的时候，他决定只教诗歌。他是个很好的诗歌老师，作为志愿者老师更为出色。西蒙斯的课一开始就充满了诗歌，既有问题也有笑声，他想让学生们感到惊奇，他做到了。开始的时候，他大声读诗，中间插入他的讲解，帮助学生理解。他给他们看爱情诗、诱惑的诗，让他们了解后世的诗人对这些诗讽刺的评论。学生们要求："让我们读。"可是，他偏让他们着急，不让他们读出来。他与学生之间的拔河就这样开始了，这种僵持到后来不是被查尔斯而是被海克特·安德森打破。当查尔斯问，班里有没有人写诗，海克特举起手来。

查尔斯问："你能不能给我们读一首你写的诗？"

长期以来，海克特从来没有主动发过言，尽管他在被教师叫到时，言谈自如而且不乏智慧。他宁愿斜靠着椅子，穿着迷彩服，头发用长尼龙袜绑起来，总爱吃哈密瓜和甜瓜。

海克特站起来，背了一段又一段自己的诗。诗的风格介于《嚎叫》《耶利米哀歌》[1]和嘻哈音乐之间。海克特念完之后，查尔斯和全体学生热烈鼓掌，之后他们要海克特再朗诵一遍，他又朗诵了一遍。后来查尔斯告诉我："这孩子真是个天才。"海克特与我和希尔薇亚之间的拘束也消除了。圣诞节，他来我家参加了小小的聚会，其他时候也会来访。我们在电话里谈奖学金以及下一步他应当如何继续求学，我认识了他的父母，作为一个学生，他不动声色地超过了他的同学。

蒂莫西·柯兰达比任何教授都更像一位教授。他非常准时，他的帽子是很多风格的组合：博萨里诺，有点史丹森风格，至少有一半像"一战"时的美国军帽。他上的是逻辑课，他把黑板的上下左右都写满了，这里是

1　列为《圣经·旧约》诗歌智慧书第六卷，相传是先知耶利米在圣灵的感动下，为耶路撒冷的荒凉和百姓国破人亡而作的哀歌。

交集，那里是真值表，中央是大框框起来的相反命题。课后，他与学生一起去乘地铁，谈论禅、逻辑和海森堡。

在一个极冷的冬天的晚上，他用平白的语言给学生讲述了一些逻辑题，要求学生把语句简化成符号来求解。他把问题发下去，卷子有两页，他又在黑板上写下关键词组。他说："把这些题带回去，我们下次上课的时候看看谁解出来了，我也会试着找出答案。"

在他写出所有关键词之前，大卫·伊斯赫珂夫举起手来。大卫和姐姐苏珊娜从未在课上发言，尽管他们听得聚精会神。她是出于害羞，而他则是以自己不能说一口英文为耻。

大卫说："我能上黑板上写吗？看看我是不是解决了这个问题。"

蒂姆和大卫一起擦净黑板，然后大卫就在上面开始写符号。"如果第一个人挣的钱有这么多，第二个离城里更近……"他说着，仔细罗列出已知条件，过了差不多五分钟，他宣布，"答案是：第一个到达克利夫兰的是B。"

萨曼莎·斯穆特叫道："答案不对！你一开始的时候就错了，开头问的是，谁挣的钱多。"

蒂姆抱着双臂站在那里，眉飞色舞："我说大家还是把题带回去吧。"

那晚，希尔薇亚和我离开克莱门特中心时，一群学生聚在外边，在寒风中缩紧身体。开始下雪了，雪给结冰的人行道上洒了一层滑滑的粉末，只留出中央的一条窄路。萨曼莎和大卫站在一群人的中央，还在争论问题的答案。我向前探身，想听到争论的要点，这里的争论比刚才室内的更加礼貌，他们这时能够控制自己了。

杰米·因克兰曾经思考过，课程对学生会有什么影响，取决于他们是否会从被动反应转向积极反思。我们都认为，这是一个人战胜外力的关键。1月的一个星期六，我们看到了进步的证据。大卫·豪厄尔把电话打到我家："夏润思先生。"学生们都这样用姓氏称呼我。

我听出是他，于是回答：“豪厄尔先生，你好。”

“夏润思先生，你还好吗？”

“我很好，你呢？”

“我工作上遇到了一点小问题。”

好吧，我想，坏消息就要来了。大卫是个大块头，平常脾气挺好，但也是个急性子。听他妈妈说，他曾经很暴力，上课时，他是最好的学生之一，这个成绩稳定、24岁的小伙子，总是能快速完成阅读作业，经常把人文科学与日常生活有趣地联系在一起。“出了什么事？”

“夏润思先生，我工作的地方有个女的，她对我说了难听的话，我也回敬了她，她向领班告状，领班就把我叫去。她四十多岁了，没有社会生活，而我有很好的社会生活，我觉得她忌妒我。”

“那后来呢？”他的语调和他打电话的时间都在显示会有不好的消息。

“夏润思先生，她把我气坏了，我只想把她逼到墙角，使劲抽她。我想跟朋友说说话，好让自己平静下来，但身边没有人。”

“你做了什么？”我问，担心他这个电话是从市监狱打来的。

“夏润思先生，我问自己：‘要是苏格拉底，他会怎么做？’”

* * * * *

一个得克萨斯来的金发女孩也参加了课程。我把她的事情告诉了杰米，讲了她在收容所中的生活方式，她严重的家庭问题肯定会给她自己和全班招来麻烦。我想最好不要录取她，可是我想听杰米的意见，因为他更专业。他笑了，西班牙式的大胡子显出讥讽：“我看你是对白人有种族偏见。”

我笑了，接受了这个女孩，我们暂时可以叫她劳拉。开始，她是一个完美的学生，不仅聪明，而且善于言谈。一年之中，她只有一次发火，她发火时在哲学课上说的话让人十分沮丧，亨利·琼斯从椅子上站起来，指着她，好像食指是自己的武器，用可怕的声音说："注意你的言辞！"

于是她真的注意了。

可是后来，在学习的一年中，她问我，是不是可以带室友来上课。我告诉她，我们不许旁观者来，因为我担心他们的出现会具有破坏性。这群人刚开始变得更加合作，对话也更加开放，学生们不再害怕犯错误。但在下一次上课时，劳拉的朋友来了，两个年轻女子一起住在纽约北部的无家可归者收容站里。这位室友是个年轻的黑人女子，样子像个电影明星，很苗条，近乎消瘦，有着优雅精致的五官，她非常紧张，几乎就要崩溃。我对她说，绝不可以再来。下一节课，不论是她还是劳拉都没有再出现。我打电话到她们住的收容所里，经我再三询问，那儿的一个女人才告诉我，劳拉被室友打得很惨，她不想让班里的人看到自己的样子。后来，她的室友又把她关在屋子里，放了把火，我简直不敢相信。劳拉很长时间没有来上课，也没有来参加同学的毕业式。

当劳拉再回来上课的时候，我对纽约大学的招生负责人说起她。我觉得劳拉如此聪颖，可以理解纽约大学的许多课程。同样，招生官也这么想。第二年秋天，劳拉显然已处理好自己的问题，进入了纽约大学。那是在2006年收到她的信之前，我听到的有关她的最新消息。人文课继续着，只是没有了劳拉的参与和贡献。可是，这个班变得如此融洽，人文科学开始产生如此强大的影响。不论多么聪明，没有一个学生能够中断其他学生的兴奋交谈。

随着时间的推移，这个班变得越来越小。我在南布朗克斯区年轻母亲中心遇到的那位有着天鹅绒一样光滑皮肤的女子也来上课了，总带着她的小女儿。有时我们把这个小姑娘留在专为学生办的托儿室里，跟别的孩子在一起，她会哭着找妈妈。这时，我如果没在上课，就会抱着孩子到教室门口，在那儿她能看见她的妈妈。这件事在一天上课之前终告结束。克莱门特前台转来一个电话，电话里传来一个女人挣扎着说话的声音。这是那个小女孩的母亲，学生里最美丽的一位。她抱歉自己不能来上课，她现在在医院里，得了肺炎。我告诉她不用担心。“我会让你的朋友卡门把作业带给你。你好些的时候，我和我妻子会帮助你赶上进度。”我又问到她的女儿，她说孩子没有感染上。几天之后，卡门告诉大家，她的朋友去世了。

快到年底的时候，我带着学生去了格林威治村一家不太正宗的意大利饭馆。我们围坐在一张长桌旁，我告诉大家随便选点菜，爱选什么就选什么，不过交代每人只能点一杯葡萄酒或一瓶啤酒。他们都只点了软饮料，多数人小心谨慎，只点了最便宜的东西，一份晚餐沙拉，一碗汤。只有在劝说下，他们才愿意要一盘意大利面、一份肉饼或者一份鸡肉。有些人不知道怎么用刀叉，另一些人看不懂菜单。一个年轻女子问服务员，厨房还需要不需要帮佣。晚餐过后，学生们开始收拾盘子，把它们倒干净，打算把用过的餐具送进厨房。我请学生们把东西放回到桌子上，我解释说：“服务员做这些是挣钱的，如果你们把盘子送进厨房，服务员就无事可做，可能就会因此失去工作。”谈谈礼仪可能同样重要，甚至更为合适，可是人们挣扎谋生的严酷经济现实令他们深感震撼，就像艾米莉·狄金森通过嗡嗡的苍蝇教他们理解了死亡的含义那样。

上美国史的那天晚上，我给学生讲戈登·伍德在《美国革命的激进主义》一书中阐述的观点。我们谈起18世纪初一些知识分子领导的反对古典学术的革命，我们谈本杰明·富兰克林晚年态度的转变时，亨利·琼斯举起手来，要求发言。

“假如建国者这么喜欢人文精神，为什么他们错待印第安人？”

我不知道怎么回答这个问题，对美国原住民的态度改变，人们提出过很多复杂的解释，可以大致参考卢梭和詹姆斯·费尼莫尔·库柏的观点。这时，我看见桌子那一头的阿贝尔·罗迈斯举起手来，我点了他的名：“罗迈斯先生。”

阿贝尔说：“这就是亚里士多德所说的不能自制的意思。你知道什么在道德上是正确的，可是却不去做，因为你被自己的热情征服了。”

阿贝尔对当代哲学有着天才般的理解能力。他自己曾多次承受和克服生活对他的残忍不公。这学期末，他再次受到了这样的折磨。在母亲节那天，他从一个纸袋包着的易拉罐里喝啤酒，被坐在无家可归者收容所外面的警察看见了，将他逮捕，罪名是在公共场所饮酒。警察把他的名字输入到中央电脑里，电脑显示出阿贝尔·罗迈斯是联邦通缉犯。

他被指控贩卖毒品。这件家族生意在我们刚见面时，他就告诉过我，可他已经选择不过这样的生活了。这真是荒唐，一个大规模贩毒的人不可能会住在无家可归者收容所里。阿贝尔被指控，遭到关押候审。彼得·纽菲尔德是纽约一家大律师事务所的年轻律师，他同意免费替阿贝尔辩护，他安排我们与联邦助理法官帕特里克·史密斯见面。会上，很多人，包括林纳特·劳瑞迪格，都讲述了阿贝尔的心智和他良好的品性。对品性的说明没有起什么作用。当我请阿贝尔谈一谈《克里托篇》[1]和《安提戈涅》[2]，这才引起了

1 《克里托篇》为柏拉图早期的对话著作，讲述了苏格拉底被判处死刑之后关押在监狱之中，由于雅典在朝圣期间不能处死犯人的习俗，加之各种原因，为苏格拉底的朋友们赢得了足够的时间来营救苏格拉底。在朝圣船只返回的前夕，克里托在监狱探望苏格拉底并告诉他，他们可以买通狱卒，从而帮助他逃生。然而苏格拉底表明了自己不会离开雅典，宁可坦荡接受死刑。最终克里托反倒被苏格拉底说服。

2 《安提戈涅》是古希腊悲剧作家索福克勒斯公元前442年的一部作品，被公认为戏剧史上最伟大的作品之一。剧中描写了俄狄浦斯的女儿安提戈涅不顾国王克瑞翁的禁令，将自己的兄长——反叛城邦的波吕尼刻斯安葬，从而被处死，而一意孤行的国王也遭到了妻离子散的命运。

这位年轻的助理法官的注意。阿贝尔从容不迫地谈起苏格拉底不惜牺牲生命而遵从法律。可是，更有力的是他对《安提戈涅》的了解。因为他被指控从事了家族的贩毒生意，一个要案中被捕的人说阿贝尔是贩毒链的大佬，随后，其他人也跟着一起这样说。如果阿贝尔选择效忠于家庭而不是遵守法律，也许他真的会去贩毒。

助理法官让纽菲尔德和我到走廊上去一下，阿贝尔在会见室里等候。史密斯法官承认，他对古典作品所知甚少，他毕业于名牌大学，并且是优等生，阿贝尔的学识仍令他惊讶。可是，他告诉我们，联邦通缉不能取消，阿贝尔需要经历一场审判。法院会尽可能轻判，可是必须有一个判决。阿贝尔被判了很短的一段缓刑，之后获得了彻底的自由。

当阿贝尔在课堂上说到不能自制时，其他学生频频点头。也许，有些人知道了他在联邦司法中所受的苦，他们懂得他的阐释，懂得亚里士多德对人性弱点的看法。他们都受到过伤害，他们的伤是有教养之人的不节制导致的。现在，他们在亚里士多德这里找到了同盟，他给了他们一种分析问题的方法，让他们得以分析那些迫害自己的人。

欣赏古代史的人懂得人类的极端性格。他们知道，政治不会开始于一个完美世界，而是始于一个比我们的社会更加低等的社会。那个社会赞成奴隶制度、剥夺妇女权利、同性恋娈童、容忍领袖的阴谋和腐败。通过认识自己的人性而重新创造自己，那个社会的天才显现出来，他们的才华以艺术、文学、辩论、哲学以及对自由的独特向往表现出来。至此，个人生活的孤立终止，政治生活开始。

现代社会游戏的赢家，甚至是那些中产而财富稍欠的人，有获得权势的其他手段。这些手段与生俱来，他们知道这一点，他们恰恰知道怎样做才能保卫自己的经济和社会地位。为精英文化辩护的《美国精神的封闭》（*The Closing of the American Mind*）一书非常畅销，作者艾伦·布卢姆说：

他们只对那些“在优越的环境里养大，并且希望更加优越”的孩子教授人文课。

在结业前的最后一节课上，克莱门特的学生回答了一系列的问题，他们曾在入门课上回答过这些问题。在10月和5月之间，因为艾滋病、怀孕、就业、贫血、抑郁症、孩子精神错乱以及其他外力的影响，有些学生放弃了。可是，在三十名录取的学生中，十六人完成了学业，十四人赢得了巴德学院的学分。杰米发现学生的自尊以及他们分析和解决问题的能力有了显著的提高。他们使用过激言辞解决冲突的情况明显减少，他们都显著地更加欣赏善、仁慈、灵性、普世主义和集体主义。

每个学生参加克莱门特课程的费用是两千美元，与失业、福利或监狱相比，人文课的成本很便宜。但是，拥有反思的能力和参与政治的技能，给了穷人一种选择。而且不论他们选择了什么，他们都变得危险起来。他们可以使用政治在一个陌生的社会中生存，也就是说，逃脱包围他们的外力，过上一种更加温和的生活。在这样的生活中，他们会使用自己的投票权，也许会参与社区的活动。或者，他们会选择通过参加工会或政党寻求更加正义的社会，或加入某个追求激烈改变的组织。

在第一届克莱门特课程结业的那天晚上，我们在用作教室的会议室挤下了八十五张椅子，学生和他们的家人都来了。巴德学院助理院长罗伯特·马丁公布了毕业生名单；大卫·狄金森，纽约前市长，颁发了毕业证；还有一些人发言，也有一些成果展示。学生们送给我一个名牌，他们故意拼错了我的名字。我对每个学生都说了几句，祝贺他们，最后我说：“这就是我对你们的希望：希望你们在无所事事的时候，也要更加积极……”我看到他们在微笑，知道他们听出这句话是加图所说。我当初上课时，曾把这句话写在黑板上，他们同样也能记起，我们看到亚里士多德精心写就的警世著作《尼各马可伦理学》的结局：在思辨的人生中，人与神最相近。一两个学生，也许还有几个，闭上了眼睛。在室内的片刻宁静中，思考仍然有可能发生。

毕业一年之后，第一届克莱门特课程的十六位毕业生中有十位进行了四年的大学学习，或者上了护理学校。他们中有四人获得了巴德学院的全额奖学金，其他学生上了社区大学或者有了全天的工作。

后 续

在第一届课程的后半部分，一位心理医生帮助我们用录像机记录课程。他正在等着得到美国执照，之后会在一个面向退伍军人的机构中做心理治疗负责人。在学年末，他拿到了执照，没有时间再给我们录像。他总结了自己的观察，说道："这是我长久以来见到的最好的心理治疗。"

心理治疗从来就不是这个课程的目标——除非把反映到反思的转换形容为心理治疗性质的。尽管如此，在一些案例中，学生在心理方面发生了明显的变化。在另外一些案例中，我却看不出任何有关心理的变化。变化大部分发生在我所谓的他们的政治生活——我使用的是伯里克利对政治的定义，也就是说，学生们在家庭、邻里、社区和国家的层次上更多地融入和参与。有些人多年来对别人或父母从没有用过一句干净的话，这时他们发现自己能够讨论哲学或一首特别感人的诗；还有一些人发现为孩子读书或者跟他们说话的新乐趣。可是，最大的变化还是智慧上的：两个人继续攻读博士学位，两个成了牙医，一个当了护士，我最后一次见到的其他人都在上大学。

两位后来成为牙医的学生，有一位当时劳累过度（三份工作，再加上克莱门特课程）。课程结束很久之后，他们与希尔薇亚和我一起吃饭，那时他们已经在读大学。几年之后，一位年轻女子打来电话，想给我们免费看牙，以此报答我们对她和她兄弟的好意。这样的好处我不能接受，可是我感到有些遗憾，因为我很想再见到他们。

“睡不醒”进了巴德学院，学院的指导教师唐纳·福特想尽了办法才使他得以入学。两年后，他离开巴德，去邻近一个镇上的家具店上班，很快就当上了这家店的经理。班上的两个女生成了希尔薇亚个人资助的对象。萨曼莎·斯穆特扬眉吐气，从纽约时装技术学院毕业。我和她一起上了CNN关于人文课的节目，我开玩笑说，我们的搭配就像是美女与怪兽。但是，萨曼莎有的不只是美貌，她还有其他的，在CNN和公众广播电台的节目中，她字斟句酌，侃侃而谈，讲述了人文科学给穷人的生活带来的变化。

我在戒毒计划中遇到的卡门，也许正是她把课程从濒临崩溃中挽救出来。在学年的中期，学生们开始迟到，有些人抱怨冬天的天气，其他人大概是因为圣诞节的假期，变得有些懒散。卡门是学生中年龄最大最坚强的，她站在教室前面向学生讲话。那天晚上她来上课的时候，穿着一件黑皮摩托夹克。她怒斥那些迟到的、不完成阅读作业的、纪律松散的学生。然后，保持着那种严厉的风格，她说：“这是我最后的机会。”

我不知道同学们是否听懂了她的演说。卡门坐过十年牢，她住在布朗克斯区一个极其危险的地方。我妻子曾买给她一打玫瑰花，祝贺她成功戒毒，一年没有再沾毒品，可是送货人害怕去她那片地方。如果别人害怕她，他们也许不会承认自己怕她；尽管他们可怜她，他们也好心地没有表示出来。无论如何，他们懂了她的话，并且听她的：上课又开始准时了。

两年之后，卡门告诉我，她很喜欢上大学——除了哲学课。她说：“我的老师不太好。”她停了一下，我想是因为不习惯的羞涩，她接着说，“我不得不帮帮他。”

我最近一次跟她说话时，她已经成为戒毒计划的心理咨询主管。十年前，我就是在那里遇到她的。

那一年毕业的学生表现出色，除了贝尔，那位中国女孩。她在班上表现不好，我跟她谈过话。她告诉了我一个令人抑郁的死亡和老人的故事，我不知道那是不是真的。几年之后，我在“门”见到了她。一家杂志要我和希尔薇亚跟第一届学生的照片，在照片中，卡门头倚在希尔薇亚的肩上笑着，充满温情；大卫和萨曼莎还有其他人也在照片中。可是，亚洲女孩没在上面，她大发脾气，“门”的工作人员不能让她平静下来。我不知道后来她怎么样了。

课程对其他学生产生的影响可以说都很好。可是，大约有不到一半的学生没有毕业，这些学生的人数与顺利上完四年大学的学生几乎一样多。其他人呢？几周，或几个月的课程会产生什么效果吗？有一些旁证，那是一封盖着得克萨斯邮戳的信件，上面没有寄信人的地址。

写信人形容自己是“得克萨斯的金发女孩”。她没有钱继续上纽约大学，但是她说：“我不想又从底层开始，所以，我放弃了，回到家里。我离家九年，可是最后还是回来了，追求我心里的渴望……我永远不会忘记我在下东区那个中心上过的课。”

第二章
芝加哥：关乎自由

在北朗代尔[1]，马丁·路德·金曾经布道的那座教堂已经不见，只留下石头台阶。一种美国式的悲哀在这地方徘徊不去，逐渐发酵成不满。金博士被害后发生了骚乱，房屋在骚乱中被烧毁，残骸被推倒拖走，地窖被填实。这块地方没有变成花园，而成了一个丢弃废物、不被顾惜、令人恶心的危险之地。警车呼啸着穿过这片空地，在搜寻嫌犯。被追捕的人大早上开枪，破坏了晨雾中城市的宁静。

我对同伴们说："我们就从市议员开始，我认识迈克尔·钱德勒。"我的这些同伴身体健壮，穿着无袖短衫，还有一位从威斯康星来的访客，他们是来参加课程的。我没有告诉他们，我曾去过街对面的楼房。我离开后的第二天，有个男孩伏在这栋楼的楼顶上，望着五层楼下的街道，身边有支步枪。这是一个夏天的傍晚，小汽车和零星的公共汽车汇成车流，从城市远处的工厂向东流去。这个男孩在等一辆丰田轿车。有人跟他说，一个敌对帮派的人就要来了，他的任务是杀死他。男孩等候着，等着一辆白

1　北朗代尔：位于芝加哥西部，聚集着芝加哥最贫穷的黑人。1966年，马丁·路德·金曾居于此推行人权运动。

色的丰田轿车。一辆公共汽车缓缓驶过，在它之后，那辆白色丰田出现了。男孩一枪就结果了司机，轿车失去了控制，撞上了公共汽车，开上了便道，撞进了一栋楼的前面，那里离市议员的办公室没有多远。

他确实打中了，可是白色丰田中被打死的不是敌人，而是一个疲惫的、辛苦了一天的工厂工人，他正在下班回家的路上。

枪击之后，这条街的气氛更加紧张。即使在杀害金博士引起的愤怒和大火过去之后，这里仍有一种开明的气氛，而现在，这种开明消失殆尽。我们指望依靠他来招生的市议员不在办公室，坐在木质前台后面的女人离着玻璃老远说他不在，也不知道他什么时候会回来。

我与他们争辩，我和议员有约在先。他们仍然说，他不在，也不会马上回来。

我说我们会等下去。

他们却说，等也没用。

我说我认识议员，请他参加过国家公共电台的节目，并且在书里引用过他的话。正在争论变得令人越来越不愉快的时候，钱德勒从他的办公室出来了，精神焕发。

我们向他说了招生的需要，他接受了我们的请求，以此来检验自己对这片区域的控制能力。当然，他会为课程招生，他会把他的人派出去招生。

要什么样的学生，要多少？

多大年纪的？

身量如何？

男的还是女的？

什么时候要他们去什么地方？

这种看似热心的卖弄是芝加哥市政厅的老一套，我一听就知道了。我父亲和钱德勒都是芝加哥政治机器里的基层人员，对不同年代、种族和信仰之间的相似性，钱德勒和我付之一笑。城市的西部变了，可是又好像根本没有变。议员给大家发名片，我心知肚明，自己绝不会再回来找他。

第二天，我和伊利诺伊人文委员会的安吉尔·萨古利去了皮尔森，我心里想，在拉丁区的社会服务机构，可以找到一群有兴趣的听众。机构确实从它的社会教育项目里给我们找来了一小群学生。我和安吉尔又去了公共图书馆，借了好几本关于中美洲艺术与文学的书。我们把这些书带到社会服务机构的小教室，学生们听过阿兹特克[1]的先神们的那瓦特[2]名字，还知道一些曾经为王的先贤和诗人的名字。不过，他们的知识仅限于此。内萨瓦尔科约特尔[3]这位诗人和先王，对他们来说只是墨西哥城郊一片贫民区的地名。这些年轻人大部分都是非法身份，没有什么希望能在美国过上体面的生活，他们对这个课很有热情。我用苏格拉底式的提问，问了一些温和的问题，他们有所回应。看来，对话是可能的。终于，在芝加哥有了为说西班牙语的人开设的克莱门特课程。

在此之前，先要上一些英语课。我们需要招生，也需要召集一批老师。克里斯蒂娜·瓦赖蒂斯和她的理事会决定把人文委员会的人力、物力、金钱都投到克莱门特课上。伊利诺伊州的克莱门特课程更名为奥德赛课程，以区别于这里的克莱门特住房计划。克里斯蒂娜派艾米·汤玛斯·埃尔德负责管理课程，艾米是芝加哥大学格拉姆大众教育学院的年轻教师。克里斯蒂娜在西赛罗长大，离西区不远。我也是在那儿长大的，我

1　阿兹特克是一个在14至16世纪的墨西哥古文明，是中美洲古老印第安文明的一部分，与印加文明、玛雅文明并称为中南美三大文明。

2　那瓦特指墨西哥南部和中美洲印第安各族。

3　内萨瓦尔科约特尔曾是阿兹特克帝国中某一个部落的统治者，也是如今墨西哥的一座城市。

们对自己的贫寒出身会心一笑。强盗卡朋就出自她住的地带，可怕的骚乱和杀戮就发生在人行道上。很多年前，我也在那儿玩过掷硬币的游戏。

克里斯蒂娜是位可爱得让人无法抗拒的女士，她每年都要去意大利晒太阳，享受那里的文化。可是，一遇到金钱上的问题，她就变得斤斤计较。她以文学教授的身份加入人文委员会，她之所以接受这个工作是因为她喜欢这个“可以让更多的人接触到人文科学”的想法。这个工作需要热情投入和精益求精，在我看来，她两者都具备。我在她的理事会上口无遮拦地议论了一番政治，而她恰恰知道怎样拯救我和克莱门特课。

艾米爱好跑步，这个女孩穿着运动衫，总爱跟同事萨古利比赛引体向上。艾米正在攻读神学博士的学位，这真让人觉得吃惊。另一个惊奇之处是，在这个课程中她对学生和教师的热爱。我第一次见到这样的年轻女孩，她看起来非常能干，像个女强人，有一个可爱的女儿，可是，她会哭着给学生颁发毕业证书。

艾米把我介绍给头两位教师人选，他们都来自芝加哥大学。罗伯特·冯·哈尔伯格45岁上下，花白的头发理得很短，非常整洁，像个军人。他坐在那儿与其说是一位从事德国、美国文学和美国黑人诗歌研究的教授，不如说更像个拳击手。他的表情和风度如同置身希腊的海德堡。另一位教授丹妮尔·艾伦，坐姿也像个运动员。她的手指细长、优美，她自然而优雅地双手相握。她的领域是古典名著和政治哲学，她有哈佛和剑桥的博士学位。

我花了一些时间来解释这门课程的理念，简要介绍了我们的历史，不时停下，等哈尔伯格或是艾伦提问。我侃侃而谈的时候，看着艾伦的双手，它们一动不动，我开始觉出那是个沉思的姿势。当我结束时，一片安静，然后，艾伦说：“哦，我明白了，这关乎自由。”

我说：“你被录用了。”

她笑了。

我问哈尔伯格是否愿意教一些课，他同意了。

有了艾米做课程运行指导，我们就有了一个出色教学组的核心。我开始想，也许可以给数以百计的学生上人文课，甚至数以千计。这些人被愚弄了，他们都值得美国最好的教师来教。下一次我去芝加哥的时候，艾米正在这个城市开展第二期课程。艾米莉·奥尔巴赫和威斯康星人文委员会就要在麦迪逊开始这种课程。并且，在伊利诺伊和威斯康星边界以北的拉辛开始了另一期课程，我们也在墨西哥授课。丹妮尔·艾伦已经成了芝加哥大学的人文系主任和麦肯阿瑟学者。

当然，墨西哥与纽约非常不同，我和小规模的顾问理事会对美国课程做了些设想，后来证明我们的想法是错的。我们希望由总部提供某些特许权、方法和阅读书目。可是，变数太多、太大，芝加哥的克莱门特课简直要重新设计。芝加哥北部和南部不同，而不论是南是北，它又都与皮尔森不一样。在皮尔森，课程用西班牙语讲授。我想，至少人文课应当是不变的。可是，这个想法也被证明是错的。艾米和我争论每一地的课程是否应当有一样的书目。她说，芝加哥大学不想用别人的书单。我跟很多我们想招募的教授谈过，艾米是对的。从芝加哥开始，每个国家、每个城市的每期课程都要从确定课程内容开始。

即便在芝加哥，学生也是不一样的。很多人年龄要大一些，丽塔·福肯三十多岁，有三个孩子，仍然在与整个世界抗争。她的一个孩子有“精神障碍”，她告诉我的时候，并没有悲伤或失望的表情。她说：“不只是这样，他还做过骨髓移植。所以，在生活中，在受教育的途径上，我选择了迂回的途径，因为我需要照顾长期生病的儿子。他有再生障碍性贫血，这种病发现的时间很晚，知道的人不多。这不是癌症，再生障碍性贫血不能产生新的白血球，红血球和血小板也很低。所以，他在认知上有障碍，不过身体上没问题，只是需要一些帮助。所以说，我经历过一些事。”

她说话带着芝加哥口音，当她说起生活中最糟糕的事情时，听起来很是坚强。在皮尔森的课上，她好像又变成了一个小女孩，或是白人学校中唯一的拉美族裔。今年，她44岁了，看起来仍然像是35岁。她不回避问题或是记忆中的伤痛，与她谈话需要努力才能不失去控制。自从我们谈起她的生活，我几乎没有说什么。她可能是意大利人，也可能是西班牙或是希腊、马赛人，她的面目和言谈之间没有原住墨西哥人的特征。她也可能来自其他地方，种族对她来说总是一个疑问。她说自己是墨西哥人，却从来不说是“墨西哥裔美国人”或“拉丁裔”或“美国墨西哥人”——她说“墨西哥人”的发音，就像它是被丢在世界面前的大难题。

她的祖父和祖母来自墨西哥。芝加哥是铁道线的终点，西班牙语沿着向北的路途被遗忘了。等到丽塔能记事时，她记得母亲住在卡比利尼-格林地区，这个臭名昭著的地方是20世纪20年代中期兴建的所谓城市重建项目。那里的大部分建筑都已被拆除，让路给别的住房计划；匪帮和涂鸦也没有了。这些计划是为了避免贫民窟的形成。

丽塔还记得她在这里度过的童年：“说西班牙语的墨西哥人和波多黎各人住在二楼或是三楼，黑人住在顶层。”

她说：“压力很大……我努力与不幸抗争，努力应对大家说的会发生的事情。大家是指你的父母、七大姑八大姨和姐妹。我们往往不能毕业，靠福利维持生计。我住的地方没有什么安全保障，那里有毒品、有暴力。所以我说我要战胜不幸，可是仍然陷入了恶性循环，早早就有了孩子。虽然我从中学毕了业，可是毕业时我已经怀孕三个月了，我大概重复了我妈的生活道路，就是说跟一个吸毒、暴力的人结婚，根本就不信教。”

她说，正在这时，她认识了艾米，成为芝加哥第一期克莱门特课程的学生。丽塔是班里最好的学生。“人要努力，要奋斗，要争取。我认为我做到了。”

我问：“要是没有这个课，你也会做到，对吗？”

她说：“是啊，这个课明显地促进了我的教育。可是，我早已下定了决心。我正在这条路上，但是学习的路是克莱门特课提供的。生存的道路……我想我已经在生存的路上了。

“我大概完成了我自己设定的一个目标：为了我的女儿不会像她们的姨妈、外婆那样长大，我要读芝加哥大学的硕士。我还有一个女儿，她15岁，在上表演学校。”

我们的谈话结束了，并且得出了一个结论。丽塔说，只有下定决心走正路的人才会来上克莱门特课。他们的决定一定跟她的一样，这是在他们入学之前决定了的。她毫不怀疑英雄既不是我，也不是艾米或者丹妮尔·艾伦，甚至也不是人文课。我们是配角，在这出戏中，主角是丽塔。

* * * * *

在芝加哥北区，埃文斯顿附近，从那里可以看见高架桥上的火车。2010年深秋的一天，在这里的小小社区中心，克莱门特课的学生聚在一起谈论着苏格拉底之死。艺术史学家凯瑟琳·祖利比塔是现场指导，德保罗大学的哲学家达莱·摩尔是课程指导，因为教室里没有桌子，摩尔就站在学生面前，但这并不妨碍他用雅典人的方式温和地讲述《克里托篇》。

学生不是拉美人就是黑人，有几个迟到的，来时道了歉，摩尔并没有怪他们。他读过学生作业，对每个人都像家人一样了解。他叫了一个学生，一位年近三十岁的女子，她刚来芝加哥，穿着厚厚的冬衣。他问审判团如何审判苏格拉底：“安吉拉！”

关于苏格拉底的策略是什么，她回答得很快，她说：“一个策略是给审判下定义，他一开始就告诉他们：'我不用你们的语言。'他不习惯法庭的形式主义。他70岁了，这是他第一次上法庭。这样他把法庭拉低到跟他一样的水平……"

"或者说？"

"提高到他的水平。"她说，因为问话而得到提示，她更正了自己的说法。

几分钟后，一个学生谈到讽刺，问道："这与莱斯利的观点有什么关系？她用了这个例子。"

一个学生回答说："利用逆反心理，与他们做心理游戏。"

教授又问莱斯利："对你先前的想法，安吉拉发表了她的看法，你怎么想？"

摩尔使用对话的形式，把学生带入他们以前读过的《尤西弗罗》[1]，又把他们带上了苏格拉底发言的法庭台阶。摩尔问："他做了什么？"

一个学生马上答了上来："他们说他腐蚀青年，他让他们思考，考问他们的知识，又让他们探索知识。"

学生们的语言来自真实的芝加哥，这不是柏拉图理想中的完美城市，而是产生了这种语言的芝加哥的真实街道，它是2010年版的电影《城市广场》。达莱·摩尔正在以同样的方式和问题腐蚀青年。可是，他并不是那位70岁的雅典人，他是一位清秀的年轻黑人，他是无神论者，长相英俊，自己就是一位哲学家。他在东北大学获得了博士学位，是弗雷德里克·道格拉斯学院的研究员。他在无神论和政治哲学之间找到了联系。他用目光吸引学生，他们不断地回应、回应，学生们已经学会跟他一起为学

1　尤西弗罗是古希腊时期的人物，出自柏拉图撰写的记叙老师哲学思想的著作《苏格拉底的身边》《克里托篇》。由于尤西弗罗把自己的亲生父亲告上法庭而展开的一场辩论，最后使得尤西弗罗陷入困境。

习的喜悦而欢笑。他们谈论苏格拉底和他的孩子们，似乎他们是一家人。哲学在他们眼中变得真实起来。

学生们说，雅典的社会觉得苏格拉底是危险的，而不仅仅是一只牛虻。摩尔笑了，赞同并鼓励他们。学生们讨论灵魂的转世，希望苏格拉底不会死，而是去了一个地方，在那儿他可以与荷马聊天。

一个从埃塞俄比亚来的女孩，从穿戴上看似乎是有钱人，她谈起雅典人“只是等他老了的时候才明白他的作为”。她发现柏拉图告诉给读者对话的这个方面——哲学获胜的时刻。而摩尔轻轻地说：“这个我还没有想到。”

他不是来争论的，而是来教育的。学生们提出问题，认为苏格拉底不关心自己的儿子，他们把这叫作“不称职的家长”。摩尔把他们带到对话的核心。他问，究竟是什么使苏格拉底成为一个好人，学生回答说，是遵守法律。他们从对话中找到证据来佐证自己的观点。

这才是他们在意的苏格拉底的性格。他拒绝改变，坚持做自己认为好的事情，甚至不顾死亡的威胁。美德的观念在摩尔、学生和文本的对话中显现。两个小时似乎只有几分钟，很快就过去了。摩尔留了下次课之前要做的作业，他们交上作业，他保证说，在下节课之前他会仔细读。

这不是最理想的对话，但是，这是真实的。一群男男女女，思想的世界对他们来说还是全新的。在第一学年的秋天，他们刚刚注意到这种世界。他们被问题激发，学习着成为提问者。下课了，学生们围上摩尔，然后又一个个地离开。这时芝加哥的天气已经很冷，夜晚寒风凛冽。可是，这是一个成功的夜晚，公民正在诞生。

* * * * *

在城市的南区，中午刚过，一个奥德赛课程的毕业生讲起她名字的由来。这位女人姿态优雅，娓娓道来。她叛离了美国清教徒黑人牧师的传统。曾几何时，这些黑人牧师决心使美国上下笃信一种宗教。她去过南方传统的黑人中学。她说，那里热得可怕，气温高达116华氏度[1]。她笑了，说，身为牧师的女儿，她在芝加哥一直穿正装，那是她平生第一次穿上了吊带。另一个女孩注意到了背心暴露出的她后背上的出生标记，惊呼起来，那个标记是一块非洲大陆的形状。从那时起，在芝加哥跟随马丁·路德·金的波特神父的女儿就称自己为阿弗利卡（即英语中“非洲”一词）。

阿弗利卡·波特的语调很有教养，像一位训练有素的话剧演员。她笑得很自然，很有感染力，那是一种歌剧主角的笑，这种笑声浑厚。我猜这是在她父亲的教堂里，通过应答吟唱学得的，其效果有强大的魅力。当她表达愤怒时，我们都感到惊讶，那是几代人的愤怒，所有的义愤，用更深厚、更热烈的声音表达出来，那么轻柔，充满了魅力。

她的小儿子身上可没有怒气，亚布里尔8岁了，已经参加过一次芝加哥歌剧院的演出。应母亲的请求，亚布里尔昂首挺胸，骄傲地背诵起拉尔夫·沃尔多·爱默生的作品。背诵之后，亚布里尔注意到一支小小的录音笔，读起复杂的操作说明，并用它开始录音。阿弗利卡很高兴，不过是以一种严肃的方式，因为是在公共场合。亚布里尔也学习了如何表现得既端庄又热情。但是，比起母亲的故事来，他对小小的录音笔更感兴趣。她开始讲述：

1 约47摄氏度。

“我父亲是个退休的卫理公会牧师和活动家。他写了一本书，书名是《黑人男性暴力史》。我妈妈是芝加哥扫盲项目的老师，人文科学一直与我们相伴。我在南区长大，就在海德公园，也就是这里。实际上在1973年，我的社区才并过来，就在第五十四街和格林伍德。从来也没有人请我们参加活动，任何活动。我们的邻居都是白人，现在也是这样。我们已经有三代人住在这里，我所有的兄弟姐妹都有了孩子，孩子也有了孩子，情况还是跟从前一样。所以，我是在一个社区长大的，尤其是奥巴马也来自海德公园，我们来自同一个地方。你看一下就知道，他们说海德公园是个了不起的地方，可是对我阿弗利卡来说不是这样。

“我的朋友来自我的教会所在的地方，在恩格尔伍德，那里是芝加哥杀人案最多的地方。就在几个月前，我姐姐和我父母住在那里。我父母都老了，我父亲基本上失明，我侄子也在那儿。邻居办生日，我侄子没有得到邀请，因为他认识他们，他说：‘我就直接去吧。’（而他们说）‘我们不知道你有空。’谁会这样，谁会对一个小孩做这样的事？！这不人道。

“我们去的学校是专为黑人开的学校，离我们家隔着一个半街区。可是，在我住的地方，所有人都去芝加哥（大学）实验学校，或者去学院。所以，我从小就看到这样的情况。我父亲我行我素，在民权运动中非常活跃。我们学了很多，以至于现在，我在图书馆看到你们的这个小册子，我就想：‘我们必须这样。’这太了不起了，我们就应当这样，我们就是这样的人。”她成为课程的学生和组织者。“我们学了第一期（奥德赛或克莱门特）课程，又学了第二期、第三期，我们上了第一期视频课，又上了第二期视频课。现在我打电话问：‘你那儿有什么？’不管他们有什么，我们都愿意加入，我们非常享受这些。我们（她和坐在旁边的阿提丽亚·米姆斯）带来了二十个人上这个课。”

她用理性的眼光看待大众文化中的种族主义。看电视剧时，她的人文基础发挥了作用。她在看《人人都爱雷蒙德》和《人人都恨克里斯》。演员克里斯·洛克的幽默并不足以让她忽视这个剧的内容，尤其是它对孩子的影响。雷蒙德是白人，克里斯是黑人。她说："如果你是内城的黑人青年，这两部剧会令你痛心。人人都爱雷蒙德，雷蒙德的确可爱，剧情也很幸福、有趣。可是，人人都恨克里斯。开车或者乘公共汽车时，你无法忽略经过的广告牌，你不看电视剧也能知道相同的意思。

"住在我们这一片的人都是这里的大学教授，我父亲也是，那些人都是他的同事。但是，这不说明什么，因为我们不被他们接受。（他们说）'他和马库斯·加维一起，他是加维派，穿那种非洲衣服。'"

阿提丽亚·米姆斯插进来问："假如你们都变得跟别人一样，你觉得会不会就没事了？"

"是的，当然了。我们有些朋友就是这样，诸事顺利。他们被人邀请去我们不能去的场合，我们还跟他们保持着友谊。

"从这里开始，我为自己定下的目标是，我是全职的家庭教育者。我有两个儿子，14岁大的儿子在上中学，他（亚布里尔）8岁。我主要关注的是正确地养育他们。"

她谈起芝加哥年轻黑人行凶，转而谈到柏拉图的解决办法："教给年轻黑人《洞穴隐喻》，他们就能够自己想出进入洞穴的情景，他们会反思这样的（生活），这是个圈套。"

她气愤的时候，语速很快，音调提高，这不是歇斯底里，而是因为愤怒而起。她的声音尖锐起来，充满了遗憾。可是，她的脸上没有愤怒，她的脸就像一张重新写过的羊皮纸，成熟的女人、中学生、可爱的小女孩，一直都很美丽的一张脸，仍然显得年轻。这个女子知道自己微笑的效果，并且喜欢这样，她喜欢自己的丈夫、儿子、生命的喜悦和义愤的热血。

* * * * *

父亲

我没有准备好

我的骨头还脆弱

黑暗仍然让我恐慌

我仍然希望

找到一个男人

他能偷走我的心

朱迪·拉佐现在用英文写作，她是芝加哥的西班牙语奥德赛/克莱门特课程的首届毕业生。我遇到她之前，她曾寄给我一摞她自己写的诗，还附了一封信，信上讲述了自己抱负受挫的痛苦，以及朋友冷酷的建议——他们不知道，有时候你有了诗的经历却说不出来。朱迪·拉佐心潮澎湃，有些词总不能如愿说出。她很晚才学英语，于是她经常用西班牙语想，翻译成英语再说出来。不过，如果你仔细听，她的一切感觉、记忆、心愿，经由她的句子和叹息都表达了出来。这个过程中，并没有什么东西遗失——除了诗，它证明了翻译对语言的背叛。跟她长时间谈话，就像倾听美妙的女高音哼唱忧伤的小夜曲，她的目光会给你施魔法。在她的眼睛里，你能看到无法形容的诗歌，你会希望她可以用语言把它讲出来。

我们认识时，她已经完成了西班牙语的学习。她是个大学生，但她从没有放弃与奥德赛/克莱门特课程的联系。我们用英语交谈，不时夹一个西班牙语的词或短语。不过，这只是为了舒服，而不是为了解释和澄清。

她说：

我1968年生于瓜纳华托，8岁的时候家搬到了瓜达拉哈拉，我就是从那里到芝加哥来的。我没有刻意为自己做过什么，我只是帮助我母亲干活。我没有上学，所以，我没有为自己做任何事。直到17岁，我一直住在瓜达拉哈拉。

我一直在给我的姑妈打电话，问我能不能来这里。她说可以，因为他们想让爷爷来这里。我说："我送他吧。"于是，她付了我的机票钱。我叔叔很有钱，给我办了护照。我和我爷爷一起旅行，我们坐的是飞机——我不会穿越沙漠，我没有那么大胆。

那首我给你的诗……是我刚刚在传统月写的。因为人家问我要不要写点东西，为学校写点什么。（在诗里，）我谈到我们来到这里留在身后的东西。

我在瓜纳华托住的房子很小很小，我总是去镇上最热闹的地方，我总想住在一个一切都非常真实的地方。人总是要寻找自己的真实，但是，我总是想："如果我可以离开这里，我就去别的地方。"我就是这样，从一端跑到另一端。

我一到瓜达拉哈拉，看到一直想看的一切，然后就烦了。我不想只是工作，我想上学。

我爸爸是个酒鬼，所以我们的生活指望不上他。我的弟弟们还小，我是老大，虽然我后边曾经还有三个弟弟妹妹……但是他们都死了。因此，老二比我小八岁，帮不上忙。

小时候，我爸爸就教我屠宰。我可以杀猪，那些猪有二百来磅。我到瓜达拉哈拉时就相当熟练了，我能像大人一样干活儿。我在我爸爸的地方干活儿，挣的钱是他的两倍，因为我会杀猪，分割，做熟了卖。我干得相当不错，像个生意人。我很年轻，我想也就是12岁吧。

我过去常出去，喝酒什么的。但是，我一直很想上学。我妈说我不能，因为我要照顾她、我的弟弟、妹妹和爸爸。我想攒钱来（芝加哥），可是不知道怎么来。

我去了文化中心，因为那儿有各式各样的人——巴西人、非洲人和阿拉伯人，各种人。我上那儿去，只是为了和他们说话。因为他们会告诉我他们国家的事。我想跟他们交朋友，好让他们给我寄东西，比如旧金山、亚利桑那、纽约这类地方的照片。我总是能交上朋友。当然，是那些能跟我讲西班牙语的，因为我不会说英语。

那是我一周里最高兴的事，每个周末，我都会去那儿，总能遇见可以聊天的人。每个人就在文化中心待着，我们只是坐着，聊天、抽烟、说笑话。我们整宿都在，那儿有各年龄段的人。我觉得，在我来之前，从这个地方了解了很多这个国家的事情，那是1980年。我来这里是在1985年11月25日。我不害怕，因为我等了太久。可是，我也知道，我不会回去了。我告诉我妈妈，我不想一半在这边，一半在那边。分离令人十分痛苦，我只是知道我要来这里，重新开始。对我，这就像一个新的开始，一个新生活，而且我是自由的，我非常愿意。我没有带任何东西，什么也没带……哦，带了本书，我没有带任何衣服，什么也没有。因为我要重新开始。

我姑妈从小跟着修女长大。我哪儿都不能去，不能交朋友，什么也不行，只能在家帮她。她常给人看小孩，我也得帮她看。后来，我开始上班了。她给我找了个工作，当招待。我已经基本上能跟人用英语交流了。我去的是个意大利饭馆，这家店的主人对我很好，意大利人一家对我的确很好。实际上我跟他们住在一起。可是，就有一样，店主有酗酒的嗜好，所以我又得像个看小孩的，晚上很晚要带他回家。我在那儿，从1986年干到1994年。

我第一次结婚是在1992年。我结婚是因为他的年纪比较大，他是一个意大利人，大概60岁，我只有24岁。但他很可爱，是个非常好的人。但是，当我搬过去住时，他变得像个疯子。我不能接电话，不能跟朋友一起外出。我等啊等，我想，也许他要习惯我吧。我知道我跟别人不一样，有点儿野。我觉得不值得忍受这一切，只为得到一个合法身份。所以，我申请离婚。

第二个男人……我喜欢他，但是谈不上爱。我告诉他我没有公民身份，还告诉他我来美国的整个经过。他说："我要娶你。"他是黑人，我们年纪一般大，都是26岁。我只跟了他两年，他就死了。他是格斗选手，有癫痫，后来犯了心脏病，死了。这真奇怪，因为他像是最健康的人，从来不吸烟、不喝酒。

我总想去上学，那个老头（她的第一任丈夫）说，首先你得先跟我结婚，然后再去上学。我不想就这样妥协，我不想要什么孩子。跟第二个男人，我想在家学习就可以了。他会帮我，告诉我怎么参加普通教育水平考试，他会帮我学认字，我会跟他一起去图书馆。

第三个男人，他告诉我他有酗酒的嗜好。当他故态复萌，我曾想离开他。我一天到晚工作，从早上九点干到晚上十点半。我曾经在一家饭馆当经理。我离开他时已经怀孕七个月了，孩子的父亲就是那个人。

于是，我发现就剩下我们娘儿俩，我该怎么办？我有个四周大的婴儿，我根本不知道怎么应付。我仍然要养活我妈妈，我爸爸刚去世，我这时离开了第三个男人。我让他坐了牢，因为他溜进来，偷走了我给婴儿买的所有东西。我回到家，发现家中被洗劫一空，于是我找到他，他又打了我。这时我知道，我要离开他。那天我差点杀了他，因为他要杀死孩子，他想要弄死孩子，想把他从我这儿夺走。我不让他碰孩子，他就用椅子打我的头，椅子都断了。你知道我之后怎么做的吗？我用毛巾包起孩子，把孩子放在床底下。他把我拉到阳台上，把我弄倒，想要杀了我。可是我痛打他，把他从三楼扔了下去，他没怎么样，这事过去十二年了。这件可怕的事情就这样结束了。

（现在）我跟同一个男人过了十年。这个男人说："你怀孕了，你太紧张了，别工作了。"我那时自愿参加了美国救世军。我在帮助成人考雅思，教他们简单的英语。后来，负责人发现我没有任何正规学历，她问："你想不想考普通教育证书？"在那儿，我遇上了托尼·佩隆（伊利诺伊大学的教授）。他告诉我有一个奥德赛课程，于是我就去了皮尔森。学生们大多是墨西哥人，还有几个是哥伦比亚人。

这真吓人，真的！我只上到三年级，可是这儿的教室人都坐满了。我不知道怎么听讲，也不知道怎么记笔记。同时，我想入非非，想要上大学。我的生活真是疯狂，我不知道我该不该来上课或者去上学。我是班上年纪最大的学生。

我有亚伦（·兰勃特）这样的老师真好，他会跟我一起坐下，然后说："不，不是这样，是这样。"你知道，他会花很多时间教我怎样写。我不知道标点，是他和（毛里乔·）塔诺里奥教授，在我身上花了额外的时间。

我们读苏格拉底、柏拉图和康德，可是我真是喜欢塔诺里奥教授的历史课。不只是因为他教得很棒，还因为他非常活泼、多变、有趣。下课后，他还坐在那儿，使劲儿给我讲怎样写作。我的英语和我的西班牙语一样差，我不懂什么，我一直在自学。

我想多知道一些，我开始对很多事情感到好奇。我开始跟老师们说："开课一定要让我知道，我好去上。"我就这样一直跟巴特·舒尔茨先生说。他没见过我，可是我一直在给他写邮件。

上学确实帮了我。我很幸运遇到这些老师，他们的确帮了我。如果我（的作业）做得不好，有点傻，他们就把它彻底推翻，他们把我的作业全划掉，只剩下标题。我什么也不懂，什么也想不出，他们确实帮了我，他们让我觉得我能行。

我家的，还有我丈夫那边的亲戚，人人都告诉我，我失败了，我肯定毕不了业。我做的事从来得不到他们的表扬，甚至包括我去中国这件事。圣诞节，他们送给我一个小书包，他们就这样对我，他们开的玩笑很残忍。要是没有这些教授，我觉得我很快就会放弃。

一位教授，也就是我的辅导员，会来家里找我，把我拽走。

现在我在上罗斯福（大学）和格莱汉（芝加哥大学普通教育学院），我在学心理学和老年医学。

朱迪去老人院慰问那里说西班牙语的老年人，这也是她学习的一部分。她有些害羞地告诉我，她观察了他们。她没有说，她为他们读书、唱歌，唱她经历的爱和悲伤。

第三章
麦迪逊：教育的终极目标

艾米莉·奥尔巴赫争论说，麦迪逊[1]的奥德赛课程不属于克莱门特人文课。我以为，如果按照严格的定义衡量，她说得确实没错。在麦迪逊，学生们一周上一次课，而不是两次。他们每次来的时间都更长，仅仅不时地做些人文课的练习，这些练习不像我希望的那么严格、正式。如果按照最初的设计教克莱门特课，师生们就需要用姓氏来称呼彼此，并且还要加上“先生”或“女士”，这是正规场合的称呼。我觉得这给教室带来了尊严和纪律，而艾米莉则用拥抱来打招呼。

或者这只是我个人的看法，不过麦迪逊的学生往往在阅读、讨论和写作有关艾米莉·狄金森的内容时，表现最为优异。经由奥尔巴赫教授的允许，我从他们的作业里抄录了如下几段。

詹姆斯·霍顿的文章写了狄金森的第833首诗，这是关于诗人点亮灯火的。他说：“诗人们照亮了道路，他们正是那些点起火来的火星。他们的精神比他们的肉身还要长久。那些火焰或思想继续给我们照亮，让我们穿透未来的黑暗。正如每个时代都是一个镜头，诗人们解剖他们生活（环

1　麦迪逊是美国威斯康星州的首府，是威斯康星大学主校区的所在。

境）的意义，让所有人懂得自己在世界上的位置！

“我喜欢那些谈论写作意义的作家，我写作的一个原因就是启发自己也启发他人。我觉得，我们对其他人做的全部贡献就是我们在自己的生活里学到的东西，那不仅仅是技术，这些所学将使我们的物种发挥出自己真正的潜力。”

爱德温·舒比特这样写第254首诗：“如果把‘希望’比作长着羽毛的小鸟，这对我来说意味着没有边界、没有限制。希望不在外界，而是从内心中找到——这才是真正需要探索的地方。‘小鸟’的意象……是说，尽管生活中会遇到暴风雨，但是有了‘希望’，我们就能够抵挡风雨，能够镇定、坚持……即使身陷困境。

“就我个人来说，我非常感动，因为我曾经每天都要在内心告诫自己，绝不放弃希望。而那希望总是会给我支持和力量，那种力量招之即来。比如，甘地和马丁·路德·金不论遇到多少挫折和反对，总是保留着希望。”

荣达·约翰逊说到狄金森的第576首诗，这首诗讲的是祈祷：“这首诗使我联想起布莱克的作品。”

维尼塔·泰勒议论的是第248首诗，主题是被天堂排斥在外：“她在问，为什么男人把女人当成次等阶层，为什么女人被排斥在天堂之外，这里‘天堂’指的是世界。她觉得，对女人来说，能做她们想做的事、有自由，这就是天堂。对她来说，她的天堂就是公开写作、作为一位作家受人尊敬。

“对我来说，男人觉得他们比女人高人一等就如同种族主义。我觉得任何时候，任何人被排斥在外，明显是因为恐惧；任何人只要觉得安全、对自己有信心，就不会感到别人威胁到自己。实际上，他们欢迎任何一个人加入，一起展翅飞翔。”

贾斯汀·威尔逊选的是第1587首诗，这首诗写的是宝贵的词语："这首诗讲的是，一个人只有开始读书才开始真正活着。这些字和概念让他暂且忘记了他只是无关紧要的穷人，这些字让他飞起来，经历另一种层面的真实。

"我选择这首诗是因为，在方方面面，这首诗写的就是我。我母亲每天晚上会给我念书，我还没生出来就这样了，直到我4岁。到了4岁，一到讲故事的时候，她就给我一本书，让我读。你看，读书最美好的就是你可以成为任何人，去没去过的地方，做最奇妙的事。自从她把书给我，我就开始自己读书。现在除了每天为了学习读书，我一周还要读两三本闲书。

"我说我母亲是个圣人有一个理由，是她解除了我精神上的枷锁。我母亲不能给我物质世界，她知道这一点。于是，她给了我整个宇宙，教给我怎样飞行，做超时空旅行。

"因为我喜欢她的作品，狄金森也有类似的作用。"

在麦迪逊，关于苏格拉底、莎士比亚和索杰纳·特鲁斯[1]的课既有趣，又引人深思。这是个了不起的地方。威斯康星大学校长凯文·瑞利在2010届毕业典礼上把这些学生称作"他人的楷模"。对于这些学生对世界的影响，他估计得不错：他们的影响远远超出了教室。这门课程通过很多学生的子女影响到社区，有时是相当密集的一片住宅区。

尊严从教室向外扩展，虽然我们没有具体的统计数据来说明参加课程的学生的子女发生了哪些变化。他们的事例会让我想啊想，想到我们提供的育儿室，它把孩子与父母的教育联系起来，这就是为了打破贫困的循

1　索杰纳·特鲁斯是一名美国福音传教士和改革家，她一生都在与社会中的不公制度做斗争，成为19世纪美国人权卫士的代表之一。

环。社会学家看到我们玛雅学生的孩子，发现他们是乡下小学里最好的学生。在芝加哥，奥德赛/克莱门特课程的毕业生阿弗利卡·波特的孩子学习很好，还在一些歌剧中扮演小角色，与专业演员一起登台。

不过，有时候，我并不知道尊严是如何生长的。当我看见麦迪逊的学生戴着可笑的帽子读莎士比亚时，我还是感到有些不快。也许因为我是个势利眼，也可能因为我不是艾米莉那种才华横溢的老师。她的十四名学生现在都已经从大学毕业，其中三分之二继续深造，统计数字很不错。可是我想，芝加哥的艾米莉和艾米·汤玛斯·埃尔德，以及华盛顿州杰斐逊县的蕾拉·希尔顿会认为上大学只是生活的标志之一。大学可能会因为增进幸福而家人健康、工作稳定、家庭稳定，享受音乐、美术、文学，参与社区生活，这些伯里克利所说的了不起的政治生活同样是幸福的指标。奥德赛/克莱门特课的学生知道，亚里士多德会说，沉思是离神最近的生活；苏格拉底会告诉我们，运用在课上学会的知识，过有德行的生活是到达幸福的最好路径。

无论如何，大学还是有用的，也比幸福更加具体、更易衡量。如果有些克莱门特的学生要去上大学，他们一般总要先修完克莱门特课程。麦迪逊的留级率令人震惊，这是因为艾米莉锲而不舍地招生，高留级率就是从这儿开始的。为了招生，她成了头号宣传家，不断给地方媒体输送有关课程的消息，出版学生报纸，与当地社区组织保持紧密的联系。她争取到的申请人常常是实际招生名额的两到三倍。虽然她把人数限制在三十人，但还是不止一次地让三十一人毕业。这不是疏忽，只是因为她想接受上次被录取却因病或家里有事而没能来的学生。

不是所有的课都和艾米莉的一样好。约翰·马什曾在伊利诺伊大学当过一阵老师，他说，他的大部分学生都走了。到了给留下的一两名学生争取大学学分时，他说，他要为他们的成绩撒谎。艾米莉与马什的教学结果有天壤之别，我不太了解马什，不过我想，他最好不要再教克莱门特课程了。

我不太清楚为什么艾米莉教的班这么优秀。她说，那是因为她和父母与肯塔基的伯利亚学院的联系，那里是麦迪逊奥德赛课程的发源地。其实这不是奥德赛课程，至少不是正规的那种，麦迪逊课程比克莱门特课要随便得多——其教学里有很多拥抱。艾米莉和她的同事虽然以自己的方式给穷人上人文课，却也获得了优异的成绩，使麦迪逊课程成为一种最好的（非）克莱门特课。可以说它开始于阿帕拉契亚，也可以说珍·费拉卡观察了芝加哥的克莱门特课程后，把它带回到威斯康星的家，在那里发起了这门课程。珍·费拉卡和艾米莉做了些改变，加入了自己的个性和阿帕拉契亚的伯利亚学院的影响。这所学院对所有入学的学生免费，并且，就像艾米莉喜欢说的："是唯一的、只有穷人才能上的大学。"

伯利亚学院成立于美国内战之前，是美国南方第一所黑人和白人混合的大学。内战结束后，颁布了禁止混合的法律，伯利亚学院依法行事，但在附近另开了一所学校，给黑人教育，还为此被告上法庭。许多年后，相关法律才被废止，伯利亚学院再度成为混合学校。艾米莉的父母就是从伯利亚学院走出来的学生。我想，这样的历史早已将不分种族和信仰、给穷人自由教育的思想注入了艾米莉的DNA。无论她怎样称呼这门课，她都指导了非常成功的课程。不过，她告诉我，她的梦想是开设另一个伯利亚学院，这会很困难，但是什么样的困难都比不上开学时有三十名学生，可是到最后出现了三十一位。

说起魔法，我最近一次去麦迪逊时，艾米莉、珍还有我，与威斯康星大学的一群教职员和基金会负责人开会。威斯康星大学作为州立大学，不能给予艾米莉的课程免费学分。不过，经过一番努力，基金会负责人说，基金会可以负担这笔费用。从那一刻起，就变成了一场愉快的会议。

总有人问起教育心理学家所谓的“成果”问题。2009年，当基根·卡特从威斯康星大学（麦迪逊分校）毕业时，从某种意义上来说，这是最好的成果之一。卡特曾经是2003年麦迪逊的第一届学生，她那时离开了芝加哥，寻找不太拥挤、不那么危险的地方。她到麦迪逊时怀着孕，并且已经有一个4岁大的孩子。在这个新家，她睡在基督教女青年会狭小而拥挤的屋子里。她找到工作和住的地方，设法生存。这时，她看到招生的小册子，说是提供免费的大学课程。

接触到艾米莉·奥尔巴赫和奥德赛课程之后，基根·卡特找到了脱离贫穷的道路。她用两年时间上了一所麦迪逊的技术学校，然后继续上了州立大学。为了养活自己和孩子，卡特尽全力打工或做全职的工作，工资很低。她有了更好的学历后，就有了收入高一些的工作。于是就有了与艾米莉·奥尔巴赫的联系：艾米莉使用募集来的部分资金资助来上课以及今后继续上学或者谋生的学生。基根·卡特现在一边为麦迪逊奥德赛/克莱门特课程工作，一边准备考GRE和LSAT课程。

卡特真是十分幸运，参加了艾米莉·奥尔巴赫、珍·费拉卡和已故的内利·Y.麦克凯教授的课程。从这些人那里，卡特女士知道了自己可以做什么。他们教她热爱自由，自由是教育的终极目标，也是民主的希望。

第四章

俄克拉何马：印第安的战士们

霍华德谈起俄克拉何马州[1]平原上的野生苋菜时，他摸着脸颊悲伤地说，可惜他年纪一大，肤色开始变浅了。那时，我认识他已经有几年了，我敬慕他，把他视为挚友。他是个高贵的人，对很多事情愤愤不平。在美国印第安运动（AIM）[2]蓬勃兴起的时候，他就身在南达科他州[3]。他见过白人在街上骂印第安人。我以为，1973年，当拉科塔部落[4]和AIM一起反抗白人时，他就在伤膝河，不过我不太确定。在那之前几年，我也去过那里，那时的拉科塔部落仍然跳太阳舞。霍华德去得晚些，作为美国新教圣公会的代表，他要去那里达成和解。

霍华德和我谈到苋莱和伤膝河，还有我们一起长途旅行穿越俄克拉何马时的事情。我认识他的孩子，尤其是他女儿亚美丽加（英语中“美国”

1 俄克拉何马州，位于美国中南部，首府为俄克拉何马城。

2 于1968年创立的印第安人组织，主张维护美洲土著的权益。

3 南达科他州，位于美国中西部，首府为皮尔。州名来源于印第安苏族的语言，意为“与友人联合居住的地方”。

4 拉科塔部落是美国西部的一个美洲土著民族，属于印第安人中的苏族。自1974年以来，拉科塔人一直坚持为独立而战，曾与美国军队进行过多次战争。

一词），她的名字来自威利·罗杰斯的母亲——玛丽·亚美丽加。我与霍华德和他的妻子玛丽·艾伦聊了很长时间，玛丽是切罗基人[1]，霍华德称她为切罗基皇族，因为她的家族与威利·罗杰斯和威廉·米兰有联系。米兰是切罗基大酋长。当时，玛丽·艾伦是切罗基遗产中心的执行主任，霍华德是俄克拉何马科学与艺术大学的教授。我之所以去那儿，是因为在各地开设了很多克莱门特课程之后，一天晚上，我妻子问："那印第安呢？"

我能想出来的回答只是："我真是个大傻瓜！"她为我找理由，说即使她不提醒我，我肯定会给印第安人开设课程的。我曾写过一本关于印第安人的书，引起了议员爱德华·肯尼迪的注意。她也不用提醒我，我曾经跟印第安孩子——提瓜人[2]的后代——一起上小学。1837年，提瓜人曾经与基奥瓦阿帕奇部落的人在威克水槽血战，在得克萨斯伊斯利塔附近的水槽壁上画着双方激烈交战的故事。提瓜人向基奥瓦人藏身的山洞里扔响尾蛇，当响尾蛇没有发动预期的攻击时，提瓜人又向洞里扔烧着的辣椒，把敌人熏出来。当然，我也有关于印第安人更甜蜜的回忆：两个拉科塔孩子，奥莉维娅和加里教我儿子骑马，从此他要是一个礼拜不骑马就觉得不太舒服。

然后，我就收到了去俄克拉何马的邀请。

我初次见到霍华德和玛丽·艾伦·马利迪斯时，他们刚刚从一家书店出来。两个人都瘦瘦高高，站得笔直。霍华德西装革履，像个长老会的牧师；玛丽的穿着像平素一样讲究，略显保守。我不记得为什么，但是一定

1　切罗基人，属于易洛魁族系的北美印第安民族。

2　提瓜人，以及下文中出现的基奥瓦人、巧克托人、科曼奇人、玛雅人、纳瓦人、戈比克人和契卡索人都是印第安人。

有什么原因，让我觉得他们是俄克拉何马的州长和州长夫人。他们做过自我介绍，我们交谈了一阵。

有时，人们会一见如故。这种事在我不常有，因此我觉得很奇妙。霍华德和我在谈到的所有事情上见解都很一致，他可以描述远处升起的地势、玉米如何来到俄克拉何马又如何取代苋菜成为主要作物。我知道大刍草的发展，三千年前在墨西哥，用它杂交培育了玉米，后来传到北美。他知道印第安人与联邦政府订立条约又打破约定的历史；我也知道，还写过这样的书。可是他所知道的历史比我详细得多，并娓娓道来。令我惊讶的是，他的讲述感情充沛，语调却始终很平缓。这也许是他在新教圣公会里学来的技巧，还有很多事情我来不及问他。

谈话时，我们就决定，要开设一个切罗基克莱门特课程，他立即便着手准备。我们得到安尼塔·梅和约翰·费弗的帮助，梅那时是俄克拉何马人文委员会的主任，费弗是俄克拉何马科学与艺术大学（USAO）的校长，他正致力于提升这所大学的地位。作为密西西比河以西的第一所女子学院以及文科学院，USAO有着悠久的历史，但是费弗使它成为美国最优秀的公立人文大学。约翰·费弗也致力于教授印第安文化。不过，因为他对选课学生包括印第安学生的要求很严格，学生人数有所减少。印第安学生因为中小学教育不足而影响到大学学习，约翰当即就同意资助克莱门特课程，学这门课的学生如果通过考试，就给他们算学分。

霍华德安排我与巧克托族和科曼奇族的人会面。李·海斯特博士代表巧克托人，他长得很结实，神情中带着对白人的讥讽。我告诉他，我们既教原住民哲学也教西方哲学。海斯特宣称，根本就没有原住民哲学这种东西，而且他不会改变立场。科曼奇族的代表是尼塔·帕多普尼。我们经介绍认识之后，我觉得她简直是对白人开的另一个玩笑——这位科曼奇族的副主席是个年轻的女人，五官精致，牙齿洁白且细小。她说得不多，但是紧盯着我。霍华德什么也没有说。李·海斯特对我说完那番话之后，向后坐了坐，明显是对打击了假仁假义的白人深感满意。我把注意力转向尼塔·帕多普尼，因为我觉得跟海斯特再多说什么也没有用了。我告诉她，我正在墨西哥教原住民哲学，为了让对话进行下去，我问她是否去过墨西哥。她说："科曼奇人去过那儿杀他们，偷他们的孩子。"

现在，她的牙看起来很锋利。她这样回答，让我想起科曼奇族是美国原住民中最凶悍的一支，这位美丽的女子便是科曼奇族的副主席。我没有再问她任何问题，而是开门见山，介绍起克莱门特课程及其历史，以及我此行到俄克拉何马期望达到的结果。她一语不发，还是紧盯着我，我被她看得不舒服，禁不住以为自己的面相有问题。她没有提问，我停下来好几次，等她发表意见。我打定主意再也不问她问题，可是我讲完一大通之后，仍然是一片沉默，没有回应。终于，我问："你怎么想？"

她说："科曼奇人行事简捷。"

多年之后，尼塔和我成了朋友。她是一个很有成就的画家，也是一个有趣的，或者可以说优雅的诗人。她有时把作品寄给我，请我帮她做些编辑。科曼奇人有自己的大学，现在尼塔在那里教学，她已经不再担任副主席。她身体有病，并不回避谈论这些。我们会面之后一两年，我又见到她，与其说她仍然很有保留，不如说她还是气势汹汹。她送给我一本《科曼奇语、英语对照词典》，我这时才对她有了更多的了解。这是一种乌托阿兹提克语，与墨西哥的阿兹提克人说的纳瓦托语相关，我比较熟悉后者，但前者却有很大的不同。纳瓦托（纳瓦的意思是"清楚的发言者"）是一种定居部落的语言，科曼奇却是平原上的游猎部落的语言。

与尼塔和李·海斯特见面之后，我对克莱门特课程在俄克拉何马的前景产生了怀疑。李后来也成了我的好朋友，而且是克莱门特课程的坚定支持者，并且担任俄克拉何马科学与艺术大学印第安研究系主任。他与尼塔一样，在最近十年也饱受疾病折磨。他也像尼塔一样，我们长久地交谈，互相支持。

在李、尼塔、约翰·费弗的帮助下，在霍华德的指导下，课程的准备向前推进着。这时，我们正在教玛雅、纳瓦（阿兹提克）和戈比克（爱斯基摩）学生。一群原住民学者正在俄克拉何马科学与艺术大学聚会，我们与他们取得了联系。他们来到俄克拉何马的施卡沙，去见那里的切罗基人、基奥瓦人和契卡索人，商谈如何开课，并且成立了一个名为“全美原住民人文中心”的组织。墨西哥人与俄克拉何马人一见如故。聚会的重头戏是诗歌讲座，亚利桑德拉·加西亚·昆塔尼拉用的是英语，她从小就学了英语，并且在北卡罗来纳读博士时开始喜欢用它。她和纳瓦课的赫尔琳达·索亚雷斯·苏萨亚、杰伊·贡比（基奥瓦族）成为大家的翻译。全美印第安人文中心成立了，理事会也建立了。因为我不是印第安人，所以只能当外围的执行官。出色的墨西哥学者米格尔·利昂·波提拉在他主编的杂志上发表文章，讲述了中心成立的事情。约翰·费弗和霍华德成为项目的领导，因为他们受到很多俄克拉何马印第安人部落的信任。

课程设计的工作迅速向前推进，切罗基课程受到艾利的很大影响，他的查拉基语（也许这才是切罗基语和切罗基族的正确称呼）很流利。课程需要双重文化背景，并且是双语，以避免最后的同化和原始语言的遗失，因为这意味着切罗基世界的终结。这对原住民来说，并不是天方夜谭，每个人都知道，失去语言和文化导致的问题远比失去幸福要严重得多。原住民一直是大屠杀的牺牲品，强迫迁移、强制性寄宿学校、因说母语遭到惩罚、种族仇恨以及极度贫穷使他们饱受折磨。这些偷走了他们作为一个完整的人的感受。这比肉体的摧残更糟，因为这是灵魂的痛苦。这种痛苦一直到死才会消除，而被留下的孩子，处境不比父母强多少，也许是一样的。我知道这些而且在《伟大灵魂的死亡》中写到过。我想，我已懂得这些美国种族屠杀受害者的内心，可是我多次在霍华德的表情中看到的东西才更令人感到害怕，我看到一个温和的人心中的愤怒。

* * * * *

基奥瓦课程开始于一个风雨之夜，正赶上一年中最大的暴雨，道路被水淹没，桥被冲垮，许多学生不能到小小的会议室来上课。为了便于讨论，会议室的桌子已经摆成半圆形。一组学生，大概半个班，设法穿过暴雨来上课。学生大部分是女性，除了她们，到场的还有好几位讲故事的长者，他们记述传颂基奥瓦人与敌人战斗的事迹。课程开始时，一位老者坐到我身边，讲起一个基奥瓦人的故事。他从天气得到灵感，讲起很多年前，有一位基奥瓦猎人，跑到山洞去躲避暴风雨，山洞中已经有一个人在躲雨，但是他允许基奥瓦人跟他一起在黑暗中避雨。两人都不敢说话，怕泄露身份被对方干掉。在黑暗中，两个敌人一起过夜，什么也不说，分享仅有的一点食物。清晨，雨过天晴，两个人爬出山洞，基奥瓦人发现跟他共处洞内的是一位夏延族人。老者朗声大笑："夏延族人是我们的敌人，所以基奥瓦人就把他杀了。"他看着我，脸上带着骄傲的微笑，说，"这是一个真实的故事，基奥瓦人就是这样。"

雨下个不停，小房间靠墙的桌上摆满了吃的，那是为全班人和预汁前来的参观者准备的。一个女人对我说："别担心，不会浪费的。"

坐在一个角落里的是基奥瓦族前任酋长以及美国印第安代表大会首任副主席J.T.贡比的儿子——杰伊·贡比。杰伊身材魁梧，声音洪亮，他因为严重的车祸致残，只能坐轮椅。开始上课，他让姨妈阿丽西亚·冈萨雷斯站在狭小的教室中央。阿丽西亚是基奥瓦阿帕奇部落的公主，后来成为基奥瓦族最有成就的语言学家和词典编纂者。她写课本、编字典、教中学和大学课程。也许，她是部落里仅次于作家N.斯考特・莫玛迪的核心文化人物。

学生入座时，她静静地坐在那儿。阿丽西亚浓密的头发已经变白，穿着色彩柔和，她的语调温和，语气却带有命令性的权威。我在早先开会时认识了她，我们热情地打招呼，但是她很小心，以免给学生留下我将主导第一堂课的印象。这应当是一次基奥瓦人的会议，不是欧洲人的会议。在大嗓门杰伊的帮助下，全班人坐好了。她先表达了对学生们的欢迎，告诉他们这门课的基奥瓦语名称：Yee P'ay Gyan Aim ，意思是“双向思考”。她问有多少人说基奥瓦语，没有一个人举手或点头。在一片寂静中，她的目光透过眼镜，直视前方。没有人能说这种富有魔力的语言，与自己的文化相连，但这并不能使她动摇。她开始小声哼唱，过了一分钟，旋律清晰起来，她要求大家跟她一起哼唱，一段轻柔的合唱开始了。然后，她开始用基奥瓦语唱。有一两个微弱、拘谨、犹豫的声音随着她唱。她问：“你们还记不记得奶奶是怎么对你们唱的？”她又接着唱，同样简单的旋律，这是奶奶的哼唱。学生们仿佛从她的脸上看到自己的祖母，从她的声音里听到祖母的声音。又过了一阵儿，学生们终于放声高歌，阿丽西亚说：“你们看，你们会说基奥瓦语！”

课程中也不乏偶然的插曲。约翰・费弗请到J.桑德斯・休格纳来俄克拉何马科学与艺术大学任教，这位年轻的教授之前在东部的一所大学任教，教学成绩出色。桑迪[1]答应和阿丽西亚搭档，教授课程中的欧洲文化部分。他和他的同事不只教了欧洲的历史、文学、哲学，也让自己深入了解基奥瓦族的语言和文化。桑迪遇到的唯一问题是，他把课程当作基奥瓦人对欧洲艺术和思想的回应。霍华德和我觉得这样会把基奥瓦置于次等的

1 桑德斯的昵称。

地位。我们认为，桑迪的想法并不带任何种族主义色彩，但确实表现出在西方文化占主要地位的世界原住民深受困扰的深刻问题。这个学历甚高的年轻人，很好地捍卫着自己的立场。霍华德和我向他解释了他的想法对基奥瓦人意味着什么后，他也成了平等的捍卫者。他学习课程中的基奥瓦语课和基奥瓦文化课，成了最好的基奥瓦语学习者，受人敬爱，直到他前往弗吉尼亚大学怀斯分校，并成为那里的骨干。

我与基奥瓦人的联系逐年增长，这种联系主要是与杰伊和他的“阿力”姨妈。一天晚上，在霍华德家，我想把杰伊的轮椅搬到三层的露台上，我错误地以为一个坐着（杰伊用手柄来操纵，如加速和刹车）轮椅动来动去的人会非常轻。我抬他到半路，就重重摔倒在地，他滚下了楼梯，屁股着地的重重一摔反而加深了我们的友谊，让我意识到我和基奥瓦人原来早已是亲密的朋友。

2000年底，我病得很重，完不成对基奥瓦人应尽的责任。我把情况告诉了俄克拉何马的朱莉·伯哈农。一周以后，在病情最严重的时候，我收到了一个寄自俄克拉何马的包裹，里面是一盒录音带和一张纸条，上面写了几行基奥瓦语。阿丽西亚为我写了一段祈祷歌，把它录了下来，让我可以在纽约听到她的歌声。

又过了一周，朱莉又转给我一个基奥瓦人的信封，里面有十八美元。这笔钱，相当于早先基奥瓦人为病人祈祷时供奉的箭头、宝石和老鹰羽毛的价值。他们并不年轻，跳舞时需要拿着棍子，按照规矩，跳的时候棍子不能碰着地面。

我用自己所知不多的基奥瓦语向阿丽西亚致谢，谁也解释不清为什么，我的拼写和语法完全无误。我们的友情更深了。

* * * * *

基奥瓦克莱门特课进行了几年之后，霍华德与罗娜·巴瑞克说起了这个课程。罗娜正在尝试把契卡索族的艺术与人文课结合，使之变成部族生活的一个重要部分。为了第一节契卡索课，她招来了学生，请来了教师。她请我和霍华德先讲一小时欧洲文化，再请一位说契卡索语的教师讲一小时契卡索的语法和词汇。像往常那样，与霍华德穿越俄克拉何马总是一次宝贵的经历，我们谈起草原、丘陵和经过“泪之旅”的长途迁徙后定居在此的部族。清教徒的民主并没有善待印第安人。

那时，印第安种族（霍华德爱用这个名字，他不喜欢原住民的称呼）的文化面临危机。能说流利的威奇托语的人只剩下两个了，其中之一还是一位白人教授，远在北方。我不知道契卡索课程会怎么样，正在这时，我们幸运地遇到了罗娜·巴瑞克，一位气势不凡、雷厉风行的年轻女人。多年来，她越来越像个女强人，用经理的方式推进日常工作，管理部下。她并不发难，不露锋芒，但她也不回避冲突。在她的领导下，契卡索克莱门特课开了三期，现在她成为全美印第安人文中心的主任。

霍华德、我和罗娜一起在克莱门特课的教室外等候，我们谈起这门课，告诉她我们这一小时打算做什么。上课了，霍华德坐在长桌的一头，我坐在另一头，罗娜介绍了我们，并没有跟我们一起落座。她像一位严厉的阿姨，走来走去，监督学生。那天晚上，另一个女人引起了我的注意。她正对我们的桌子坐着，她很瘦，脸上布满皱纹，密西西比和阿拉巴马年复一年的日光使她的肤色变得黧黑。在契卡索人被迫迁到俄克拉何马之前，他们就居住在那里。霍华德在去的路上告诉我，格林夫人是最有修养的契卡索人。他急于见到她，我也一样。

头四十五分钟，课程进展顺利，我们要求学生们读《洞穴隐喻》，为讨论做准备。大多数人照做了，他们努力用现代的情境来解释柏拉图的原作。我们提出的问题使他们进入了理解的最初阶段，足以让他们觉出思考的些微痛苦。在契卡索老师上课之前，我们从《伟大的发言者：中北美文学选集》中选了一首诗来读，讨论了纳瓦尔特诗人和哲学家对现实和幻想的质疑。这时我右边的一个女人说，她想要当护士，并发表了一通印第安的东西毫无用处的议论。她说她很乐意学欧洲文学和哲学，但是她不想浪费时间学阿兹提克语或契卡索语或文学。

她坦白地说，契卡索语里没有与欧洲思想对应的字，所以说，用契卡索语学习哲学是不可能的。教室里的其他学生点头同意。罗娜没有说话。我看了霍华德一眼，感到不安。他似乎也在担心。虽然他的房子没有烧着，但是他闻见了烟味。反正也不会失去什么，我建议找一些柏拉图的作品里最难的概念，问问格林夫人，有没有对应的契卡索语。格林夫人点头。我开始提出的词是“幻象”，格林夫人马上把它翻译成契卡索语。然后我又找了一个我以为不容易找到的词，因为不同于善恶分明的欧洲文化，契卡索文化比较和谐。我说：“美德。”确实，与之对应的词没有马上找到。时间一分一秒地过去，格林夫人苦思冥想，我对将来的课程充满了担心和焦虑。印第安人相信生命是一个大轮回，因此教授没有历史记载的印第安历史有很大的风险。她是不是太年长了，完不成我给她的任务？或者是还不够年长？所谓的大轮回会不会就在这个契卡索中心结束？我看着格林夫人，察言观色。我右边这位胖墩墩、自以为是的女人满意地出了一口长气，像是在说再见。

桌对面的格林夫人听到这一声叹息，笑了笑，说出一长串契卡索词，每个都意味着“美德”。我没有再去看那个胖女人，而是向霍华德望去。他表情复杂，既有土著文化再次得胜的释然，又有对格林夫人能力的叹服。她拥有契卡索的语言、梦想、爱、思想和不屈的精神（契卡索得名于此），她能够把这一切给予那个胖女人所在的世界。不久之后，霍华德就开始开车往返于塔勒瓜和契卡索保留地，与格林夫人一起记录口述历史。

霍华德说，他担心格林夫人的健康，每次为她录音的时间都不敢太长，因为她的心脏不好。这之后，我好久没有得到霍华德的消息。格林夫人并没有出什么问题，倒是霍华德病倒了，而且病得不轻。他从塔勒瓜的家里进了休斯敦的M.D.安德森肿瘤医院，我再也没有跟他通过话，因为他虚弱得不能接电话。不过，他还是设法寄给我一些明信片，上面并没有提自己的病情，或者对天堂的希望。就像以前开车穿越俄克拉何马时跟我谈天那样，他文如其人，写到季节的变换、绿色的树影、穿过所谓隔音玻璃的鸟鸣。

阿丽西亚・冈萨雷斯获得了2009年州人文委员会的人文奖提名。俄克拉何马科学与艺术学院的朱莉・伯哈农请我写一封信祝贺她获提名。在信中，我讲述了基奥瓦克莱门特课程的第一节课，获奖让阿丽西亚感到非常高兴。可是，过了不久，朱莉告诉我，阿丽西亚病了。我给她家里打电话，她不在；我又打她的手机，发现她正在一家饭馆里，等着吃午饭。我们聊了一阵，然后我听见她跟女服务员说了什么。她像是饿坏了，匆匆忙忙地对我说："好啦，再见了，厄尔，我的饭来了。"

我最后一次跟她通话时，她已经病得很重。杰伊说他会把电话拿近她的耳朵，他说："她快不行了，你跟她说说话吧。"

我想起来她是怎么为我唱歌的。第二天，我为她写了悼词，准备在她的葬礼上念，我把这当成我为她唱的歌。

第五章

达尔富尔[1]：噩梦中的人们

炎热的赤道夜晚，探照灯照着停车场上一排排的汽车。一位瘦高的男人迈出一辆汽车，向我们快步走来。他穿着浅褐的棉衬衫和裤子，这种衣服在北非很常见。在强光照射下，我看出他并不是非洲的黑人，他的皮肤呈奶油棕色，像是几百前年入侵非洲的阿拉伯人。

他说："您是夏润思。"

我说："您是穆塔西姆。"

"我下午就从亚的斯[2]过来了，一直在等您。"他说。

他笑了，我给了他一千五百美元，说："现在，这是你的责任了。"他接过钱，没有数，直接放入衣袋，我们像老朋友一样拥抱，其实我们之前从没见过面。一时，大家有些窘迫，跟我在一起的加纳[3]人也面露笑容，但是并没有和他拥抱。

我们坐进四轮驱动的汽车，加纳人说，他们在蒙斯维克旅馆为我预订

1　位于苏丹北部，面积约为25万平方公里，占全国总面积的五分之一，约80个部落生活在此处，错综复杂的民族和种族矛盾导致这一地区冲突不断。

2　亚的斯亚贝巴，埃塞俄比亚的首都。

3　非洲西部国家。

了房间，那里距离加纳大学不远，我们的第一期克莱门特非洲人文课将在那里开设。穆塔西姆说，他已经在海边找了一家旅店，在那里他可以自己做饭。他对我这样说的时候，就好像加纳人不在场似的，他说："如果你住我找的旅店里，我给你做饭。"

为我安排旅行的托尼·比安基牧师发话了，他也没有把这位阿拉伯人放在眼里："蒙斯维克离大学近，他的旅馆太远。"

我说："我就住在蒙斯维克吧。"我告诉穆塔西姆，我们俩在阿克拉时会经常碰面的。可是，我不能住得离大学太远，我是来这里工作的。

黑暗中，我看不清楚穆塔西姆脸上的表情，但是我觉得有些不对劲。比安基和我在芝加哥克莱门特课程毕业式上就认识了，后来我们各自从美国出发，又在阿姆斯特丹的史基浦机场相会，一起完成旅行的最后一站。到加纳来是比安基的主意，穆塔西姆·约瑟夫·穆斯塔法同意在这里见我，商讨为达尔富尔来的流离失所者开课的可能性。

与穆塔西姆的相遇始于加拿大新斯科舍省哈利法克斯的国王学院。在一次公开讲座之后，坐在第一排最边上的一位棕色皮肤的女子站起来，说："我叫胡薇达·迈达尼，来自苏丹。您会在达尔富尔上课吗？"

我说："是的，别离开座位，就在那儿等我。"我又转向听众，"感谢光临。祝各位晚安。"

其他人鱼贯而出，那个瘦小的女子就坐在座位上。我向她走去，觉察到她有些害羞或顾虑。我小心观察，看她是否会转变心意，可是我看不出什么来。我们握了手，交换了电子邮箱，我说我会给她写信，商谈达尔富尔的事情。她随后转身离去。

我在哈利法克斯还有其他工作要做：一个课程需要巩固，一群教师需要讨论课程，需要给国王学院的一年级学生做讲座，享受一所文科大学的活跃氛围。关于达尔富尔以及那位瘦小的阿拉伯女子，我没有想太多，她的邮箱我记在了一个本子上。达尔富尔似乎相当遥远，遥不可及；对于教授穷人人文课的实际工作而言，那位女子也太过神秘。有好几个星期，我把她的邮箱地址放在一边，忙于别的事情。当我翻开本子，看到那个邮箱时，就随便给她写了个短信，她立即回复了。于是，我们开始长期通信。起初，我们遵循着克莱门特课的主张，即教授彼特拉克认定的文艺复兴时期经典的人文著作。

她对课程并不反对，因为她那时在加拿大读高级学位，而西方经典著作和她的教授们理念一致。她用实际行动来表明自己的立场，并提出了一个不同寻常的建议，这个建议让我无法拒绝。她支持克莱门特课程，并愿意资助她的朋友穆塔西姆·约瑟夫·穆斯塔法去加纳，我可以在那儿开设在非洲的第一期课程。于是，三方的通信开始了。穆塔西姆表示他同意，他认为也有必要为达尔富尔的难民开设克莱门特课程。他的英语说得过去，但是不够好，我一点也不懂阿拉伯语，要是遇到问题，胡薇达就会帮助解决，这两种语言她都很流利。

我们与政府打交道时遇到了很多困难。第一个问题就是，穆塔西姆说，他不能从苏丹直接去加纳。为了得到一张进入加纳的签证，穆塔西姆要先进入埃塞俄比亚的亚的斯亚贝巴，从那里的加纳领事馆申请入境。他需要等上三天，然后再飞上两千六百英里到达非洲的另一端。

当这一切有条不紊地进行时，胡薇达来了一封信。她告诉我，她视为己出的外甥女、美丽的小胡薇达，被诊断出眼睛上长了肿瘤。她说原来打算资助穆塔西姆的钱要用于给小胡薇达治疗。我说她应当全力帮助孩子，我会资助穆塔西姆的旅行。胡薇达传给我小胡薇达的照片，照片中的小姑娘站在户外，那似乎是沙漠里的一个小村或者小镇。虽然只是一张照片，但是强烈的日光、干涸的地面、窗户破旧的土坯房，把北非沙漠的炎热传到八千英里之外的电脑屏幕上。胡薇达就生在这片无情的土地上，她的父亲尽着有限的水源种了些地。也许她曾像这个小姑娘一样可爱又孤单，似乎既快乐又悲伤。穆塔西姆在尼罗河一带长大，那里的土地更加肥沃，可是我理解，他的生活也很艰苦，似乎他就是背景远处的那个小男孩，在苏丹的烈日下踢着足球。

几乎每天，胡薇达都会写信讲述小姑娘的病情。医生摘除了她的眼球，她在接受化疗，没有什么进展，孩子还是死了，钱也花光了。难民营里满是达尔富尔人，杀戮在继续，没有人反抗苏丹总统巴希尔。向这场噩梦的幸存者传授人文的明晰与美丽，这种企图近乎荒诞。与胡薇达和穆塔西姆的通信没有中断，只不过穆塔西姆用电话拨号上网发信，有时要等上好几个小时才能接通。

托尼·比安基牧师和我继续推进克莱门特课程，这是他在非洲传教期间的工作之一。我告诉他，我要和穆塔西姆见面，他觉得只要穆塔西姆不打扰传教的工作也可以过来。比安基性格温和，但意志坚定，这从他魁梧的身材和棱角分明的面孔上就能看出来。他说话声音很轻，带些特维（加纳主要部族）语唱歌般的语调，那是库阿语在阿克拉[1]的翻版，混合了英国统治时期留下的英语。接穆塔西姆的人中还有一位司机和阿克荣博士，阿克荣也是一位牧师，同时还是加纳大学莱贡校区最大宿舍区的管理者以及非洲研究系的主任。阿克荣是个大块头，他身材伟岸，笑声洪亮，很乐于显示他的管理能力和个人魅力。他与比安基在神学院学习时就是挚友。而那位司机有一队运动赛车，被阿克荣牧师从毒瘾和不幸中拯救出来。他对牧师的忠心显露无遗。

对穆塔西姆来说，情况很不利，他简直千方百计想惹恼我和加纳人。部分问题出在他想要住在离大学很远的旅馆，这需要每天接送，加纳人并

1　加纳首都。

没有预料到这种情况，他们只会为比安基这样做，后者安详的举止似乎深得他们的喜爱。

在阿克拉的工作朝向两个不相干的方向进展：穆塔西姆朝一个方向发展，而基督教牧师和他们忠心的小圈子则往另一个方向发展。他们其中一位出生于干旱的苏丹农村，是阿拉伯和努比亚人联姻的后代，阿拉伯语是他的第一语言。其他人不是说三种就是说四种西非语言，他们有些人除了听得懂语言、读得懂文字，还听得出鼓点传达的信息。他们复杂的文化中既有英国长期占领的影响，也有作为第一个解脱殖民枷锁的非洲国家的骄傲。我没能把双方撮合起来。

穆塔西姆和加纳人分道扬镳了，他们之间并没有言语上的冲突，但是也没有交流，他们只是偶尔说一两句话。人们请穆塔西姆开会，可是他不出席，于是也就没有人再请他了。有些时候，晚上或是上午，我和他一起计划的课程，加纳人不参加。达尔富尔人和阿克拉人之间的疏离很快就比这两座城市在非洲地图上的距离还要远。

在我们长期的通信中，穆塔西姆一直在研究我给他的课程样本，考虑按照这个版本讲授达尔富尔/苏丹的课程。我们晚上在蒙斯维克旅馆的小餐厅吃饭，他身上带着《给穷人的财富》。我写了这本书，书中讲了这门课的理念。他也带着自己的笔记，但并不是课程大纲或是为达尔富尔准备的阅读书目。我没有别的选择，只能对此耸耸肩膀，我们要快点吃饭，马上投入工作。他同意了，我们吃了旅馆餐厅提供的简单饭食。

我们谈起来他的家庭、他的妻子和孩子，他非常爱他们。他告诉我，他在大学的工作负担很重，而且同时还要准备考试，通过最后一个学位。我觉得，他这个人勤奋、善良，我开始喜欢上他了。他种种可爱的性格之中还包括坦诚，他明明白白地告诉我，他要尽量省着花费他得到的那笔资助，这样剩下的钱就可以给孩子买些纪念品，给妻子买份礼物。当他为我翻译我们的课程协议，写下清秀的阿拉伯文时，我仔细观察他的脸。说着一种语言而把它写成另一种，对于我困难重重，但他却很擅长，虽然不是惊人的技巧，但也足以让我尊敬。像许多通过阅读学会英语的人那样，他并不善于交谈。我们磕磕绊绊地讲话，我总是注意要慢慢说、说清楚，总要找到简单的词把句子说得简短、明白。我这边越来越像《斯特伦克和怀特语法》中的例句，他那边也是一样。我们与其说是随意交谈，不如说是勉勉强强地垒砖。

穆塔西姆尽量保持清真的饮食，只吃鱼和蔬菜，吃得也很少。一开始，我以为他身体孱弱是因为穷困或吃不饱，实际上他的身体问题不少——他有疟疾、肺结核、糖尿病，以及一些叫不上名的消化道疾病，但他的耐力真是超常。我们挨着坐下，我看着他的笔记，好像要认出那些字。我仍然顽固不化，认为要有阅读书目。我们先从哲学开始：苏格拉底、亚里士多德、康德、休谟；只考虑原作；艺术史以拉斯科洞窟开始。他仔细记下我说的各个时期的名称和特别的作品，没有提议把阿拉伯世界的美术包括进去。虽然我们一致认为，学生们应当看到贝宁文化中的绘画，并把它们与毕加索的作品做一番比较。我说，艺术史的课程目标是教会学生们去看。这个概念令他有些疑惑，我向他道歉，说自己解释得不够清楚，他立即露出一个微笑。在文学这部分，我们同意教《安提戈涅》、莎士比亚的一出喜剧、一些英美名诗，然后是一系列优秀的阿拉伯文学作品。苏丹的历史，尤其是达尔富尔的历史，我帮不上忙，但我催促他给学生一些阅读文献，即便是口述记录也好。

我们在旅馆餐厅里坐了好几个小时，我虽然开始喜欢上了穆塔西姆，但还是不能理解他和他的朋友胡薇达，他们同是阿拉伯人，为什么却如此在意达尔富尔人的福利？后者被杀害、强奸、被赶出自己的村子；因为政府军的轰炸、机枪扫射和阿拉伯的金戈威德民兵武装，他们躲进拥挤的难民营中。民兵骑着骆驼或开着卡车，闯进达尔富尔的村子，杀害或驱逐每个村民。乔治·W. 布什总统曾经说杀戮已经升级为大屠杀，而我从遥远的距离观察，这更像是种族之间的战争：阿拉伯人对非洲人。如果是这样，胡薇达和穆塔西姆与其他苏丹人又有什么不一样吗？苏丹人的性格在新闻中多有报道。非洲联盟正在加纳开会，会议上要选出新的主席，在各国首都轮流设置的总部就要搬来苏丹。总统奥马尔·巴希尔——达尔富尔大屠杀的主使者——就要成为非洲国家的领袖，如果是这样，非洲联盟就不会干涉大屠杀，杀人者就成为非洲大陆的英雄。谁会阻止他？肯定不是苏丹人，没有一个苏丹人胆敢这么做。

持续数个小时的工作令人疲惫，穆塔西姆和我随便聊了一阵，我们总会谈起友谊。然后，他叫了辆出租车回他的旅馆。我们分手时，还有很多问题悬而未决。我们会在哪里上课？我们的钱从哪儿来？在一个反对派遭到囚禁、折磨、强奸或杀害的国家，把人引向民主思想的人文课是否实际？胡薇达、穆塔西姆和我是否会让我们未来的学生和教师落入苏丹秘密警察的手中？我们正在向达尔富尔难民的课程迈进，无论是穆塔西姆、胡薇达还是我，都没有说出过自己的忧虑，我想我们都知道，我们流露出的任何恐惧都会导致这项工作无疾而终。

我们要有好几天不能会面。我一边工作一边想象，穆塔西姆正躺在旅馆附近的沙滩上，或是正在烹调精致的素食，或是正在洗脚。我这些不怀好意的猜想都是错的，穆塔西姆并没有躺在沙滩上，也没有烹调从市场上买来的蔬菜，他正在为了在达尔富尔开设克莱门特课程全力地工作着。我瘦弱的朋友已经发现，自己和勇敢者站在一起。

事情是这样的：有两个人来到阿克拉参加辩论，挑战巴希尔总统和非洲联盟。穆塔西姆从电视和报纸上知道了这两个人，他们一位从日内瓦远道而来，另一位来自苏丹；一个名叫富尔，另一个叫作马萨利特。二人都甘愿冒着生命危险公开发言，谴责达尔富尔的情况，指出巴希尔对这里的杀戮负有责任。前一天晚上，我对巴希尔的势力才有所领略。我们被命令把车停靠到路边，一队SUV汽车飞驰而去，车里就有巴希尔本人。与我同乘卡车的人们欢呼起来，笑声中带着一种不祥之兆。假如加纳的下一任非洲联盟主席能够随意停止交通，那么我能够想象他在苏丹的强势，我不明白同车的乘客为什么要笑。

穆塔西姆明显和那两位勇士通过电话，约好去他们的旅馆大堂见面。他给他们介绍了克莱门特课程，请他们来我住的酒店见上一面，他们同意第二天和我们一起吃晚餐。穆塔西姆准时到了，餐厅里的人已经快走光了，我们找了个空桌等待着。我询问巴希尔和苏丹的政治，在强权统治下的生活是什么样的。我问得唐突，让穆塔西姆躲闪不及，他担心回答不够确切，或被误会。他并不怯懦，不管怎样，他来到了阿克拉，而且作为一位受过良好教育的阿拉伯人，身为穆斯林，他在苏丹没有什么可害怕的。不过，他说起当前的政治形势来，还是非常小心，几乎是担心空空荡荡的餐厅里有人窃听。我不再逼问他，话题又回到孩子、教授生活里的日常经济问题、我们共同的朋友胡薇达，还有那位她视若己出的小女孩。

过了一阵儿，我们开始觉得那两位勇士不会来赴约了。也许是穆塔西姆夸大其词，也许是巴希尔设法让他们保持沉默，或者他们有更重要的会晤。我认为应当是最后一种原因，于是对穆塔西姆说，我觉得我们还是叫晚餐，谈谈课程，不要再等了。他同意了。我们刚开始吃饭，他的手机就响起来。他简短地说了一阵阿拉伯语，然后微笑着对我说，他们抱歉今天不能赴约，两天以后，还在这个地方见。

两天后，我和穆塔西姆再次来到旅馆餐厅，等那两位到来。在这期间，非洲联盟举行了会议，进行了选举，不久就有了结果，非洲联盟选举了加纳的约翰·科富尔担任联盟秘书长，而不是巴希尔。达尔富尔人羞辱了这个杀害他们成千上万人、让百万人无家可归的人。我知道巴希尔的势力，我见过他的车子从我身边飞驰而去，我觉得他的对手未必能够如愿。

两位形迹可疑的非洲黑人进到了餐厅里，他们穿着非常英国味的细条纹西装。我看了他们一眼，接着与穆塔西姆聊天。这两个人不是英国商人就是政府官员，一个人气势汹汹，像个诉讼人，端着肩膀冲着对手，随时准备扑上去；另一个留着小胡子，戴眼镜，他们笑容全无。事情看来不对劲，也许他们知道穆塔西姆和我在黑市上把美元换成加纳货币。穆塔西姆跳了起来，上前迎接他们，看起来既高兴又放心。在我看来，那两个穿条纹西装的人对他的回应太过正式，他们依次介绍着自己。这两个人就是他说的阿布达巴吉·吉布利尔和穆罕默德·阿布达拉·埃尔·多马。穆塔西姆说，吉布利尔是加布里尔的阿拉伯语叫法，穆罕默德则是个很常见的名字。他们一眼就看出我是美国人，跟我说英语，我请他们一起进餐。

两个人和穆塔西姆叫了啤酒，我叫了难喝的葡萄酒。穿商人衣服的两个人完全具有欧洲人的风度，又有达尔富尔人和马赛人明辨是非的自信，那是长期勇敢抗争的人才有的。他们表现出的信心，我曾经在一些老兵和几位成功的斗牛士身上见到过。阿布达巴吉·吉布利尔自称是达尔富尔救济和档案中心的主任，埃尔·多马称自己是达尔富尔律师协会的主席。他们在饭前给了我一份他们在阿克拉开展工作的介绍：在电视和电台上讲话，给报纸写文章，拜访非洲其他国家的代表团，这一切都是为了阻止巴希尔在整个非洲大陆耀武扬威。他们成功了，他们很高兴，但是并不满意，他们知道这只是小胜，达尔富尔人仍在受苦。

因为他们的英语很流利，所以我可以详细解释克莱门特课程。他们很快就领会了课程的要旨，频频向我提问。很多年之后，埃尔·多马在给我的信中这样描述我们的第一次会面："我仔细听他说，可是心中涌现出了很多问题：说着话的夏润思先生是在做梦，还是并不把这个课程当真？这件事在当时似乎没有可能。可笑的是，他对在达尔富尔开课很有信心。”

他们兴致勃勃地用着晚餐，我继续对课程做着冗长细致的讲述：使用苏格拉底式教学方法、课程一定要男女都能参加，我们在达尔富尔/苏丹的课程理事会中已经有了一位女性。这个理事会将设在喀土穆[1]。他们同意我说的每件事，只有一件除外。我说我们应当教给穷人，这个“穷人”的定义是那些在经济、政治和教育上处于劣势的人。他们觉得教给难民营中的穷人不会起什么作用，吉布利尔和埃尔·多马对达尔富尔的难民营非常了解，在他们看来，需要做的是把克莱门特课程教给领导者，不分男女。

我们讨论了谁会来参加课程——其实并没有怎么讨论，他们做了决定。我很快就意识到，我们要么给领导者开课，要么压根儿就别上课。奇怪的是，这场谈话从来也不涉及达尔富尔难民营的情况，而我们原计划在那里授课。种族屠杀的恐怖就摆在桌面上，就好像难以下咽的食物由死难的达尔富尔人从野地里拿来摆上。我提议的工作既急迫又似乎过于奢侈，我们同意，我们应当完成这项任务，因为这是我提议的，也因为我们不知道还能做什么别的事。我问这是否会有危险，他们并没有因此而笑话我，而是回答说，他们会帮助我们开课。

我们相遇时握手，分别时拥抱。穆塔西姆站在后边，我们第一次谈到课程的现实问题：教室设在哪儿？去哪里找教师？谁负责招生？谁当课程指导？应当付给教授多少钱？而且，还有政府的问题，学生们是否会受迫害，被投入监狱或被杀害？穆塔西姆说：“我们必须有政府的批准，不然，就只能秘密进行，那样太危险了。”

他没有问课程的成本，我也没有说这件事，因为我不知道哪里能弄

1 苏丹首都。

到资金，甚至不知道去哪里找。我不知道怎样募款，从来也没有请求过捐赠。埃尔·多马和吉布利尔觉察到我在这方面的不足。不久后我得知，穆塔西姆觉得，凡是美国人就一定有钱。

第二天，我对阿克荣博士说起我们打算在苏丹设立的课程。我们喝着啤酒，我吃鸡，他吃鱼，他像加纳人那样，熟练地用手指把鱼肉从鱼刺上剥离开。我对他说："我们要有一个全员都是非洲人的理事会，你是否愿意担任理事？我想让莱贡议长进入理事会，这样会使学生和教师受到保护。"

亚伯拉罕在吃鱼上功夫了得，他一边继续挑刺，一边思考我的建议。他没有回答我的问题，而是帮我理解我对于达尔富尔的设想。"在非洲，总有人会向政府汇报一切；在苏丹，政府中没有人能保守秘密。"

"他们会迫害学生或教师吗？"

他说："还不至于，不过他们会知道一切。"这时，他笑起来，喝掉他的啤酒，告诉我，他很高兴担任理事。他不太喜欢穆塔西姆，不过，碍着面子没有说出来。他说，他想再见见吉布利尔和埃尔·多马。我说我会安排，虽然这两位已经基本上完成了在阿克拉的工作，就要离开。

两天后，在旅馆餐厅，穆塔西姆和我吃着我们最后的晚餐。他就要返回喀土穆。前台接待来到餐厅，说穆罕默德来找305房的索雷斯。我说："我就是，请告诉他到这里来。"我起身去迎接埃尔·多马，我知道阿克拉再没有人叫穆罕默德。

穆塔西姆碰了碰我的胳膊，小声说："他是个贼。"

"你是说埃尔·多马？"

"你看着吧，他来了。"他冲门口点点头，示意我。餐厅入口处有一个穿着破西装的非洲人走过来，他问："夏润思吗？"一边从衣兜里拿出一个像是名片的东西，递给我。我点点头。穆塔西姆一语不发。这个人走向我们的座位，一边走一边说："我是穆罕默德……"说出一长串后面的名字，我没太听懂。他说，"我是做出口的，你到这里来做生意，你有钱投资，我们可以在这上面赚钱。"

穆塔西姆说："他不是来做生意的。"

我说："我没有钱投资，你弄错了。"

这个人道了歉，离开了。我想起当我说我没有钱时，看到他的脸上有一种受伤的表情。他还从我的手中拿走那张名片，我看他是极度吝啬。当他走远之后，穆塔西姆说："你和你的加纳朋友进来时，他坐在大厅里，他听见了你的房间号，从报纸上知道了埃尔·多马的名字。你一定要换房间，他会到你的房间抢你的。"

"我没有什么值钱的东西。就是些纸，几件衣服，一些药。"

"他知道你的房号。"

那天晚上出门时，我问前台的接待员。我跟他已经熟识，时不时会开开玩笑。我问他有没有一个叫穆罕默德的人打听过我。

他说："达比（是的）。"继续毫无结果地教我学阿坎语。

我说："米达埃斯（谢谢）。"我心中并不感激他，我在想抢劫，或者至少是盗窃，马上就要发生。

穆塔西姆和我继续谈论课程。我们需要从政府那里获得许可，找个可以上课的地方，想办法把不同难民营的人带到这个地方；弄来钱，弄来老师、学生，确定课程内容，培训老师。到了第二天晚上，我躺在自己的房间里，想着什么时候会遭到那位陌生的穆罕默德的抢劫。我又开始想这个项目，就像另一位穆罕默德·埃尔·多马对我说的那样，夏润思先生在做梦……他不是当真的。我想我也许做不到，去喀土穆是不可能的，我没有签证，没有飞机票，抗疟药和其他一些药也会用完，我一句阿拉伯话也不会说。这事全靠可爱的、有些拘谨、有些烦人的穆塔西姆和那两个律师装扮的男人了。穆塔西姆和我还在加纳时，我能为达尔富尔做的就是请他去观摩我的苏格拉底式教学。加纳人会把它录像，把录像带转成DVD，把DVD寄到我住的纽约。我把它复制下来（我最好找到一个与阿克拉的机器兼容的机器），再寄到喀土穆，希望他们的机器跟纽约的匹配。如果没有DVD，我担心，将来的教学法会与我们在克莱门特课程中所用的方法完全不一样。

我最后一次见穆塔西姆是在苏格拉底式教学的展示课上，在哲学课和文学课之间的课间休息时，我们来到教室外边露天吃水果。水果上都盖着布，防止苍蝇落在上面。我们站在那儿，计划着以后的事情。我开始为他担心：担心他没有获得执照，或者政府觉得这个课程有破坏作用；担心会有暴乱，或者他的同事里有人认识美国人，这事本身会让政府觉得具有颠覆性……

穆塔西姆和我那天下午都踏上了返程。他看起来太瘦了！他有各式各样的疾病，各种负担，工作时间太长，而我又给他增加更多的负担。我们像兄弟一样拥抱，他的出租车来了，阿克荣的司机也来接我了。穆塔西姆拿着一个布包袱，里边装着他所有的东西：给孩子带的小玩意儿、给老婆的礼物。他穿着褐色的衬衫和同色的裤子，跟我每天见到的一样。我向他挥手，他也从车窗里向我挥手，他的出租车驶过了一片泥地，达尔富尔的工作就靠他了。

第六章

苏丹：抵达光明之窗

穆塔西姆有一种才能，他总能遇见可以帮助克莱门特课程的人。他回到喀土穆时，设法见到了联合国教科文组织驻非洲联盟的大使，说服他加入我们的达尔富尔/苏丹理事会。艾德里斯·尤素夫·艾哈迈德博士也加入了理事会，他在三个不同的领域都有重要的地位：他是纽卡索大学的电力工程博士，也是传统的哈瓦基尔[1]族中的重要人物，还是非洲联盟泛非洲议会的成员。他的职责还包括设计苏丹的现代通信系统。艾德里斯、吉布利尔和埃尔·多马是和平反对巴希尔政权力量中的关键人物，吉布利尔不能再返回苏丹；另外两人虽然既反对种族屠杀政府，也反对欲通过内战把现政府赶下台的苏丹解放组织，但仍然可以留在苏丹。埃尔·多马大部分时间在南苏丹度过，试图在苏丹获得独立之际阻止另一场战争。

因为理事会成员全部由非洲人担任（我只是执行官），并且成员主要是苏丹人，所以，在巴希尔继续全力驱逐非政府组织时，它没有遭到驱

1 在长期的冲突中，达尔富尔人分为两派，一派以非洲黑人为主的定居者被称为“哈瓦基尔”，另一派以游牧的阿拉伯人为主被称为“马拉希勒”。在缺乏政府有效管理的混乱局势下，哈瓦基尔和马拉希勒各自组织队伍，寻求自保。

逐。同样，教师和学生也将全部是苏丹人，他们可能被杀害或囚禁。可是，就像理事会那样，他们也不会遭到驱逐。不过，也根本没有理由伤害他们。我们牢记阿克荣的预言，毫无疑问，他是对的，秘密开展工作会让我们之中产生告密者。达尔富尔/苏丹克莱门特人文课完全开放，并且全体学生都是非洲人。穆塔西姆不得不忍受极端的官僚体系，但他仍能从政府的社会服务部门得到许可证。一旦有了执照，我和他以及所有与课程相关的人就有了安全保证。

下一步就是招募教师，穆塔西姆招募到一群非同寻常的教授，其中只有一个是达尔富尔人，其他的都是阿拉伯人。我不知道他们为什么会同意向达尔富尔难民讲授这个美国人发明的课程，也许是钱，不过，那也只是一小部分原因：至少有三位教师衣食无忧，还有两位比较富有。在这个国家，当局把异见学生从四楼窗口扔出去，愿意教授这样的受害者并不是一件容易的事。日后我将会看到，惩罚受害者比拥抱他们更加容易。教师们的勇气和坚持将成为明证，而我则会爱上那个曾令加纳人和我不厌其烦的家伙。

穆塔西姆有阿拉伯文学博士学位，他首先找的是自己的朋友、喀土穆大学哲学系主任伊斯马特・穆罕默德・艾哈迈德。然后，他又找到拉什德・迪亚布，拉什德在西班牙获得艺术史和油画博士学位，现在回到家乡建立了达拉艺术中心。作为画家，拉什德在欧洲和北非办过很多展览；作为企业家，他建了一座白得耀眼的博物馆，踏上宽大的台阶就是一片绿色的花园，人们可以在其中闲坐，或者在纤尘不染的大厅里聚谈。伊斯马特是一个才智过人的年轻哲学家，研究的是伊斯兰哲学，对现代道德哲学家非常感兴趣，尤其是约翰・罗尔斯。

为了在课程中教授富尔语言和文化，穆塔西姆又求助于艾德里斯・尤素夫・艾哈迈德，后者是唯一的富尔语专著的作者（该书在加拿大出版）。艾德里斯曾经是非洲联盟议会以及苏丹议会的成员，他有十二个孩子，当选过艾森豪威尔精英学者，不但在本国而且在非洲大部分地区也广受尊敬。艾德里斯很快就成为我们的核心人物，让外界知道这个课程对于哈库拉[1]是一件好事。靠着他在各个方面的影响力，招收难民营中的领袖入学的工作进展迅速。开学的日期就要到了，艾德里斯把教授们请到家中，观看示范课的视频。

这是一次开放的、家庭式的聚会，艾德里斯的孩子们在房间里玩耍。胡薇达也来跟大家相聚。瓦莱丽·拉福尔斯也参加了聚会，她是一位人道主义援助工作者，曾经在南达尔富尔省首府尼亚拉的卡尔玛难民营工作，后被驱逐。那段时间，我几乎天天晚上都用Skype和她通话。她待在丹麦使馆边的一处庇护所中，观望是否能够劝服巴希尔政府收回让她离开苏丹的命令。巴希尔政府找到一个更加邪恶的继续施行种族屠杀之法：切断人道主义援助，在难民营中挑起部族冲突。巴希尔让疾病、饥饿、盗匪肆虐，延续牧民武装部队和苏丹军队的恶行。

瓦莱丽在藏身处躲避时，我们几乎每晚都通话。我可以听出她声音里复杂的感情，她从来也没说过害怕，但的确说过苏丹政府审查人道救援工作者的邮件。因为我们用的是Skype，她觉得当局没办法监控。她说起警察把女人和人道救援工作者带往总部审讯，说警察健壮、可怕，恫吓人道救援工作者，一些受到审讯的女性因此留下恐怖的阴影，多年之后都难以恢复。

我想保护她，可是不论对苏丹还是美国政府，我都是人微言轻，毫无影响可言。我能做的只有对她说："你有事就打这个号码。这是艾德里斯博士的，告诉他你是我的朋友，是我告诉你他可以帮忙。"就这样，加拿

1 哈库拉是对所有哈瓦基尔的泛称。

大救援工作者瓦莱丽·拉福尔斯来到了艾哈迈德博士的家中，与克莱门特课的教师们相会。

瓦莱丽和我通话这段时间，教师们正在设计课程，准备阅读书目。很明显，救援工作者和教师们的特征相似：救援工作者想要留在达尔富尔，虽然他们害怕警察和难民营不断增长的暴力。达尔富尔/苏丹克莱门特课程的教师们愿意冒着危险，在一个独裁统治的国家教约翰·斯图尔特·密尔的《论自由》。这个独裁者很快就要被国际刑事法庭审判。道德行为和道德勇气之间的区别并不小，我想，给穷人上人文课是一种道德行为，而在大屠杀中捍卫人权或者把密尔的书教给喀土穆的达尔富尔人却是一种道德上的勇气。

伊斯马特·穆罕默德和我梳理了哲学课。芝加哥大学的哲学教授巴特·舒尔茨建议我们把密尔加入阅读清单，伊斯马特不仅同意，还说他想让巴特教约翰·罗尔斯。同时，伊斯马特正在教我阿拉伯哲学。这样的交流在巴特、伊斯马特、穆塔西姆、艾德里斯、画家拉什德和我之间引起了令人震惊的深远变化。当美国政府宣布苏丹为恐怖主义国家、苏丹政府发动的杀戮已经达到“种族灭绝”的规模时，我们之间的交流仍在继续。不过，还是存在文化上的问题，我们找不到足够多的阿拉伯语的莎士比亚剧作。尽管穆塔西姆和我决定了讲授一出喜剧，却没有足够多的喜剧剧本，他能凑够数的唯一的剧本是《恺撒大帝》。

艾德里斯拿出来一个简要的富尔语课程大纲，然后将这部分内容用现代的方法拓展至原住民族文化课程。拉什德为我们的课程开放了他的达拉艺术中心。我寻求资助，写信给乔治·索罗斯的开放社会研究所主席阿里耶·奈尔。这个举动成为达尔富尔/苏丹课程中最好，也是最坏的美国影响。我和奈尔是点头之交，多年未见，但他立即回了信，研究所将支持这个课程。为了绕过美国对苏丹的资金冻结，研究所把钱汇给了日内瓦的阿布达巴吉·吉布利尔。后者把钱存入一家瑞士银行，在那里转成苏丹货币，再一小笔一小笔地带回苏丹或电汇到银行账户，以免引起注意。在瑞士银行换汇损失了多达10%的捐助，这笔损失由华盛顿杰斐逊县克莱门特课程主任蕾拉·希尔顿的母亲提供的资助补上了。

资金一到银行账户，工作就可以继续了。我们在通了公共汽车的喀土穆的难民营招生，要让难民的男女领导者相信克莱门特人文课值得参加，只需要提艾德里斯·尤素夫·艾哈迈德博士的名字。艾德里斯让人难以抗拒，三十一人报了名，其中九位是女性。我不知道他对他们说了些什么，不过，他和我之间的谈话总有笑声。我叫他小弟弟，他就会笑。我们说起他将要结婚的女儿，说起我幸运地生了儿子，不需要嫁妆，我们也会笑。他有两位妻子，我只有一位。我不会向有两位妻子和十二个孩子的男人打探他的私生活，但是我们却因为他要准备的嫁妆的数字而觉得可笑。不过，当说起严肃的事情，艾德里斯总是迅速而清晰地判断什么可以做，什么不可以做。穆塔西姆是课程指导，艾德里斯是主任，在他参与的一切事务中，他都尽心尽力。达尔富尔的暴行使他离开了原来从事的商业，谋求和平、结束苦难占据了他的时间和精力。不过，这却没使他失去笑容，即便我这位大哥的笑话并不怎么可笑。

课程进行到一半时，芝加哥大学平民知识计划主任巴特·舒尔茨邀请达尔富尔/苏丹课程的教师到他的大学演讲。纽约大学艺术与科学学院院长马修·圣提洛可给我们购买机票，安排我们在纽约的食宿，并将在纽约大学的讲演之后设晚宴庆祝。机票买好了，海报做好了，邀请也发出去了，全体教师离开喀土穆前往开罗，那是办美国签证最近的地方。

课程取得了惊人的成功。开学第一天的照片上，其他学员都低着头，除去四位传统的酋长。这些“乌姆达”（Omdas）坐在那里，手拄棍子，长袍和头巾洁白闪亮，目光炯炯凝视着前方。瓦莱丽把他们的举止归因于达尔富尔人面临对抗时的不安，对抗是他们对苏格拉底式教学法的理解，也就是说，他们把问题理解为对抗。伊斯马特运用苏格拉底式的教学时最为担心。

在开罗，美国使馆的签证官把教授们的护照取走，与他们面谈。伊斯马特是喀土穆哲学系主任，我曾与他用英语商讨课程的哲学部分。他被告知他的签证被拒，是因为他的英语不够好，水平不足以在邀请他的大学里讲演。伊斯马特的妻子警告过他，跟美国人打交道不容易，签证官证实了她的观点。国务院为美国制造敌人的行动刚刚开始，没有哪支“第五纵队”比他们更高效了。

签证官拿走其他人的护照寄往华盛顿，并告诉苏丹人，过三天就会收到签证。到了第四天，穆塔西姆告诉我，他们的钱快花光了，住宿和吃饭的钱快没了。到了第六天，苏丹人显然遇到了麻烦，伊斯马特回家了，艾德里斯博士把他的护照用快递寄出，没有亲自来开罗。画家拉什德拥有西班牙护照，很快就获得了签证。穆塔西姆却要等，每天早上他都去使馆门口询问，什么时候才能拿到签证。每天晚上，他都给我发邮件，讲述他遇到的麻烦。他再也付不起住旅馆的钱，只能搬到一位熟人家去住。他不能回去，因为他没有身份证件——美国使馆收走了他的护照。我每天晚上都给开罗的美国使馆打电话，请求他们归还穆塔西姆的护照。穆塔西姆山穷水尽，没有身份证明，一筹莫展。我想寄给他些钱，让他能够买吃的东西、给苏丹的家人打电话。我们安排了一个复杂的传递方式，他给我发来朋友的姓名和护照号，这位朋友会和他一起去西联银行。我把钱汇给他的朋友，他在西联接收之后，再把钱交给穆塔西姆。

苏丹人离开喀土穆飞往约旦的时候就要到了，他们会在那里转机去芝加哥。穆塔西姆开始不安。美国使馆什么也不告诉他，甚至也不允许他向任何人求救。

最后，只有持瑞士护照的吉布利尔持加拿大护照的胡薇达能够前往芝加哥。当穆塔西姆从开罗发邮件告诉我时，他们两位已经到达美国。穆塔西姆取消了去美国的行程，美国使馆又不归还他的签证。我给他的钱也花完了，他又一贫如洗了，连上网吧的钱也没了，借住在熟人家里。每天都去美国使馆，每天都被打发回来，开罗美国大使馆的人说，穆塔西姆的护照在华盛顿。我们又一次把钱汇到开罗的西联，这一次，轮到芝加哥大学的巴特·舒尔茨做这件事，巴特和他的大学在这方面很在行。

两天之后，没有道歉和解释，美国大使馆归还了穆塔西姆的护照，允许他离开开罗。克莱门特课程继续发展，可是其他工作却没有跟上。穆塔西姆和我曾经谈到过在伊斯兰堡开克莱门特课程，他在那里有朋友，在大学里从事伊斯兰研究，并且认为教授人文课程会增强巴基斯坦穷人的幸福感和自尊。经历了开罗的遭遇之后，我们再也不谈伊斯兰堡的民主了。

尽管有美国国务院的阻碍，芝加哥大学和纽约大学还是举行了达尔富尔人的讲演。吉布利尔和胡薇达讲述了达尔富尔的情况，以及克莱门特课程取得的效果。在芝加哥的演讲临近结束时，听众被请到台上，一位是苏丹内战中“失落的男孩”，获救后被送到美国；现在他已经20岁出头，穿着整齐的蓝色西装，英俊潇洒，来到台上；他言谈文雅，苦难的经历明显没有给他太多的影响。1985年，他在南部苏丹成了孤儿，那时他只有7岁，独自一人，失去了家人、朋友、生存的依靠，担心苏丹政府的空袭。他开始穿过丛林，走过撒哈拉沙漠边沿的旷野，熬过了饥渴、野兽、毒蛇和虫螯，他走出了苏丹，进入了埃塞俄比亚，又接着往东再往南，进入肯尼亚，那里一个美国救援组织把他收留，带到了密歇根。

讲完他的遭遇，他转向吉布利尔，谴责达尔富尔人，尤其是苏丹空军中的达尔富尔人，轰炸南苏丹没有防御能力的平民。吉布利尔反驳了这种指控，那个男孩坚持己见，他们的语调提高了，争论越来越激烈。这时，听众之中站起来一位男子，此人是奥利弗·卡曼兹，来自卢旺达，现在在美国生活和工作。他站起来发言，他身材魁梧，穿着黄色和褐色斑点的卢旺达裤装，更显得高大、强壮，他激动得发抖。我认识奥利弗和他的未婚妻，她现在就坐在他旁边。奥利弗是花旗银行的一位主管，他说："我父母都在卢旺达大屠杀中被杀害了，我那时正在瑞士上学，只有宽恕才能让我继续活下去。"

室内一片安静，代表"失落的男孩"的发言人回到座位上。

国务院拒绝了伊斯马特的签证请求，理由是他不会说英语。我请他写了英文讲稿，他原来准备到芝加哥和纽约大学讲演。我将他发来的邮件在长度上略经编辑，在两场讲座上朗读。我在这里采用了第二段——我为自己不够谦虚而道歉，这一段说到我，但更多的还是反映了他的性格。

尊敬的女士们、先生们：

请允许我对你们向达尔富尔人表示出的同情和持续的支持，表达我诚挚的谢意。达尔富尔人正在遭遇现代社会中人们所能遇到的最惨重灾难。

我也要感谢克莱门特课程、纽约大学和芝加哥平民知识计划。我尤其要感谢我的老师和兄长厄尔·夏润思邀请我作为哲学教师加入克莱门特课程，给我一个机会为达尔富尔的人们提供些许帮助和支持。他们是值得帮助的。我还要感谢他的耐心和宽容，这体现在我们一系列的谈话中。我们一直进行着这样的谈话，这样我才能够把握这个设想的范围、性质、方法、课程设置和目标。这样，我才有可能投入这场实验，并对成功抱有希望和信心。

达尔富尔的克莱门特人文课，与美国内外的其他课程类似，重视通过人文教育改变社会。与此观念一致，我们的课程提供了文学、哲学、历史、艺术史和批判性思考方面的教学。这个课程与其他课程的不同之处在于，它介绍了富尔语言和文化。

哲学课包括了三个主要部分。第一部分是学习柏拉图的原著《申辩篇》和《克里多篇》以及《理想国》的一些章节，尤其是公正的问题、国家的特性和《洞穴隐喻》，通过这些了解希腊哲学。

第二部分是通过研究选取的各种哲学家文本，如霍布斯、约翰·洛克、大卫·休谟、伊曼努尔·康德和约翰·斯图尔特·密尔，介绍一系列道德和政治哲学方面的问题。

第三部分是介绍穆斯林哲学家的著作，如肯迪和阿威罗伊。所有这些文本强调的是哲学思考的重要性，不承认宗教与哲学是相悖的。尽管这些文本非常重要，在我们的国家却不为太多人知晓。这些文本的重要性基于这一事实：它们主张和渴求对话、宽容他人、要求对人文的理论成果持开明的态度。不论这些成果出自哪里，接受它们（这是合乎情理的）。

这个课程开始时有三十一名学生，其中有九位女性，学生年龄不等，年长的五十多岁，年轻的二十多岁。所有的学生都受过初中以下的常规教育，少数人上过卡瓦（一种传统学校）。所有的学生都受到达尔富尔战争的影响，四位是传统的地方领袖。

起初，我非常害怕只靠着苏格拉底方式来教哲学。我记得第一次讲课时，我把我的作用形容为交通指挥，调度交通，而非司机。学生们自己才是司机，他们决定知识的方向，这些知识是通过有目的的课堂对话产生的。我的作用应当不过是组织对话。我很担心，街上没有车辆，但是实际情境与我的担心恰恰相反。我的问题是交通过于拥挤，聪明的和建设性的主张纷至沓来，引起塞车。我总有一种感觉，那就是课上时间过得太快了，不够用。

我想，通过苏格拉底式教学法有效地学习哲学之所以成功，有很多因素。原因之一就是达尔富尔人丰富的传统文化，达尔富尔人延续了数个世纪稳定的政治体系，达尔富尔君主国被公认为该地区最古老的王国，这种长期稳定促生了丰富的文化环境，达尔富尔人的民间记忆充满了传统、故事、谚语、诗歌和奇闻轶事。将这一传统带入苏格拉底教学，就是要促使学生通过智慧和令人兴奋的对话，把这些展现出来。所以，在初次介绍一个哲学概念时，我们会找到达尔富尔文化中与之相近之处，这为哲学课注入了活力和快乐。

在这番背景下，学生们觉得哲学问题不只是不带感情的严肃问题，与他们的生活毫不相干；哲学也不再是他们以前所想的喋喋絮语，现在他们在哲学里找到了自己的故事、谚语和诗歌，因而能够处理哲学问题。我深深地感觉到，这种新方式让他们相信哲学和它作为真实工具的能力，除了帮助他们认识现实的优点和缺点之外，也能够帮助他们理解现实以及各个团体的关系。

于是，学生们就掌握了认识现实问题中他们的优势与劣势的能力。他们还能够指出一系列的选择，去更好地处理这种现实。

这种深层理解促使学生们愿意积极改变，即在身处逆境之时克服失落感与对未来的担心。不公和专制的现实已经持续多年，现在他们有了改变痛苦、改变黑暗现实的真实愿望，这种意愿现在根植于对达尔富尔问题在道德与政治层面的理解。

课程产生了一种心理方面的影响，我视之为最深层的影响，它令我感动地流下了眼泪。看到人们对于克服危机满怀希望，我感到无比骄傲。刚开始上课的时候，学生中有一种普遍的失望情绪。但是，当学习进行下去，失望被希望取代了。这也许是一个理由，巩固了我对哲学的空前信仰。如果哲学不能在悲伤和忧虑中抚慰我们，不能帮助我们找到光明的窗口，它就是无用的，而这光明的窗口又能指引我们找到更多的窗口。

这种积极的变化和学生知识的提高都让我们感到高兴。我想，凡是看到这种积极效果的人都会努力扩大这个课程的范围，继续这个项目，使它覆盖达尔富尔的全部地区，尤其因为该课程的直接目标是普通人，那些被战争裹挟、失去了安全和稳定以及向往和平生活的普通人。

谢谢大家，谢谢我的老师，他亲自朗读我的信，给我莫大荣幸。

伊斯马特

在苏丹的课程没有受到巴希尔政权的干扰，顺利进行着，直到学年结束。毕业式非常隆重，很多人讲了话。由于担心苏格拉底勇于批判的精神引起与政府的对峙，课程中心也从达尔富尔迁出。乌姆达·扎卡里亚·穆罕默德·诺尔说，他要代表学生讲几句话，他先做了穆斯林敬拜安拉的仪式，接下来的讲话中有不少祈祷，也不乏精彩之处。“我们可敬的老师，亲爱的客人和同学们，以慈悲和善良之神的名义，愿和平和神的慈悲降临于你们。”

他接着说：“这个课程非常重要，大大增进了我们这些学生的知识。可是，只有神才是完美的，所以说，凡事都有积极和不足的方面。虽然积极的方面更多一些，但还是让我们谈谈课程的不足，为了苏丹或者别的地区的人们，提前预防，以免再次发生。”

“第一点不足……”他接着明白地指出课程开始时的不足和艾德里斯博士奇妙的条理性和严肃认真的精神。虽然他没有像我和伊斯马特那样提到苏格拉底式教学，但他说起课程中两件惊人的事情。第一件是“学生和老师成了一家人”，这其实是对这种教学方式的一种感受；他还提到了文化上的改变：“我们学会了积极进取，大胆、清晰地求证，不要轻易放弃，讨论时讲逻辑。”

带着巨大的欢乐，满怀着对达尔富尔工作的期望，我们开始了第二学年的课程。

达尔富尔的形势没有什么大的改善，虽然死亡人数有所下降，可是难民营变得更加危险。盗匪出没，抢劫车辆，出去拾木柴的女人遭到袭击和强奸，疾病蔓延。我继续保持着与开放社会研究所纽约总部的联系，不过，乔治·索罗斯的非洲中心总部从纽约搬到了非洲。达尔富尔课程并入研究所的东非项目中，由贝娜芙·那罗吉和安妮·加土恩比两位女士负责。我组织了两期示范课，描述了第一年的全过程，并找到喀土穆大学，后者表示愿意给我们提供教室，并给予毕业生学分成绩。

乔治·索罗斯既然表示了对达尔富尔的关注，我想他的基金会将会愿意继续帮助大屠杀的受害者。毕竟，我们的工作是成功的，成本也很低——全年的开支只有4.5万美元，其中包括交通、少量的食品补助，以及书籍。平均到每个学生，人均开支1451美元，包括换汇时被瑞士银行扣除的10%的手续费。苏丹人开始第二年的招生了。这时，我们的那罗吉和加土恩比女士收到了一封邮件，来自索罗斯东非总部的项目助理（主要负责管账）。这是一封很正式的信件，前三个套用的段落甚至都没有写到项目的名称。基金会把重点转移到了南苏丹，达尔富尔的事对他们来说不再是当务之急，我们得再次重新开始。

第七章
哈利法克斯：自我批判

我们是一个奇怪的四重奏组：利昂·波茨坦，身兼巴德学院院长、开放社会研究所理事以及美国交响乐团的指挥，他才华横溢、机智豪爽，是那种立志改变很多领域的人；罗伯特·马丁，外表冷酷、英俊，在耶鲁学哲学，又在柯蒂斯音乐学院受过训练，对于那些荒诞可笑的事情，他丝毫不遮掩自己的笑声，这使他这位音乐节副主席不乏魅力；马丁·肯普纳，他又高又瘦，曾经梦想在名队打棒球，却去学了哲学，但做了一连串的学术工作之后，这位优秀的老师又去干销售了。他是一位有远见的人，也喜欢自找苦吃；还有我。

我与他们三位一起坐在苏珊·索罗斯黯淡的办公室里开会。这里是巴德学院装饰艺术系，波茨坦表示巴德学院会支持克莱门特人文课程。巴德会给合格的学生记学分，并聘请一位全职的主任。他做了这些承诺之后说："我们应当有一个理事会。"他迈着自己惯常的步伐，问我："你来当主席，那你的理事应当是哪些人呢？"我并不习惯做决策，但还是举荐了一些人，W.W.诺顿出版社编辑斯塔林·劳伦斯、前纽约市市长迪金斯、格蕾丝·格鲁克、巴德学院教务长斯图尔特·斯特里茨勒·列文、巴德学院教授彼得·索利安和杰米·因克兰医生。巴德学术委员会副会长罗伯特·马丁将负责课程的开支，他多年的朋友马丁·肯普纳将接替我担任课程指导，我则回去继续写书。波茨坦是1975年加入巴德的，那时这所小小的文科学院无论在经济上还是在教学上都奄奄一息。波茨坦使它起死回生，成为全美国最有趣、最创新的教学机构。波茨坦总是捷足先登，23岁就当上了弗兰科尼亚学院院长，过了不到七年，又来到了巴德。今晚也不例外，马丁、肯普纳和我负责实施细节，波茨坦宣布自己和学院将给这项工作组织上的支持。

这次会议很短，外边有一辆汽车，等着接波茨坦回巴德学院。其间有很多次握手，可是关于各方面之间的关系、监督开支和课程等具体事项都没有机会讨论。我们离开时都感到很愉快。可是，过了一阵，一个成长中的组织遇到的所有问题都降临在我们头上。不是所有的大学或学院都愿意屈从他方监督——我应当事先想到的，而波茨坦觉得，巴德的参与范围最好只限于美国国内的课程。巴德像其他教学机构一样，正在国际化，而克莱门特课程会为它本来就艰难的运行增加不必要的麻烦。

刚刚成立的小小理事会做出了一个决定：课程应当延续既定的大纲，不应当偏离计划，我们将变成一家类似于麦当劳的“连锁店”，但这种说法并未遭到嘲笑。显然，随着课程的进展和规模的扩大，课程内容应当按照主课教授的偏好有所变更。假如这位教授喜爱济慈胜于雪莱，就应当在课堂上教《云雀》而非《夜莺》；如果一位教授喜爱亚里士多德胜于柏拉图，对道德的讲解就会少些神秘，多些逻辑。一位历史教授也许希望通过《独立宣言》发现美国精神，而另一位可能会小心翼翼地从哈奇森讲到洛克、潘恩，再到杰斐逊。艺术史可以逆时间顺序从抽象印象派讲到肖维岩画，也可以反过来，从肖维岩画到毕加索。现场指导怎样教授这门课程似乎会受到当地情况的影响，这不只是大陆或国家的分别，也有州与州、城市与城市的分别。我们这家“麦当劳”的食谱因为每个新课程和新教授而丰富。当初把课程扩张到芝加哥时，艾米·汤玛斯·埃尔德就对我说：“没有哪位称职的教授会同意完全按你的方法上课。”

有时，变化如此巨大，一门课与克莱门特课程在整体上一点也不相符。英属哥伦比亚的维多利亚大学是一所很好的学校，那儿的英文老师告诉我，他们沉迷于解构主义，以至于拒绝教授世界上被普遍认作奠定了文学基础的著作，他们要解构“漫画书”。维多利亚大学多年向穷人讲授精彩的课程，这超越了克莱门特课程。我们的阅读清单也很不一样：那里的学生使用的很多政治文本不是原著；英属哥伦比亚大学的课程多年以来游离在大纲之外，可它仍是全世界克莱门特课程中最悠久和最成功的。我想，我已故的朋友与艾姆·约豪共同创立这门课的麦克尔·艾米斯，看到工作的成果会由衷地感到高兴。他因帮助建立英属哥伦比亚大学人文博物馆而闻名。晚年，他将精力投入于那里的克莱门特课程。到了他生命的晚期，在遭受淋巴癌、放疗的侵扰之时，有个远东方面的博物馆会议请他讲话。他应当讲一讲他主持多年的博物馆，可是他却写了一个大学的克莱门特课程。他请我来读这个发言稿，并且给些评论。这篇讲稿清新又简洁，十分诚恳。我说我提不出什么改动意见，并请他允许我摘录其中的一些观点。

我们的健康问题有些类似，但他的要严重得多。他走路或站着都会很痛苦，因为化学药物损害了他的末梢神经。他越来越衰弱，没有什么治疗办法。最后，这位曾和我走遍温哥华城东区的男人无法去东南亚开会。我写些了点东西，在他的追思会上宣读，但仍不足以表达我的悼念。

在加拿大最西边的温哥华岛大学和最东边的国王学院，出现了不同版本的克莱门特课程。温哥华岛大学沿袭了原来的大纲，招募的学生需要努力学习、刻苦钻研。一位管理顾问和一位新教牧师的妻子玛丽·卢·瑞登组建了哈利法克斯[1]大学联盟，其中包括圣玛丽学院。这个组织不像最初那么刻板，比较温和，立意接纳身心受到伤害的学生。

国王学院是加拿大最老的私立大学，由美国独立革命时逃离纽约的保皇党建立（最早的国王学院是现在的哥伦比亚大学）。它仍然保留着英式传统，师生们穿着学院的长袍，吃饭时用拉丁语谢恩。国王学院被普遍认为是加拿大最好的本科大学，很大程度上也是因为其预科的人文课程。在讲座的前一天，我教了一节哈利法克斯版的克莱门特课。我那时已在哈利法克斯待了好些天，做过一场公开演讲，在地方电台和电视台上讨论过课程计划，这相当于对课程的宣传与支持工作。可是，哈利法克斯多少有些出乎我的意料，想招募社区的黑人学生似乎无比困难，这里的种族分界比我在美国南方经历的还要严重。为了打破这种僵局，我请求市立图书馆员——一位黑人妇女——加入理事会，理事会是为了管理和支持课程而成立的。她一得到邀请，就立即高兴地加入了。可是仍旧没有一个黑人学生来上课。

课程的发起者是一位福音派牧师，一见面他就令我折服。我没有看错，他是那种电影里才能看到的那种极富涵养的牧师，聪明而且善良。他是国王学院的院内牧师，对学院、学生和整个社区全心全意地付出。虽然如此，但他的个性并不软弱，而是带有一种强硬犀利的风格，更适于部队而非学术圈。与他相处越久，我就越喜欢他。他选择了上帝，上帝也选中了他。我当时并不知道，他和哈利法克斯将会打破我对人文的固有认识。

我在哈利法克斯常与加里·索恩牧师在一起。有一天下午，我见到了他智障的儿子，这孩子没有什么特别的地方，只是平和的生活中的一道阴影。我们互相认识了，父子俩简短地说了几句，话不多，没有显露什么。

1　哈利法克斯，加拿大新斯科舍省省会，大西洋沿岸各省中最大的港口城市。

但是，走在学院绿地边的小径上，我看到他们彼此相爱，就像我和我的儿子之间那样，智力的悬殊似乎没有什么影响。神对人的爱，我想，这个日常生活里并不常有的概念，此刻就在这里，在哈利法克斯的绿地上，在我心上。在下午，我为哈利法克斯版的克莱门特课做准备时，父子之爱让我开列出一个爱的清单。一位大学者一边呵护着他轮椅上的妻子，一边用有趣的介绍大大美言了我的预科学年讲座。

我和尼丝在监狱交谈时，我就把“哲学”纳入了课程计划，而“神之爱”则是另一种过程。我把它与牧师和那个温和的女子联系起来，这是我从来也没有想到过的。一天在哈利法克斯，中午刚过，玛丽·卢·瑞登说起我们早年上大学的事情，以及那时的孩子面临的问题。她是牧师的妻子，也是哈利法克斯课程的主任，有趣而富有想象力。她用诚实回答了我有所保留的问题，让我无言以对。她说话时，我们正开车穿过城市，我们经过她丈夫讲道的教会，她讲起过去，我感觉好像她在说别人，似乎她本人只是个幻象。

哈利法克斯的一切都不是表现的那样。当年的玛丽·卢·瑞登是个漂亮的年轻女人，这个牧师的妻子似乎是甜美、肤浅的生活的产物。我们的车上还坐着苏珊·巴索斯，她是一个女企业家，说起话来声音很尖，我觉得要是我们不同意她，她马上就会崩溃。她有个儿子正在非洲，她不住在哈利法克斯，而是在城北光秃秃的海岸边上，跟渔民们一起。她把她的生活划分给了企业和慈善。言谈之间，她显露出对宗教的热情，却没有提起过是什么经历使她加入了克莱门特课程，特别是选中了晚上来上课。这些我到后来才知道。

这节是文学课，虽然我知道，哈利法克斯的课程不是按照彼特拉克的人文科学五部分组成的。我要求学生读《堂吉诃德》的片段，以为风车和铜脸盆会让我们很愉快；我们还会当会儿侦探，去研究真正的作者是谁。

我到时，学生们已经坐成一圈。我扫视一周，感到有点奇怪。依我看，只有一人是有色人种，我想，这大概是哈利法克斯的种族分离造成的。她是那里穿着最讲究，并且是最机敏的，这在我了解她之后得到了证实。其他人似乎与往常的克莱门特学生不同，其他克莱门特课程的学生初看上去，大多数带着一副反抗者的脸孔，过了一阵儿，他们才回到个体，脸上带着各自的经历，或坐，或靠，或躺，或费力地思考、摇晃，显出各自不同的生活状态。

这里的学生更让我琢磨不透。我不认识他们，就以一种聊天的形式开始，试图找到一个他们能够回应的问题。一个人说他曾经住过精神病院，另一个说起自己在服药治疗心理病症，还有一个骨瘦如柴、穿无袖连衣裙的女人担心教室外边的孩子。学生们都很有礼貌、积极参与，但是我知道，他们中有些人绝对不会掌握课程要求的思考深度。他们读了但丁和荷马，以及当天晚上的塞万提斯。但是，我觉得他们中有些人肯定没有领会，当阿喀琉斯将勇士赫克托耳的尸体交给后者的父亲普里阿摩斯时，荷马时期就告终结。他们也绝对不会领会《堂吉诃德》中脸盆的意思。

开始上课，我提出问题：《堂吉诃德》是谁写的？学生们想了一阵，一个人说："塞万提斯。"我问："你们确定米格尔·塞万提斯就是作者吗？"问题一个接着一个，却始终不能引出手稿的故事，引出这本书由阿拉伯语译出的猜想。其实，我要求他们阅读的章节中，就出现了阿拉伯语。也许是我错了，如果我能将责任都归在自己身上，这个晚上就不会那么复杂。如果是那样，我离开哈利法克斯时，也会更加清楚我对人文的了解究竟有多少。

课后，我们聚在大厅里，吃了些晚餐，有冷肉和甜点。谈话仍然在原来的水平上进行，学生们并不愚蠢，仅仅这么想都犯错了。只是他们麻烦缠身，受的伤害比其他地方的学生更严重。哲学不是这个课程的唯一目标，也不是玛丽·卢·瑞登招他们来的原因。哈利法克斯非常不同。这些学生会读到伟大的文学作品，他们会有一流的老师，但是这里的重点是草地小径上的父子之爱。父子之爱，我甚至没有想到它。有人想到过吗？那个等着执照的心理医生告诉过杰米医生，这是他见过的最好的心理治疗。为什么我忽视了他的评论？我只觉得有趣，却视为无关紧要。

那天晚上，我躺在哈利法克斯舒服的床上，追悔莫及，我应当在开始时就有这种内省。在这种难眠之夜总会有一个最难的问题：如果我当初错了，我怎么知道我现在就是对的呢？半睡半醒中，我的思绪回到了《斐多篇》的讨论。对立者总是非生即死，水火不容。哲学和神之爱是对立的关系，还是同为善的组成部分？

北海边的早晨降临了，晴朗而寒冷，我不再是那个初来哈利法克斯的笨拙人文学生。在某种意义上，学院的牧师、牧师的妻子、与渔民住在一起的女商人、那些永远不得要领的学生，他们成了我的助产士。我知道，我需要把哪些东西告诉预科的学生，不过我不知道怎么说。

那天早上，出于对人文的热爱，我重新振作起来。为了避免信仰和理性的冲突，我没有选择很久以前的人们犯下的错误，而是选取了德国迈向疯狂、导致“二战”时那里研习人文的境况。我没有理论什么，只告诉大家国家社会党中一个管理集中营的历史学家、党卫军画家、建筑师阿尔伯特·斯佩尔，还有向全世界贡献出了存在主义的伟大哲学家马丁·海德格尔。证据确凿，无可辩驳，海德格尔是一个纳粹。

人文科学的天才存在于它的不完美之中，不像宗教，它不是神而是人的产物。对人文的批评存在于一系列伟大的作品中，值得人用一生慢慢阅读、品味。人文就是自我修正，并不存在于某一部的作品中，甚至某个年代里。曾经和海德格尔在一起的汉娜·阿伦特，一定知道这一点。耶鲁的解构主义学者保罗·德曼在比利时亲纳粹的报纸上发表过邪恶的反犹太文章。不过，他们现在都不在世了。海德格尔和德曼，甚至阿伦特，他们一定已经知道，人文是自我批判，因为它存在于现实之中，它是“听得到的旋律”。爱人文就意味着知道，当我们犯错时，允许人文的自我批判精神在探寻世界的长途旅行中引路。这就是为什么一旦学习人文，我们就有希望。

* * * * *

我觉得学生们对于讲座并不是十分满意。不过，我不时向露台上看一眼，我看见了牧师的表情，我在那一刻确信，自己没有错。

还要过些年，我对哈利法克斯的期望才得到回报。我的朋友哲学家安妮·莱维特当选为国王学院的院长。国王学院这所了不起的加拿大文科大学会更加包容、更加周全，哈利法克斯的课程仍将在此继续。

第八章
马萨诸塞：民主社会的积极参与者

像大多数美国人那样，我把美国独立战争与莱克星顿[1]联系在一起，而一想到马萨诸塞，就会想到康科德市。好像这些地方只属于历史，而不属于现实生活，虽然我去过新贝德福德的博物馆，但在我看来，亚哈船长[2]驶出的是波士顿港而非贝德福德。经过很长一段时间，历史和生活才在一个主题下汇集，这个主题就是：一个人在他的时代能够有什么作为。比如，马萨诸塞人文基金会（现称为马萨人文）的大卫·台巴尔迪，在我看来，大卫的工作与他带来的一场思想革命相关联。自1985年起，他就担任马萨人文的执行主任，马萨人文并没有像我们所想的那样把办公室设在革命发生地，而是将其设在南汉普顿。马萨人文与达特茅斯的马萨诸塞大学和巴德学院协同工作，在波士顿和新贝德福德的社会服务机构教授学生。它每年都努力募集资金支付教师费用，课程有时不得不因此中断。

台巴尔迪是一位学者，曾经在阿默斯特学院和怀俄明大学教哲学，他回到家乡成了马萨人文的灵魂人物。他说起话来轻声细语，胡须短而整

1 莱克星顿，美国马塞诸州的一座小镇，因美国独立战争在此打响而著名。
2 美国小说《白鲸记》中的主人公。

齐，不但没有隐藏他的表情，反而使他的表情更加丰富，使他的微笑显得幸福灿烂。台巴尔迪在《哈珀斯》杂志上读到一段《新美国蓝调》，这引起了他的兴趣，他要开一个这方面的课程。为了进一步了解，他派克里斯汀·奥康纳去华盛顿，听听马丁·肯普纳和我在州人文委员会上的发言。当马萨人文理事会的人听到教穷人学人文课的主张，很多成员不同意，他们告诉台巴尔迪，帮助穷人是很好的社会服务，但并不是州人文委员会该做、适合做的事情。台巴尔迪和他的同盟坚持自己的立场，理事会只得同意做一次实验，为期一年。

当年底，一位学生来到理事会面前，谈论她上课的经历。这位学生赢得了理事会的支持，使他们同意把克莱门特课程设为州人文委员会的重要项目。长久以来，州人文委员会一直致力于为弱势人群提供人文教育，他们把这个课程视为实现目标的途径。他们很快就认识到，就像约翰·唐恩对他们的建议那样，没有一个学生是一座孤岛。这个课程把人文的思想和鉴识传递给学生的孩子和亲戚，以及教会中的人，甚至邻居和社区。

台巴尔迪和马萨人文的主任助理克里斯汀·奥康纳继续努力，执行主任台巴尔迪甘于冒险，而奥康纳既是坚定的督导，也是课程和师生亲密的朋友。台巴尔迪称她为“课程的灵魂”。

几乎从一开始，教室视察和学生会面都表明虽然课程并不完美，但一切进行得确实不错。当然，一切不会总是十全十美。但课程确实能够取得成功——假如教师优秀，学生努力，而又有足够的钱能付给教师。台巴尔迪把委员会带到一个在马萨诸塞影响力日益增大的高度，克里斯汀则把大部分时间花在课程上。她每一年都与社会服务机构一起工作，为上课的学生看孩子，帮助招募教师和现场指导，对课程进行纵向研究，收课堂笔记，安排毕业典礼，引导学生进入下一步的学习——往往就在附近的大学。一些地方的课进行得比其他地方好，可是十年来，马萨人文在新贝德福德和多尔切斯特的柯德曼广场，联合巴德学院和马萨诸塞大学达特茅斯分校共同努力，帮助成百上千名学生完成了课程。马萨诸塞课程的教师来自马萨诸塞大学达特茅斯分校、哈佛大学、塔夫茨大学、布朗大学和附近的其他名牌院校。

有了教师队伍和所属院校的高水平，人们会设想这个课程的出勤率应当是百分之百，作业也是按时完成。事实当然不是如此，很多学生不能克服家中的困难、疾病，或自己旧有的不良习惯，或者缺乏安静的学习环境。每个学生来时都很勇敢，可是围困他们的外力，让人只能被动地对环境做出反应，很难挣脱。从被外力围困的生活过渡到一种有反思的生活是困难的。人文科学让这种过渡成为可能，但不是一蹴而就，也不是总能奏效。由台巴尔迪和奥康纳收集的班级报告呈现出这种蜕变，在其中，男女教师受到的挫折、焕发的光芒历历在目。我觉得，这些教师简直是上天派来的。

我将以下教师报告中的人名都加以改动（只有哲学课的报告除外），免得有人读到会感到不自在。这些报告都保持原样，未经编辑，它们写得匆匆忙忙，目的不过是说明在课堂上发生的事情。

《但丁的地狱》节选

这个班像我教过的许多班一样，随着《但丁的地狱》而进步。我们慢慢读完选定的篇章，我会在特别的意象中停下（维吉尔把魔鬼称为“嚣张的狂欢”，这是我最喜欢的部分），让学生认真思考其中的寓意，或思考为什么维吉尔说他和其他人死时受着欲望无望的煎熬。在我看来，就像一直以来那样，他们虽然在读，却感到害怕，甚至有些沉迷其中。几乎每次期中论文都是关于《失乐园》的，这说明大家喜欢它，但他们却没有在课堂上说清楚自己的想法。比起克莱门特其他班，这个班的学生似乎比较不擅言谈，而T和M却是例外。

一些出现的问题别的学期也有过。M问，这是虚构还是纪实。A反对说，但丁说的一些事“不是真的”。我们谈到但丁的宗教感与21世纪的和福音理论的都不一样。但是，我不确定这是否能满足A所代表的学生。

讨论的高潮是G的话，他说有罪的人被孤立在不同的圈里，维吉尔和他的同伙在最容易忍受的圈里。G说：“地狱里怎么也会有小帮派？”这种议论是我教这门课时最喜欢听到的，让我们可以谈一谈中世纪世界的等级观念，从教学的角度来看，这真是太棒了。我无法想象我在塔夫茨的学生敢问这样的问题，所以，从这一点来看，质问但丁《失乐园》的基本结构，同样也很棒。我觉得别处的学生虽然有很多优势，但是却因为上学，丧失了这种对知识的新鲜态度。

* * * * *

我们在星期三进行了一年一度的美术馆参观活动，像以往一样，大家过得非常愉快，时间似嫌太短。虽然是冬天最冷的时候，但大多数学生还是早早到了柯德曼广场。我们坐上车，向美术馆进发。这次课的主题是印象派，我们把大部分时间花在一间展厅中，在那里看莫奈、雷诺阿，以及塞尚、高更、卡耶博特和卡萨特的少量作品。班里的学生已经达到了自学的境界。现在的难题是，我要听取所有学生的评论。他们后退一步，一下就认出了色彩、用笔、形象。他们也问了好几个关于美术馆的问题，我需要给他们讲解美术馆的不同部门，包括藏画保护、照明、登记员和馆长的工作。

短暂的讲课之后（两小时时间被路途占用了不少），我带着学生进了相连的展室，参观透纳的《贩奴船》。我们之前讨论过这幅画，而亲眼看到画面上丰富的细节与笔触，他们一下子就捕捉到了幻灯和书籍上遗漏的地方。R问："我们下周还来这儿，对不对？"我希望如此。很多人都说，要是时间长一点儿就好了。夏妮在课堂上总是很安静，前一天晚上她举手，被我一眼看到。她耐心地等着被叫到发言，她的发言总是很精彩。回家的路上，她说她去另外一间画室看了一眼，看到了波提切利。我问，你认出了他的风格？是的，她说自己对这位画家很熟悉，但还是需要看标签才能记住他的名字。

我提到雷诺阿用对比，而不是黑色去表现布吉瓦尔舞蹈家面部的阴影。这一来，学生们便盯着我的脸看，看出了绿、蓝、紫诸多颜色。[R发现J在看她的脸有什么颜色，不禁大喊："这不公平，我看不见你的脸！"（J戴着面纱）她们大笑起来。]

伊兹拉和安德丽亚开始探索。Q问能不能拍照，把拍下的照片放大，挂在自己家的墙上。我说，不如买一张复制品，那样更划算，而且质量更好。H去年缺了一些课，似乎对我很依赖。她上了个闹钟，逗她的朋友，说是对方弄响的闹钟。

学生们已经形成了一个团体，并认同这个团体。坐面包车回家的路上，他们谈起中途退学的同学，猜测他们现在怎么样。E问："杰克，我们是不是你教过的最好的班？"他们努力想做到这一点。

因为我们在第四课之前几乎把全部时间都花在讨论道格拉斯上。于是第四课上，我只简单地讲了“奴隶制度与自由”以及“内战的爆发”。我解释了“有奴隶的社会”与“奴隶社会”之间重要的历史差异——区别在于奴隶制在社会中作为社会与经济基础的比重。我有意引向历史地理，试图让学生明白奴隶与自由的故事在上一代发生了多么巨大的改变。他们中的一些，B、P、S还有其他几个，感到很惊讶（比如，听到黑人并不是一直或生来就是奴隶，他们非常震惊）。我对他们解释道，奴隶制并不是固有的形式，因为其随着时间和空间的转移而有了很大的变化（比如南方与北方的差别日益增大）。这需要我的一点坚持，于是，我第一次求助于这种话：“相信我，我是研究历史的，我知道这个。”以此捍卫自己的观点，这样做还真有效。

然后，我讲解道，美国独立战争到内战这段历史可以在某种程度上总结为：美国扩张时，南北方在奴隶制的存续与扩张问题上产生激烈冲突。我追溯了主要的历史事件：买入路易斯安那购地案（1803）、密苏里妥协案（1820）、美墨战争（1846—1848）、1850年妥协案、堪萨斯－内布拉斯加法案（1854）、堪萨斯内战（1854—1859）、斯科特诉桑福德案（1857）、约翰·布朗起义（1859）。我用一幅1860年的美国地图，指出19世纪初获得的主要疆域和州；我还给了他们一些统计数字，表明人口中的各种成分（奴隶、自由的黑人和总人口）。

然后，我们开始就三组课文——约翰·布朗[1]对陪审团的最后演说，玛丽·切斯纳特的《内战日记》，以及林肯的演讲（就职演说、葛底斯堡演说和继任演说）进行讨论。

经我讲述，学生们被布朗所折服，尤其在我描述了审判他的法庭之后。约翰·布朗被锁在一块板子上，整个审判期间，不断受到来自废奴者和赞成蓄奴者的劫狱和暗杀的威胁。布里奇和卢比被他的宗教言语打动，埃塞尔和琳达把他的最后演说与苏格拉底临终前的一番话相提并论。J、S、M希望了解更多关于哈普斯渡口的事情，以及“他到底犯了什么罪”。而L想知道他“是不是真的疯了”。我反问他：“一个人愿意为了信仰而死，这是疯了吗？”他们明白了，立即把苏格拉底和布朗联系起来，这一点是布朗狱中的信件里主张的。在讨论快要结束时，我不经意地提到布朗是白人，大多数人惊呆了。我问：“有谁觉得布朗应当是黑人？”大多数人举了手。我笑了，又问，为什么很难想到，一个白人愿意为了救黑人而死？P回答说：“因为没什么人愿意这样做。”这又引发了对不同种族间同情和团结的讨论。我们的讨论是漫长而卓有成效的，我们谈了种族团结的例证、前景、阻碍，一致认为这种同情和团结尽管稀缺，但是至关重要。

我们接着学习内战。我讲了布朗生与死的预言意义：暴力和流血预示着残忍野蛮的年代就要到来。老实说，我讲得有点多了，因为我发现自己越来越为伊拉克而心绪不宁，于是开始讲历史上和现代的战争。我想让他们明白，美国内战的赌注是多么

1　约翰·布朗（John Brown's Rebellion，1800—1859）领导了美国南北战争前夕的反奴隶制的起义，后就义。

巨大，我们现在这个时代也是一样。我讲到六十二万人死亡、四百万奴隶被解放，总统（依我之见是最好的总统）为了这一事业献出了生命。课堂安静下来。

他们现在跟我一样，真切地感受到了。我几乎说不出话来，M、L、P和A几乎快要哭了。实际上M走出教室，到外边喘口气。她走出去的时候，P说："我真难过，人们要经历这一切。"B也说："感谢上帝，他们经受住了。"全班人都默默点头。

这种时刻，在某种意义上说很独特。在克莱门特课程中，学生们被触动，感到与过去相连，不得不停下来思考。

经过了片刻安静，我们又进入了下一个环节，讨论玛丽·切斯特纳的日记。我被他们的反应惊呆了：他们喜欢！琳达说，它让她服了（后来，她把我的书带回家去看）。B说，它"了不起"。E说："它跟我读过的书都不一样。" M也这样说。在某种意义上，我想切斯特纳的日记满足了他们对奴隶制另一面的好奇。他们被作者对被拍卖的奴隶的同情打动了，作者把自己这个落落寡合的女人的挣扎和女奴隶的挣扎联系起来，学生们也为之感动。P和K觉得，在描写拍卖奴隶的场景上，她和斯托夫人[1]相像。L也深深地关注她的"虚假的生活"：被充满问题的婚姻所困，没有子女（P认为她想要孩子，但是她的丈夫不能或不愿让她生孩子），她被迫"违心"地与所谓的名流交往（B的读书笔记）。

我一次次地震惊，他们的阅读感受如此活跃，理解力如此之强。他们捕捉到了文本的种种提示：她是否不快乐、压抑、渴

1 小说《汤姆叔叔的小屋》的作家。

望其他男人的陪伴、反对奴隶制度、是否完全支持南方独立，由此完成了对切斯特纳内心生活翔实可信的解读（有时带有相当的挑衅性）。班上的女学生对切斯特纳怀有的强烈同情心也令我惊叹，尤其是黑人女学生。B指出，她的生活充满了紧张——徘徊于真正的同情、欲望和上层精英的责任之间——B认为战争突然缓和了这一切。S说，读她的日记，就像观看“一个没有用药的多动症病人”。大家都乐了（B于是又拿切斯特纳关于吗啡和酒精的议论开玩笑）。总之，这是我参加过的对切斯特纳日记最好的阅读讨论课，至今仍然是这门课程的高峰。

最后，我们谈到林肯。我让他们谈一谈如何通过这三篇演讲（以及《解放奴隶宣言》），追溯林肯对种族、奴隶制、废奴，以及内战时北方军队看法的改变。大多数学生都同情林肯。埃塞尔说：“我一直在想他可怕的无谓的死亡。”学生们仍然谈到他很晚才赞同废奴的主张。我们充分讨论了对林肯的认识（他在南方各州、奴隶和其他黑人领袖眼中是怎样的）。他们似乎再次关注起林肯的心理状态，我对他们说，他们加入了对美国第十六届总统由来已久的广泛辩论。

那天晚上，我想我们得到了一致的结论：林肯反对奴隶制度，但在种族问题上并不十分进步。学生们提出的文本有力地支持了这种解释，他们也注意到他行文、演讲的简洁漂亮。不止一位学生在这一点上把他与现任美国总统做了对比。

作为这节课的结束，我们简单地讨论了随着战争发展，林肯越发频繁地使用宗教形象，尤其是（在第二次就职演说）他所判定的《旧约》中愤怒的上帝与作为点睛之笔的最后一段基督救赎精神之间的对峙。我建议，我们可以把这个演讲当作美国的寓言：号召我们忏悔过去的罪过，迎来新的和平时代。或者也可以当成一个问题——我不只把它当作一个历史的问题，也当作哲学的问题。很多学生离开教室时又把林肯与苏格拉底相提并论！

* * * * *

好吧，奥古斯丁不同于索福克勒斯。虽然很多人都说这次的阅读材料是最易懂的，但讨论过程却有点儿慢。有些从不加入讨论的人（主要是M和D）参与了，这是个好现象。

上课一开始，我先叙述了一遍作文题目。不少学生没有很好的听课技巧，或至少上一节课没有听，所以我只能把每个需要回答的题目都讲上几遍，对其他作业的细节要求也是如此。很多学生对作业的反应看起来就好像他们从来也没见过似的，朱迪丝甚至问："什么提纲？"似乎不是问提纲是什么，而是表示从来没人跟她说起过提纲。唉！至少下面几次课，我一开始就得问问他们对作业、提纲有没有问题，这兴许能管用。

我从显灵这个话题进入讨论。我告诉大家，在奥古斯丁的年代，对信仰的选择会导致政治上的后果，而奥古斯丁认为，皈依信仰要通过论理而不是奇迹。我忘了讨论开始时我提出了什么问题（我当时正犯偏头痛，所以对于上课的记忆比平常模糊），但是似乎没有一个问题激发学生辩论。我们做阅读小结（关于奥古斯丁改变信仰的一章），进度缓慢。虽然有些人说这是迄今为止最容易理解的文本，却似乎没有人记得文章的内容。因公开否定自己从前得到的认同而可能面临的羞辱与风险，比如奥古斯丁指望上帝"会使他贞洁，但没有"，这让学生们很感兴趣。我提出，我们都有类似的感觉，我们知道自己应当改正，却又故态复萌，沉溺于旧习惯之中。H将这一点与想要戒烟联系起来，R则联想到恢复锻炼。总之，兴趣提起了一些，课堂上活跃的人不少，我有好几次需要大喊才能让他们安静下来。感谢E，她在开始评论时，说了句“根据她所说的”——这是倾听对方、考虑对方主张的一大证明。

妮可对文本有相当惊人的理解，但她总是从奥古斯丁的宗教体验上跑题，说起自己的事来。我不得不把她拉回正题，同时痛苦地觉察到两尺以外的朱迪丝正在面纱的掩护下酣睡。在这段文本里，奥古斯丁讲了四个皈依故事，都穿越了书本。我想让学生们思考一个可能的事实，他的经历也映照着他们现在的境况：生活通过书籍而改变。萨德同意这一点，他还顺着我的意思大胆设想：这是不是一部经典著作？我希望，即使他们对于这次阅读的文本没有多少想表达的观点，至少也能够讨论一下我们期望在文学中找到什么。大家都在点头。是的，这是经典著作。为什么？没有回应，只有N说了一些：上帝总会帮你，总会宽恕你，知道这一点很重要。

我以但丁和他的信条结束了这节课，但丁认为，应当以日常使用的语言来写作（下一周，我要介绍“方言土语”一词）。我告诉他们，奥古斯丁和但丁喜欢的作者是维吉尔，我请他们想一想奥古斯丁和但丁相距的时间，以及我们与但丁相隔的时间（大约都是900多年），他们没有感到奇怪、有趣或是别的什么吗？大家是否觉得自己喜欢的音乐与但丁喜欢的一样？是的，A说，或者不是现在的音乐，但可能是20世纪50年代、60年代或70年代的。有一些学生嘀嘀咕咕不同意，我注意到了，于是说，是的，我们与但丁的趣味也许很不一样，而在但丁之后，我们会看到文化上的改变突然加速了，这是在为下周要讲的古腾堡和宗教改革打基础。课堂不像我以为的那么糟。有好几次，几个人同时举手，有时他们直接说出来。与《安提戈涅》相比，这节课的进程还是有些慢。我的偏头疼也很讨厌，我一头疼，事情就不妙。

盼望上一次没有头疼的但丁阅读课。

签名

* * * * *

报告：同一班学生的两次课

第一课

今晚的课很累人、很有挑战性，会让我少活几年！全班都热情高涨地阅读了柏拉图的《克里多篇》，气氛非常放松。学生们也开始关注一些熟悉的脸孔：艾德和阿尔这两位自打上学期结束到现在才露面。

学生阅读得那么仔细，我立即被他们感动了。几乎所有人都开始对克里多其人发表评论。我说："苏格拉底对他可能有更高的期望。"很多人认为他的精神不够自由和独立，没有领会苏格拉底对人云亦云者的轻蔑。L说："他更在乎公众意见，而不是经过审视的生活。"（L在整个讨论中的发言都很精彩！）我们试图理解苏格拉底惊人的断言："我只希望普通人有无尽的破坏能力，那样他们才会有无尽的行善能力……实际上，他们两者都缺乏，行事很随机。"我们都觉得这段话很惊人，可是S的总结更了不起。他把苏格拉底所指的大众比作一个杯子，这个杯子因为其中装的内容而随意变化形状、大小。如果杯子满了，就会变大，变得跟地球一样大；如果杯子是空的，又会小得像个葡萄干。这个杯子，据她说，就是苏格拉底对人的潜力的看法，它可以是一切，也可以什么都不是。然后，关于恶，F解释说，苏格拉底最为痛恨的是自以为是、自鸣得意的人。至少，恶人是有能量和决心的。他或她能成就一些事，即使后果是灾难性的。在某种意义上说，这个人与一个愿望强烈的人相近，因为，用F独一无二的话来说，他或她胜于“活死人”。

这真是一场了不起的讨论，每个人都参与其中，所有人都认为苏格拉底的话只有一个意思：“不经审视的生活比恶还要糟糕，因为这种生活浪费了人的潜能。”

我问了几个假定的问题之后，大家不再平心静气，气氛热烈起来，他们都感到自己对苏格拉底坚定的原则十分熟悉了。于是，我请他们想象以下的情景：有份工作正在招聘，这是你渴望已久的工作，内容是拯救儿童，并且确实可以改变世界。为了得到这份工作，你需要有资格，有较高的学历，而你现在并没有。你的竞争对手是一个很可怕的人，虽然他有学历，但是不会做好这个工作。他恨孩子，甚至会伤害他们。

当我问，谁会造假去谋取这份工作，我自己先举了手，只有C把手稍微举起来一些。惊人的斗争开始了。B惊恐地看着我说，她绝不会尊敬一个在重大问题上撒谎的人。C，平日里笑哈哈的，郑重地对我说，如果我们都对自己的学历造假，整个世界就会陷入混乱。O指出，这很令人气愤，我在“扮演上帝”，相信我自己而非他人能改变世界。换句话说，就是我正在扮演上帝，而没有按照原则行事。C温和地说，如果他的对手是一个恋童癖，他一定会撒谎骗得这个职位。可是他马上遭到了攻击，甚至平时总带着微笑的F也变得相当恼怒。如果理由充分我会撒谎——似乎我的坦白破坏了我这位教授柏拉图的导师博学和智慧的形象。这真是一个激动人心的时刻。

使我印象深刻并且感到惊讶的是，在讨论中，他们严肃地看待我的坦白（我会在这上面撒谎），如同看待苏格拉底的公正与合法的主张。奇怪的是，（除了C、P和L）发言的学生拒绝看事情的另一面——为了做好事而破坏法律这种合乎人情的愿望。当B的眼中闪着怒火时，T提醒她，这只是一个假设，我从来也没有真的去谋取这份工作。我必须承认，我盼望过有更多的人会站在人性的这一边。很多学生觉得绝不应当撒谎，不论怎样。当C问，在纳粹统治时期，我们是否应当藏匿犹太人时，相当少的学生说他们会撒谎。人们无论如何都要说出真相。讨论如此热烈，我试图提出一些更为抽象的问题。罗素笔下的中国人和陀思妥耶夫斯基的《罪与罚》（还有巴尔扎克的《高老头》）中的讨论：如果你只是按一个按钮（绝对不为人知，绝对不会被发现）就可以杀掉这个坏人，拯救成千上万人的生命，你会不会这样做？我吃惊地发现，你想引诱他们可真是白费力气！除去P、H、L，没有人受诱惑。我发现，最惊人的是，80%以上的学生都决意坚守前后一致和道德的主张。他们说起对混乱的担心，而且很明显，既然如此紧密地联系到苏格拉底，他们不想引入一种不确定的（且是非苏格拉底的）可能性。

我不禁发现，虽然宗教提供了一个令人安心的框架，却阻碍了他们批评的能力。作为教师，我要说，这真是一个艰难的时刻，不管是向前推进，还是往其他方向。到了讲康德的时候更不知道会发生什么！我不确定他们是否需要他，因为这么多人已经在全心接受“绝对命令”（康德提出的概念）！我需要给他们讲一些约翰·斯图尔特·密尔，让康德那一周的讨论有些张力。

我请他们通过《安提戈涅》重新思考这个问题。克瑞翁代表的是什么，安提戈涅的反叛又代表着什么，等等。我这样结束了争论。这些问题很有效，M、S和L变得非常活跃，把克瑞翁自私的法律与苏格拉底纯洁无私的公正区别开来。这真是伟大的一节课，只是我必须承认，它让我认识到我必须想办法增加话题，那些问题不是仅凭着基督教义就能够解决的。

第二课

昨天的课真是令人鼓舞。我觉得有些负疚，让学生读的是文学而非哲学，然后解释了为什么陀思妥耶夫斯基的《地下室手记》不是尼采喜欢的书，却是受了柏拉图、奥古斯丁和康德的启发写成的。

我让每个人读书中的一句。昨天O状态很好，止不住地笑：“我知道这种人，我妈就是这样。总爱抱怨，需要别人的注意，住院出院，只是想让别人注意到她。”我接着她的话题发问：如果你们是出版商，收到了像是一个疯子写的书稿，这个人大谈他的牙疼，还告诉我们他是一个无名之辈，我们为什么要读无名之辈的书，尤其是在哲学课上？柏拉图会怎么看这部小说？大家都同意，他会讨厌这本书，出版商大概也会把它扔进垃圾桶。为什么？因为这里写的是软弱，而非强大，没有给你生活的示范，而是充满放纵和散漫。看到学生将陀思妥耶夫斯基与我们读过的其他书做比较，我十分兴奋。一次次，原本抽象的东西（尤其是康德）突然变得生动起来。C不断地说无名的讲述者“是堕落者和懦夫”，她谈起这个人，好像是讲述自己认识的熟人，这真是令人赞叹。“我忍不住喜欢他，尽管他是一个输家。”我问大家，他们是否觉得奇怪，一个“输家”可以成为一部大作品中的主角，这种不能前后一致，并且处处自相矛盾的人的故事能教给我们什么？詹妮丝一直不很热衷于我们的乌托邦哲学家，她认为这才是真实生活的表达。

S补充说，他不断地说他的牙痛，是想让事情更加生动。全班捡起了这个题目，人们做各种离奇的事情，因为想要感到自己还活着，做人们期望你做的，只会让你成为群体中的一员，我们都想有自己独特的声音。

这个特别的班级了不起的成就之一就是，给抽象的事物（柏拉图的洞穴隐喻、康德的绝对命令）赋予极为具体的形态。尽管陀思妥耶夫斯基的文体散漫，但学生们觉得他们可以不管这点，把更多的注意力放在对道德问题的讨论上。虽然大多数人曾经坚持绝不撒谎或为了不可告人的目的而图谋不轨，但今天的情况却大不相同。一个虚构的人物敢于如此大胆地描写自己，这让他们感到迷惑。很多学生写过日记，承认他们粉饰过了一些关于自己不太好的事情，因为担心会有人看见。这样一来，讨论就转向坦白、诚实和自知的问题。我们是否会把自己不好的一面展现给他人？或者，是否总带有欺骗性？——不管自己有多么糟糕，我们不是总能为自己找到借口吗？我请大家想一想陀思妥耶夫斯基的角色，不是某个记录自己的人（尽管那是陀思妥耶夫斯基所为），而是脑子里有个“病毒”，一直在为我们大家记录自己所有思想过程的人。很多学生觉得这个很有趣：如果某个人可以记录我们所有人的想法，结果会是一大堆互相冲突的东西。陀思妥耶夫斯基是一个了不起的考古学家，敢于发掘深入我们黑暗的一面。米尔德丽德从始至终一个劲地点头，甚至弗兰森也很赞同，虽然一开始他对于我们谈论人性的阴暗面感到很不安。

我们深入到下一个话题，那就是现代文学触及人性的不完美，并以其为主要特征。尽管陀思妥耶夫斯基写的男人故意对这一点表示不屑，但他的想法其实总是在柏拉图和康德的理想之间游移。这又将我们带回到密尔对康德的批判：我们怎么真正知道谁的动机是好的，谁只是为了美德而行善？虽然陀思妥耶夫斯基非常不赞同密尔的观点，但却指出了解自己几乎是没有可能的。保罗给我们读了一段精彩的话：“谁最先宣布一个人行恶只是因为他不知道自己真正的利益在哪里？”这又发展出了关于自由的讨论。我们开始思考奥古斯丁和他偷梨的事情。我们行事不只出于自私，引发我们行为的一些事情是难以解释的。

我问J，如果她得到了想要的一切，如果世界变得完全合情合理，像数学公式那样“可以预料”，她是否会感到高兴。她几乎来不及作答，几乎所有的人都在大叫，那会很无聊，我们都会一模一样，等等。于是，我们谈起了无聊和厌烦。为什么无聊在这部小说里如此重要？亚当和夏娃吃了禁果是不是因为他们在伊甸园里感到无聊？O提出，我们做的每件事都是因为想征服什么人或者事。那意味着我们从来不会满足，满足是违背人性的。C指出，如果我们集体出游，实际上我们做的就是复制我们的工作环境，而“回到家中又会筋疲力尽”。我们工作不只是因为我们不得不，也是因为另一种选择（完全自由的时间）具有破坏性。

> 我给他们读了一段尼采对人害怕悠闲的评论。悠闲让我们害怕，因为它让我们在这个世界上有时间思考人类的处境。这把我们带回到地下室的男人，他花了那么多时间思考。一个学生——好像是詹妮丝——指出，地下室的男人一方面说“想得太多是一种病”，另一方面他又是这种病的受害者。我们谈起陀思妥耶夫斯基如何对几乎所有的问题都至少提出了两种观点。M补充说，这就像苏格拉底和特拉西马库斯存在于同一个人的身体里。我们感到困惑，看到不止一种真理。这是好的。

* * * * *

2007年，马萨人文开始了对于课程结果的纵向研究。毕业式上的学生接受访问，随后的每一年也会被访问，以观测课程的长期效果。一百二十九位学生写下了他们的生活、希望和悲伤，其中四十八人也接受了面对面的访问。这一纵向研究肯定了1995年至1996年克莱门特教学的效果。在较早的研究中，我们采用了另一种方法，在入学前和毕业后让学生们接受心理测试。问题都用来考量学生们由被动反应转向主动反思的程度有多大，而课程在这个进步中又起了什么作用——如果真有所谓的进步的话。

马萨人文的研究发现，毕业生想要继续他们的教育，一半人希望去社区大学，另一半希望在一个四年制的大学里获得学士学位。可是，对于获得更高的教育，他们有经济上的困难。他们大多数人不得不工作，有的甚至要做两份工作。他们不能全天上学，但即使这样，他们也愿意。他们在说出自己的期望时没有盲目乐观，他们明白，高等教育的高额开支也许是他们无法克服的障碍。他们已经看到一位同学的悲剧，他被一所本科大学录取，却没有钱去上。

在个人方面，马萨诸塞的学生像其他克莱门特中心的学生一样，都有很强的成就感。大多数人相信，参加课程提升了自己、家人、朋友和社群的生活质量。学生们爱戴他们的教师（“因为他们的热情和负责精神”），称赞这个课程，一致认为自己的生活被改变了，有了更强的自尊。他们说，他们学会了怎样思考，他们会与人文结下不解之缘。他们在选择自己感兴趣的职业上表现出对于社群的接纳——他们选了教育和助人的行业。

不过，凡事不都是尽善尽美的。从喀土穆到韩国再到芝加哥，就像每个地方的毕业生一样，他们为自己赢得了充分的自信，对世界有了批判性的眼光。他们担心未来的生活，不知道下一步怎么走。他们要求设一个课程，教他们怎样填大学申请表，尤其是怎样申请经济补助。他们说，他们需要咨询。

中途退学的问题困扰着学生，让他们产生了混合着自私和悲哀的情绪。他们说，教授们花了太多的时间去留住学生，同学的离开让他们感到悲伤；他们说，在录取时我们该更加细致。但是，还要有很长一段时间才能解决这个问题。

学生高水平的评价很好地反映出马萨人文的学生是否达到了目标。学生们不再羞于表达自己的观点，他们的批评表现出在现实世界中对分析技巧的应用，他们没有停留在抱怨上，而是对课程改进提出了好的建议。他们的生活有了一种改变：他们成为民主社会的积极参与者。

第九章

阿拉斯加：向前以获得智慧

因为得罪了阿拉斯加州长，我才与育空-库斯科昆姆三角洲的尤皮克人和库皮克人交上朋友。我不是有意当着全州民主党大会的面羞辱州长，可是，他的确犯了一个可怕的错误，需要接下来的发言者做出回应。

阿拉斯加人文论坛的执行主任史蒂夫·林德贝克邀请我参加大会，这是州民主党会议第一次在灌木中召开。对一些人来说，从纽约去育空-库斯科昆姆三角洲，与其说是荣幸，不如说是一种惩罚。而且，从曼哈顿机场到安克雷奇[1]没有直飞航线，旅途非常漫长。

春天，贝塞尔的土地正在解冻，处处泥泞。在育空-库斯科昆姆禁止出售酒精或啤酒，不过喝上一瓶酒也不违法。这个地方的气候不能说湿或干，而是“消沉”。冬天，库斯科昆姆河冻得结结实实，成为一条公路，小汽车或轻型卡车可以从上面开过。到了春天，去往贝塞尔更上游的阿基亚克、阿基亚查克或土鲁塞克[2]，需要用气垫船，因为这时的河流不能再承载小汽车或轻型卡车，河中漂向大海的浮冰又会撞坏船壳。夏天，如果

1　安克雷奇，位于阿拉斯加中南部，是阿拉斯加最大的城市。

2　阿基亚克、阿基亚查克、土鲁塞克均位于阿拉斯加。

你不怕北美最大的蚊子成群飞来，可以在这条河上开赛艇或划爱斯基摩单人筏。

虽然如此，受到邀请在灌木中的大会上发言仍然是一种荣幸。如果会议时间定在冬天的极夜，我早就去了。史蒂夫和我在灌木林里并没有谈论开设克莱门特课的事情。不过，此时此刻，我觉得我有足够的自信在任何地方开课。

贝塞尔的社区中心有一个很大的会议室，与会者是水管工、工会领导人、政客、媒体人、教师、企业家、教授、阿拉斯加本地人、公务员和一些留着大胡子的老人，这些老人仿佛出自讲述淘金的老电影。史蒂夫也在那儿，他是水手的儿子，生于阿拉斯加，身材高大魁梧，一头直直的金发。他坐在桌边，讲驯鹿的故事。那头驯鹿来到一处闲逛，把凡是碍它事的人都踢到一边。史蒂夫也许认识这个州的每个人，我还不知道有谁不信任他的，无论是民主党或是共和党，穷人或富人，土著或是哥萨克人[1]。

没有人比史蒂夫更会介绍阿拉斯加人，除了他的尤皮克族搭档迈克·威廉姆斯。迈克生于阿基亚克，就在贝塞尔的上游。他刚到中年，每年三月都会驾着雪橇参加爱迪塔罗德狗拉雪橇大赛，跨越一千一百英里的冻土，经受数周的暴风雪和低达零下一百华氏度的严寒。他和我谈政治、种族和种族主义。迈克和这个三角洲上的许多人一样，曾经是一个酒鬼。现在他驾着雪橇穿越阿拉斯加，是为了一个规劝年轻人不要酗酒的计划。我见他仪表堂堂，结实得像个树桩。整天开会让他厌烦，他只是礼貌地等待州长托尼·诺里斯在大会上发言。

州长讲到，阿拉斯加为它的定居者而骄傲，这些定居者是来自加利福

1　英文作Gussaq，源自Cossack一词，尤皮克人和库皮克人用来指高加索人。1784年，第一批白人移民由现俄罗斯地区来阿拉斯加定居。

尼亚、俄勒冈、俄克拉何马和得克萨斯的垦荒者。这时，我见史蒂夫眯起眼睛。众人为州长的讲话鼓掌，之后就轮到我发言。我说，我想要纠正州长的错误："在这里定居的是尤皮克人、库皮克人、因努皮亚特人、因纽特人、钦西安人、特林吉特人……"我尽量不去看州长，但那不太可能。他和他的夫人就坐在我的正前方，只有几步之遥。这两位一动不动，面无表情，呆若木鸡。一个想法在我心中掠过，他们就像结冻的北方，我不禁想笑。想到自己给自己找的麻烦，假如想在灌木丛中开设克莱门特课程，州长大概不会帮什么忙了。

似乎是为了证实我对前景的担忧，州长和州长夫人会后与很多人握手，唯独没有与我握手。于是我走近他，对他说我的更正并不是故意要贬低他，只不过是为了准确记录史实或更正某些怯懦的传言册。他听了一言不发。我不需要太担心，因为过了一会儿，我与迈克·威廉姆斯握手时，从他的笑容里我知道，在育空-库斯科昆姆三角洲必定会有克莱门特课的。

事情并没有那么容易。第二天，代表们被邀请乘坐美国邮政的气垫船沿河而上。船上没有座位，气垫船离下面巨大的浮冰只有几尺，前进时发出巨响。途中，我与前一天午餐时遇到的埃尔希·马瑟交谈，我们谈到把人文科学教给库皮克人和尤皮克人。她是著名的尤皮克故事和语言的权威。我们相谈甚欢，一路上向对方叫喊，压过气垫船的噪声。我敢肯定，她会成为我们的课程指导。第二天，开会讨论这个课程时，她没有来。我再也没有见到她或听到她的消息。我后来才知道，她的教会领袖告诉她要把精力花在让人们皈依莫拉维亚弟兄会上，而不是教授尤皮克人文课。埃尔希·马瑟是一个很出色的学者，她的教会不认同我们的课程让我感到非常难过。

气垫船在阿基亚克停下时，那里并没有码头，我向船侧望去，只看见高高的荒草，再过去就是河岸，河岸离船不过二十英尺。乘客们翻过船侧，我以为他们会掉在冰河里，没料想，人们穿过草，走上岸。我等着大部分人都上了岸，看到没有人掉到水里，这才翻过船栏，站在草里。这一下我更加吃惊了，发现自己被厚厚的草包围着，脱离水面。我一离开草，站在河岸上，反倒陷了下去。我的鞋原是为了在城市街道上行走的，一下陷进及膝的泥里。

晚上，在贝塞尔社区中心的地下室用晚餐，所有对课程感兴趣的人都坐在长条桌前。这群人是史蒂夫·林德贝克召集来的，优托安（露西）·斯巴克和塔库克（西西利亚）·厄尔罗恩都来了。州民主党和贝塞尔社区的人排队领餐，晚餐用纸餐具装着，从屋子尽头的一个小窗口递出来。史蒂夫和优托安催我快去领餐，我于是去排队，轮到我时，盛菜的人把像是肉汤的东西盛进我的纸碗然后问我要不要加海豹油作为调味。一个女子隔着两个人喊道："不要放太多，他是个哥萨克人。"服务员笑了，给我的肉汤里加了一汤匙食用油似的东西，还给了我一块硬饼干。

我加入了史蒂夫和优特（优托安的昵称），跟他们坐在一起。优特是个迷人的女人，语音柔和，略带沙哑，举止非常温和。与大多数库皮克人和尤皮克人不同，优特并不遵守族中的传统——别人说完话等十秒钟再发言，以显示好教养。这个传统的用意是，给说话的人时间，让他或她决定是否还有话说。刚开始与本地人交谈时，这真是令人紧张。开始塔库克（另一个绰号）遵守传统做法，优特很有礼貌，不过对话的速度是西方式的。她的丈夫哈罗德·斯巴克已经去世。斯巴克1968年来到阿拉斯加，娶了本地漂亮的库皮克姑娘，在这里定居，后来成为育空-库斯科昆姆三角洲最具实力的政治家和社会活动家。

库皮克人和史蒂夫看着我品尝调加了海豹油的驯鹿肉汤。我吃过的食物或者药或者我自己最恶心的东西中，从来也没有哪一种比这种汤更令我难以下咽。那种味道用水或是饮料都不能冲淡，嚼硬饼干、薄荷或者糖也去不掉。我作呕时，优特解释说，尤皮克人住得离海很远，弄出了这种从海边长途运到贝塞尔的海豹油。在运输途中，海豹油不能像鱼或莓子一样腌起来，于是变了质。这种变质的油味成了远离大海的人们的美味，我吃的就是这个。

有人把令我恶心的食物拿开，换上一碗没加佐料的驯鹿肉汤，说："这会让你清爽起来。"这汤有一种温和的味道，可那肉却是我吃过的最硬的东西。优特说："老鹿。"桌边的人全都笑了。

我想今天遭的罪就到这里了。这时，鼓声响起，库皮克人和尤皮克人用长长的苇草在罩在大铁箍上的鼓皮上打出节拍，声音很尖，但是也有变化，要看打的位置、方向和力度。鼓声很独特，因为苇草的声音多少有些尖锐。它比拉科塔人或阿帕奇人的鼓复杂，但是又远没有非洲"会说话的鼓"那么多变。传统的库皮克、尤皮克舞蹈包括面具舞、头饰舞、扇舞和歌唱，很美很复杂。优特坚持要我加入的舞蹈可不是很美。库皮克和尤皮克在部族大屋里一起度过阿拉斯加漫长的冬季，这种舞蹈经过好几百年，甚至好几千年发展出来。这种大屋一般屋顶很低，很狭小。舞蹈由跪着的男人和站在他们身后的女人跳起，每个人都和着音乐的节拍或者歌谣挥手。我跪的姿势不对，在歌唱者讲故事时，我也不会学鸟飞或是狼捕猎的样子。优特有五个孩子，其中还有三胞胎，她对我的笨拙无知表现出极大的耐心。可是，过了不久，她也放弃了，我们回到座位上，我们的同伴讽刺地为我们鼓掌。

那天晚上，我与不常来饭店的记账员聊过。他是墨西哥人，来自阿拉莫斯，这个饭店的主人就在那里避冬。我有一个想法，因为贝塞尔有些人懂西班牙语，可以把本土克莱门特课程的教授从梅里达请到贝塞尔来，讲一讲这个课程对原住民的影响。史蒂夫和优特还有塔库克·厄尔罗恩——后一位最有可能成为三角洲的课程指导，同意了我的建议。将给库皮克和尤皮克师生介绍课程的，不是我这个年事已高的哥萨克人，而是一位年轻英俊的玛雅老师。我给梅里达的米格尔发了个邮件，他同意从加勒比海出发，来到几百英里之外的白令海峡。

在课程介绍上，米格尔比我强得多。当他离开育空-库斯科昆姆三角洲之时，切瓦克已经决定设立克莱门特课程。切瓦克是一个六百人的村落，坐落在河岸上，这条河一直通向白令海。

我回到安克雷奇，飞越群山，返回贝塞尔，沿河北上来到阿基亚克，这里有一个非同寻常的会议。我遍寻有关库皮克和尤皮克文化的书和文章一一读过，准备与优托安、塔库克和尤皮特学区图书馆馆长阿丽丝（乔·斯赖茨）一起开始工作。了不起的优亚库克（乔·罗迈克）参加了这次会议和多个前期会议。乔曾经参加过贝塞尔机场的建设，当了很多年保健员，现在已经退休，成为库皮克和尤皮克族的长老。在阿基亚克的会上，库皮克和尤皮克课程被命名为Yaaveskaniryaraq（意为“向前以获得智慧”）。当我们讨论课程时，库皮克和尤皮克文化的复杂性开始显露。我们讨论到基督教的上帝与库皮克和尤皮克文化中的神及Ellam Yua有何不同。大家花了很多时间帮助我理解这个基本概念：它是库皮克和尤皮克思想的核心。

我听到很多人类学家对它的描述，包括专业和非专业人士。它被说成是鱼，是风，是了不起的人，也有点像印第安苏族的伟大神灵（Wakan Tanka），或者其他简单古老的泛神论。一位参会者举着装咖啡的纸杯，说它如同哥萨克（白人）的上帝的概念（基督教里的Agayun——神）。尤皮克和库皮克的主张是Ellam Yua，这个词有时被译为“神”，不过它并没有这个意思。Ellam的意思是“意识”“世界”“宇宙”；在另外的场合，意思是“户外”“天气”“空气”。Yua是更为复杂的概念，它是Yuk的所有格，意味着“人”，而除了自己之外，人在自然界还能拥有什么呢？

尤皮克语中有与意识对应的词，与心智对应的是另一个词，还有专门表示大脑的词，并且还有Yua这个词。据塔库克说，如果谁在冻原上看到一截浮木，他或她必须把它翻过来，把另一面亮出来，这是给木头的Yua的恩惠。如果人这样对这块木头，有一天，这块木头也会对这个人做同样的好事。狩猎和种植也遵循一样的原则：海豹、鲟鱼、鲱鱼、驯鹿、驼鹿、黄莓，一切有生命或无生命的事物，都有Yua，应当善待。这是否属于泛神论？愚蠢？或是一种道德体系？康德会怎么说？这是不是绝对命令的翻版："总要做到，使你所遵循的准则永远同时能够成为一条普遍的原则。"

Ellam Yua这两个字代表着形而上的意思，这个概念我认为与苏格拉底之前的理性最为相像，通过比较它和其他我熟悉的概念，我尝试着理解它。中美洲的奥梅提奥托，特洛克-纳瓦克（近和远），意指无所不在。

优特说，"看得见和看不见的"，描述了一个作家说出来和没有说的一切。我想我理解优亚库克所指，但是，每当我提问或试图形容那些眼神、手势、微笑的示意，我会既兴奋又困惑，不能把思想与人们的生活联系在一起。

好几个迟到的人陆续到达，他们之前去上游土鲁索克参加了一个葬礼。这时，为了摆脱似乎是一种难以理解的东方哲学，我会赞同任何一种观点。优特请迟到者讲一讲他们从哪儿来，他们也不推辞，告诉我库皮克和尤皮克关于来世的观点，他们视来世如同沿基亚克河而下，进入冥河。在世的人的思想产生了旋涡和回头浪，基亚克河从此而来。永恒？当然。这时我才意识到，为切瓦克人开的克莱门特课会很复杂，程度应当与玛雅的不相上下。

我在阅读和思考玛雅文化上花了很多时间。我可以为玛雅人开课，也可以为纳瓦族开课，但阿拉斯加的情况很不同。我从小没有接触过他们的语言或关于其文化的书籍，我甚至不会用乔的语言跟他交流。对于尤皮克或库皮克文化我知道得太少了，甚至不能参与课程的设计。那么，这件事谁来做呢？

玩笑一样的开始，到后来却成了一个重要的议题。我和迈可·克劳斯见了面，他是阿拉斯加大学本土语言中心的主任。我们谈论语言与文化，优特·斯巴克给我们当翻译。我坐在她家的地上，听乔·罗迈克讲述库皮克和尤皮克的观念，听了好几个小时。因为这种语言是一连串的，说的人几乎可以给一个字加上无数的前缀，说话者越流利，用的前缀就越多。乔似乎喜欢一气儿加上十多个、二十多个前缀。优特流利的语言使她在大多数谈话中非常自如，这时却要十分努力地翻译他的意思。我们都知道，一经翻译，原意损失殆尽。我坐在那里，觉得听见了一个正在走向沉寂的世界。如果应当拯救语言或只能拯救它部分的复杂和精妙之处，就需要拯救这种说话的方式。他们将课程命名为Yaaveskaniryaraq（意为“向前以获得智慧”）。

为了引起库皮克人和尤皮克人对课程的兴趣，优特、乔、塔库克、史蒂夫和我乘坐小飞机飞往阿基亚克。这是我第一次坐在驾驶员旁边，但我一点也高兴不起来，因为我看到飞机启动上跑道时驾驶员在咬指甲，他试图在起飞时让机翼与地面保持平行，然后沿着河往北、参考地面上的标志飞往阿基亚克。我们到达时，乔和两个女人用尤皮克语对地方电台讲了些话，我用英语介绍了一些克莱门特课。

这就是课程建立的开始，跟村子里以往任何的教育项目都不一样。所幸的是，乔和优特与塔库克的讲解非常令人满意。我们在贝塞尔又进行了一遍。

身为长者，乔很受敬重，他圆圆的秃头和亲切的脸让他看上去并不精明，是我见过的知识渊博的人中最谦和的一位。去海边的切瓦克时，乔和我一起坐在飞机的后面，双引擎小飞机由密封胶带缠绑着。

寒冷的气流从老式飞机铝壳的缝隙里穿过。乔和我谈话，部分原因是为了暖和身体。他说英语时，总是直截了当，直指问题核心。快到切瓦克时，我问他，冬天位于白令海边的这里会有多冷。

他说："零下一百华氏度。"

"到零下一百华氏度的外边去会怎么样？"

"会死。"

乔瞥了一眼我打算在泥地里穿的系带靴子，他穿的是胶鞋，里边套了好多层袜子，他用两个手指吃着阿库塔克点心，反对大量喝水，也不在乎在桶里小便。我接受了他在穿胶鞋和喝水上的建议，作为交换，我不停地问他道德和形而上的问题。当我们遇到概念上的问题时，塔库克和优特就会来帮忙。乔是基督徒，属于莫拉维亚弟兄会，但是，只有在库皮克和尤皮克的世界，他才感到快乐。

* * * * *

下午观看切瓦克舞蹈时，我和乔这个不会跳舞的秃顶胖老头坐在一起。村子里的人来到乔面前，他们说库皮克语，做出尊敬的姿势，送给他食物和新鲜的海豹油。他下午乘飞机离开后，我就把剩下的时间花在讨论库皮克的道德上。外人看似泛神教的东西被这样解释：如果你冬天在冻原上看到一块木头，你要把它翻过来，这样它才会被太阳晒干。于是这木头的Yua会报答你。我进一步问其中的含意，塔库克解释说，干木头也许会被下一位旅行者用来生火。

那一晚，我和他们在切瓦克过夜，在卡书那缪特校区的楼里，躺在体操馆里的垫子上，盖着被子。当地一户人家供我伙食，开车送我到学校去，我坐在一辆四轮车后面的铁栅栏上。天气非常冷。

第二天，我们与可能要参加课程的切瓦克学生及老师开会讨论。我又坐在四轮车后面，这车真的需要有个垫子。不过，有了太阳就暖和多了，我很高兴，因为暖和、海边清新的空气。我很信任乔，他离开时，似乎整个世界就此消失了。我远眺大海，想到他曾经告诉过我，方向只有两种，一是朝着大海，一是背对大海。后来，谈到Ircinrrraq世界时——也就是库皮克和尤皮克的小人国时，关于这个国度的问题产生了。那个世界与我们的这个世界是一样的吗？或是相反？Ircinrrraq世界现在有时被说成是小人国，就像爱尔兰传说的矮精灵。但教授克莱门特课的库皮克和尤皮克长者对此有更传统和更复杂的理解。这些载歌载舞、创造奇迹的人在库皮特的矮屋里得到了灵感。

我努力去听、去读，但也只能明白少许身边发生的事情。第一次与未来的学生和老师开会，一位坐在我身旁的青年说起一位坐在桌子对面的年长妇女。他说：“我是她的母亲。”我自作聪明地点头，知道这只不过是对哥萨克人讲的笑话。事实上，并非如此。库皮克的亲族关系如此复杂，与欧洲文化完全不同。一个年轻男子可以是一个老年妇女的母亲，我简直像来到了梦幻世界。

显然，我没有能力帮助设计这种“向前以获得智慧”的课程。这应当是塔库克和优特的工作，再加上乔·罗迈克和另一位长者保罗·约翰，似乎也不太可能让参加课程的学生获得大学学分。这门课由两位库皮克女人设计，她们都受过两种教育。但是，她们只是中学教师，不是大学教授。我寄希望于泰德·凯瑟帮助我解决问题，他是阿拉斯加大学的教授。在我回到贝塞尔之前，以及从贝塞尔去安克雷奇的路上，我都告诉切瓦克的人，我会跟泰德争取这件事。

这个过程有些长，在阿拉斯加的规矩是，高等教育机构决定原住民能学到什么样的课程。这一次恰恰相反，我们的课程属于一种Ircinrrraq教育的世界。我对泰德说了此事，他的学术领域是西班牙文学，不是语言学也不是人类学。但是，他愿意看看塔库克会教什么。我告诉他，课程的内容会是库皮克文化和语言，但是仍然按照之前的克莱门特课程教法，分五个科目，我们先要将整体内容划分归类。当塔库克把课程设计交给他时，泰德请她做些调整，以便和州大纲一致。她做了些改动之后，泰德把这个课程的学生成绩纳入了学院的学分统计。

“向前以获得智慧”的课程进行了六年之后，阿拉斯加大学跨文化研究教授雷·巴恩哈特告诉我，这个课程在阿拉斯加被很多部落引进。可是，继续库皮克/尤皮克课程遇到了各种各样的困难。优托安·斯巴克迁往安克雷奇，塔库克·厄尔罗恩受着风湿病的折磨，乔重病在身。优特和我时常交流，试图平息切瓦克两个传统部族的分歧。我给卡书那缪特学区打了电话，优特与阿拉斯加人文论坛新任执行主任会面。从安克雷奇经由贝塞尔去切瓦克的机票变得非常贵，长者们一个一个地离世，故事开始失传，要么就是被复述得奇奇怪怪。不过，“向前以获得智慧”的毕业生懂得了EllamYua世界的一些事情，并且可以说流利的库皮克语了。我们的工作没有就此结束，还有下一代人，也许还有下下一代……

第十章
布宜诺斯艾利斯的塞万提斯

他们的音乐厅是座还没有完工的水泥建筑，要跨过一条污水沟才能到达。那天早上下着雨，雨水流进水沟，冲走了大部分臭味；水流很急，褐色的水淌在长着苔藓的沟里；在水沟的一边，穿过泥泞，有条石板铺成的小路；石板浮在泡透了的泥地上，因此通往远处那座建筑的路更加难走。

还没来暖气，室内要过很久才会暖和起来。演奏者并不理会寒冷，这群人年纪最大的不过十四五岁，最小的才8岁。他们在一起排练，指挥亚德里安·克洛斯是一位瘦削、热情的青年，他采用了委内瑞拉的何塞·安东尼奥·阿布莱乌的音乐教育法。他们奏了悲伤的布宜诺斯艾利斯之歌《卡米尼托》，《卡米尼托》是探戈音乐中最令人感伤的一支，讲述一条蜿蜒的小路向远方伸展，一去不回，就像爱人一样。乐队由小提琴、中提琴和大提琴组成，他们虽然在一起合奏过很多遍，但有时好像各有各的指挥一样，合不上拍子。不过，甜美而悲伤的旋律仍然显现出来，犹如他们自身生活的注解。后来，他们又弹奏了欢快的谐谑曲和庄重的《威风堂堂进行曲》。十七位乐手已经合作十八个月了。

一位提琴手反戴着棒球帽，另一位把毛线帽拉到耳朵上。最小的孩子坐在提琴席上，最漂亮的女孩两膝之间竖着大提琴，任由乐声包围着她。

五个演奏者，包括年纪最大的在内，他们的父母都是克莱门特课程的毕业生。雨还在下着，拉斯土纳斯这条街没有下水道，只有一条排水沟，自来水直接流到街上。在这里，孩子们演奏着德沃夏克，他们的父母读过霍布斯、奥特加·伊·加塞特、科塔萨尔、洛尔迦和加西亚·马尔克斯；他们会欣赏米开朗琪罗、戈雅和毕加索的画，他们的孩子在演奏德沃夏克和贝多芬。尽管我不确定他们是否知道歌词或心怀期待，他们在奏着《彩虹之上》。

《卡米尼托》是一首令人难忘的曲子，从我第一次来布宜诺斯艾利斯起，它就伴随着我。当时，克劳蒂娅·帕拉迪诺公寓里，学生们或坐在椅子上，或席地而坐。这是座高层建筑，几乎能俯瞰全城。克劳蒂娅是克莱门特课程的资助者之一，她请学生来品酒、吃酥皮饺子、聊天，更多的时候是唱歌。克劳蒂娅的一位朋友，梳着浓密的金发，她的妈妈是一位探戈舞蹈家。喝酒时，大家请她唱歌，她同意了。她唱了很多首歌，都很好听。可是，她一唱起《卡米尼托》，整个房间的气氛就变了。我坐在她和克劳蒂娅的儿子伊其基尔之间，他看起来有十六七岁，黑头发，已经是位英俊的绅士，谦和有礼，深谙音乐。舞蹈家的女儿放声唱着，在半明半暗的公寓中她身姿绰约，学生们坐在窗前，在这座码头大城市的背景前留下一个个剪影。帕特里乔·格雷汉还拿着爱尔兰护照，他父亲的国籍是爱尔兰。他坐在学生中间，身材魁梧，四肢粗大，能让遇见他的人立即就喜欢上他。虽然他已不再担任神职，但是也没有完全停止这类工作。克劳蒂娅是位官员的遗孀，她自己也非常成功，利索可爱。像格雷汉一样，她把做好事当成自己的职业，也像他一样，她很认真。她带着布宜诺斯艾利斯的口音，学生们也一样，他们的西班牙语发音清脆，像流水一样。

我身边的女子唱《卡米尼托》时，开始只有她一个人深厚的声音：“因为你离开了，再也不回来……”“……你不久就会变成一道影子，像我一样的影子。”随后，其他人也加入了，他们低声哼唱，几乎整个房间都随之振动起来，让人领略到布宜诺斯艾利斯港穷人的音乐——探戈之中的无尽悲伤。几天前，在提格鲁城拉斯图那斯拉丁区的地区发展中心，这里位于布宜诺斯艾利斯北边，我和学生们见面谈话。我请克劳蒂娅和帕特里乔提供给学生博尔赫斯的《皮埃尔·梅纳德：堂吉诃德的作者》和塞万提斯原著开头的一些章节，以及原著的第三十七章。这样，我们就可以讲堂吉诃德是如何因为读书太多而发了疯。他们还会知道塞万提斯声称这部小说是根据找到的手稿写成的，他们也能够把这一点与博尔赫斯笔下皮埃尔的创作联系起来。第三十七章中的说法会令他们发笑，因为他们在上人文课，而堂吉诃德却在这里说，当兵是比研究人文更好的选择（老西班牙人称人文为研究律法）。博尔赫斯的故事会让他们知道故事发生的时代，并理解伟大的小说可以超越不同的文化，甚至语言。

我用这个问题开始：“西班牙语里最出名的话是什么？”教室里一时安静下来，全班都在思索这个问题和提问题的人。然后，一个学生举起手来，回答说：“在曼查有个地方，地名不用提了，不久前住着一位贵族。”这是《堂吉诃德》的开头。我问有没有人能解释一下博尔赫斯是怎么讲这个故事的，对话于是展开。几个问题过后，他们就理解了博尔赫斯故事的重要性。在这个故事里，皮埃尔一笔一画写出《堂吉诃德》，确实像原创，但是再完美的复制品也比不上原作。

我问：“对于阅读伟大的作品，博尔赫斯是怎么说的？一个伟大文本现在的样子，可不可以跟几百年前一模一样？我们怎样解读？我们应当对它有怎样的期望？”我给他们看我手中精美的《堂吉诃德》西班牙皇家学院版本，那是为了庆祝这部作品诞生四百年而出版的纪念版。“你们现在还觉得这本书是塞万提斯写的吗？”

他们还有些迟疑。

“那它一定是皮埃尔·梅纳德写的了。”

“不是。”一个学生说。

“当然不是，这是我写的。”

他们笑了，开始理解博尔赫斯所说的，同样的语言在不同的时候会成为一本不同的书。“是对不同的读者而言吗？”一个学生问。

“你觉得呢？”

然后，我们转向前面的章节，在这里塞万提斯定下了这本书的结构。他们开始发现，这本书在很多方面有所创新，虽然它的语言很简单。第二个小时的课，学生们的热情有些减退，于是我请他们翻到第三十七章，我问：“这节课的名称是什么？”

“克莱门特人文课。”

“第三十七章讲的是什么？”

“军事和法律。”

他们读的那一版没有脚注说明写作《堂吉诃德》的时代。人文是法律的同义词，我提供了注解。之后，我们开始讨论那段对话。对话中，堂吉诃德证明，为建立和平而研究武器，远远比人文（法律）好，后者的目标是建立公正。和平——在悲伤的骑士看来，与耶稣的目标最为接近。

“塞万提斯真的这样认为吗？”

“他当过兵。”一个人说。

“他是个作家。这本书到底是关于塞万提斯还是悲伤的骑士？塞万提斯想让我们相信这是真实的故事？或者只是讽刺？”

之后的谈话就围绕着讥讽和结构展开。我们在小说的结构上花了很长时间，因为这本书如此普及，但是好像结构并不重要。这只是一个幻想家的故事。阅读中更难辨别的是讽刺的问题，以及是不是所有的喜剧小说都是讽刺的，还是说讽刺小说才是唯一的喜剧？他们还没有读过柏拉图，因此对讥讽了解得不多。可是，他们围坐在桌边，带着各自的生活和故事，也许他们会想，一个人大老远从美国跑来，用笨拙的西班牙语给他们上课，就像来自西班牙无名之城的冒险家一样，具有讽刺的意义。

两天之后，在弗朗西斯银行的礼堂，维维安娜·巴雷图、圣安德列斯大学学院院长爱德华多·齐默尔曼博士，还有我，开会讨论人文课和对穷人的教育问题。齐默尔曼将负责历史课，他和另一位教授都很风趣、讲得很好。不过，最有口才的人却是塞万提斯课上的学生维维安娜·巴雷图。听众中有个人说自己是富人社区的代表，一道高墙把富人区与拉斯图纳斯隔开。我提议说，该在墙上凿个洞。之后轮到维维安娜讲话，听众们盯着她，他们本以为她会惊慌、笨拙甚至粗俗，可是，她让他们吃了一惊，整个下午，她都表现不凡。在回应高墙另一边的富人时，她的表现是如此优雅。她没有建议打破隔阂，她也没有提到这堵墙，她只是谈起真正的财富，她说：真正的财富属于懂得人文的人。

虽然维维安娜雄辩滔滔，我也为她请求过，但圣安德列斯大学的校董并没有接受她入学，他们坚持入学要有常规的学科成绩。法学院长马丁·博默、爱德华多·齐默尔曼院长、哲学系的荷赛·路易斯·加利米迪都教授了拉斯图纳斯的人文课。虽然如此，圣安德列斯大学仍不准许修完课程的学生入学。最后维维安娜设法在另一所不那么有名、也不那么在乎只收富家子弟的大学注册了。她成绩很好，在上学期间就成为当地发展中心的工作人员。

有天晚上，修完课程的毕业生来访。他们坐成一圈，谈论学到的东西，维维安娜也在其中。那是八月初，布宜诺斯艾利斯的冬天就要结束。但是天气仍然多变，夜晚很冷，冷雨时时打乱春天的进程。谈话那天晚上，街道与水泥楼房之间的水沟里涨满了水，一不小心脚下一滑就会引起灾难性的后果，小道上铺的石板在泥上浮动着，我们一边聊天一边想，不知到聚会结束时，这条路会变成什么样。雨很大，天马上就黑了，楼里更加阴冷。克劳蒂娅和帕特里乔说了几句，把我和我的妻子希尔薇亚介绍给大家。前几节课我们讲了博尔赫斯，讲故事里套故事的结构。现在他们都毕业了，他们终于能够想一想，从当初决定离开他们原来的生活轨道，进入远离拉斯图纳斯贫民区的世界的时刻起，他们发生了哪些改变。

并不是所有的毕业生都来了。不过，还是有不止二十五个人步行或开车冒雨赶来。一个坐在我身边的女人这样划分学过人文的人和没学过的人之间的差别："穷人和可怜人的世界。"她是学生中年纪最大的，现在已经当上了祖母，她为进入青年交响乐团的孙子感到十分骄傲。她穿着棉服，五官轮廓分明。这位拉斯图纳斯的祖母说："人变老了，但还是要继续成长。"她说话字斟句酌，听她说话，你会感到秩序、清晰而慈爱。她脱去外套，给我妻子盖在腿上。她们用眼神交流，两位做了祖母的人都有着西班牙血统。学生们看着她们，听她们已经改变的口音，感到非常自在。

一位英俊的年轻人坐在一位相貌平常的女人身边，他们是夫妇。他说他从课程中学了很多，他又重新讲起柏拉图的《洞穴隐喻》。那位囚徒出现在山洞里，装满了他在阳光里发现的知识，希望能把它带到下面的监狱里。英俊的年轻人说："但是你不能指望去酒馆改变那些醉鬼的生活，他们不会知道你在谈什么。我这样做（继续学习人文）是为了让我的孩子和我自己变成好人，给我们带来好生活。"接着他们又谈起招生是多么不容易，比起整天在工厂或商店干活的劳累，恐惧是阻碍他们前进的更大障碍。我们是让人们从悬崖边迈出一步，进入另一个世界。

* * * * *

现在，在克莱门特课程已开办十五年之后，我们夫妇才认识到，学生们不只有情趣，或者能力，还有英雄气概。我妻子说起上课的第一天，相当于摆脱了围困的外力，进入到人文学科的光明之中，“这样做很勇敢”。

一个学生讲起自己生命的开启，其他人接下了这个话题。他们讲起人文科学好比一串打开世界的钥匙，使他们进入拉斯图纳斯这个小小的世界。在这里，人文科学教他们如何解决问题。这些问题困扰着他们，破坏了他们的生活，他们也说起诗歌、美术和历史展开的辽阔世界。一个男学生说：“我已经活了四十年，再也不要浪费下一个四十年。”

我来到中心的第一天，克劳蒂娅把一个男人介绍给我，他站在楼前松过的土地上，我不知道他在那里做什么。他很瘦，秃顶，大概五十岁，他的面部轮廓很温和，说话有些含混。他在翻过的土里种了蔬菜，他说他当了一辈子花匠，现在他成了一名教师，教贫民区的人们种菜。他想把浪费的土地变成能种菜的土地，营养学家桑德拉·齐克拉为他提供协助。他上过很多堂克莱门特课，不像那些年轻女人，她们疑心重的丈夫一节课会打来三四个电话。他专注于对话，如同专注于土地一样。他好像是单身，说话的内容像他的语调一样温和、模糊。晚上，当所有的毕业生坐成一圈，他把我叫到一边，告诉我，在所有的课程之中，他最喜欢哲学。

与毕业生们交谈之后，我们夫妇与西尔维亚·华格纳聊了一会儿。在所有的课堂里，还没有谁像西尔维亚这么特别。在讲博尔赫斯和塞万提斯的课上，她发言最积极。现在，她坐得离我很远，在园丁旁边，在狭小的图书馆里长桌的另一端，离开那些总接电话的女人。我那时并不知道，劝西尔维亚来上课的正是她的丈夫。他送她来上学，好像她既是他的妻子也是他的被监护人。他们结婚很多年了，他了解她，熟悉她的梦魇。

她出生于帕切科，是一个比拉斯图纳斯大，但是一样破败的贫民区。13岁时，她就因为父母离异而辍学，离开家来到拉斯图纳斯。她没有说，她离开是为了找一个新地方重新开始，还是为了逃避失败。人们说起她，说她那时正在反抗世间的规则。这个目光如火的女孩，长着一头红发。她说起自己的生活，一点儿也没有悔意，她的生活就是那样。她说得很直接，很简要，看似狂野，实际是拼命想抓牢什么，避免贫穷的悲剧。她不想被关在笼子里，她不能受到限制。

不久，这种狂野的生活就变成了勉强的生存，她和一个男人生了两个儿子，那个男人把他们母子称为自己犯的“错误”。接着，又是生存的挣扎，孩子的父亲不愿意养他们。他住得很近，却根本不愿意去看望他的这些“错误”，他一毛不拔。她到政府那儿求助，想迫使他抚养孩子，但依旧无济于事，因为他们根本没有结婚就生了孩子。他们母子全靠着教母的帮助才活了下来，教母请他们吃饭，一周四次。其他时候，他们只能吃豆子。孩子们的父亲结婚了，跟新娶的女人生了孩子。

西尔维亚出去工作，帮人整理家务，也在商店里卖过服装。后来又去帮佣，再后来在工厂里找到一份工作，那是最差的工作，不需要什么技能，工资很低——她只管擦地。一个月只挣四百五十比索，但是她脱离贫困线需要两倍于此的数额。她当了十年单身母亲，年轻时的凶悍都用在了拼命保护自己的孩子上面。

后来，如同服满了刑期或得到了减刑，十年的单身生活结束了。她没有提起过浪漫故事，也没有说起叛逆女孩以前的生活。突然之间，一切就结束了。她嫁给了一个能完全接纳她和孩子的男人，他劝她赶快回到学校去，上完中学。他们又生了一个男孩，现在她有三个孩子，开始了安定的新生活。但是她闲不下来，她在图书馆里当志愿者。这个工作与她的顽强和叛逆很相配，她很乐意在书和读者之间工作。她很满足，没有再多的要求。她有了舒适的生活，也许是平生头一遭。这时克劳蒂娅·帕拉迪诺告诉她，圣安德列斯大学的教授要来这儿教课。起初，西尔维亚拒绝了。

回想起当初，她说："有些记忆，女人一生都会珍惜。克莱门特课程开始的时候，我正处于生活中的一个困难阶段。我丈夫坚持让我去试试，看看究竟是不是太晚了，我就去了，我永远感谢他的坚持。因为，从此以后，发生了一连串的事情——我有了办公室的工作，有了学习的渴望，这种渴望一直在沉睡着，却没有被忘记，我拥有了工作的能力。"

她说起教过她的教授们："他们从来也不说谁有错。他们总让人们讨论文本，用苏格拉底的方法，他们使我努力思考，想得脑袋都要冒烟。"她笑了。我们轻松地交谈，她成了一个热爱人文学科的人，领导其他人工作。2007年，她成为课程协调员，并且在毕尚河私营心理学院开始学习。她已经学了三年，还差一年就能为特定人群工作。"如果我同意再坚持两三年……"她说着笑起来，笑自己野心勃勃。她已经40岁，大儿子已经20岁，小儿子才7岁。我初次上课就看出她像多年以前一样凶猛。我肯定，她仍然觉得人文科学比打仗更有意思，不管塞万提斯怎么说。

西尔维亚和我们夫妇走出小屋，向汽车走去。雨还在下，又密又冷，小路上的石板在泥水上浮动，没有月亮，什么也看不见。西尔维亚在我妻子身边搀扶着她，帮她在浮动的石板上走稳。告别前，我们拥抱对方。我们已经是老朋友了，不只是老师和学生。一个勇敢的尝试引向另一个尝试，人文科学不会熄灭火焰，反而会使它烧得更旺。即使在大雨滂沱的黑夜里，我也能看到她眼中的火焰，而大雨也不能淹没她火红的头发。

第十一章

查尔斯顿：打破隔离的墙

人们说在查尔斯顿[1]有一堵墙。当地一位历史学家第一次这样说时，我对她说，我之所以愿意去查尔斯顿，部分原因是，我要在墙上凿出一个洞。历史学家望着我大笑起来，她盯着我看了好一会儿："好吧，我相信你会的。"

在隔离查尔斯顿黑人和白人的墙上，我没有凿出洞来，可是他们做到了：玛丽·安·科利博士、特莱登特技术学院院长玛丽·桑利，以及查尔斯顿传统基金会的成员。他们请我们师生前去参观城中的历史遗迹，是他们为黑人打开了一扇可以穿行的大门。玛丽·安·科利功不可没，学生们说，她是他们的天使。

我们在查尔斯顿机场见面，我向她慢慢走过去，试图通过她的外表来判断今天会过得怎么样。我原以为她的年纪会大一些、装扮朴素、态度严肃。眼前的她却年轻、时尚，出乎我的意料，我仔仔细细打量着她。我刚刚在肯塔基州列克星敦一所老牌大学里遇到些烦心事，所以不想对这次访

1 查尔斯顿，是美国南卡罗来纳州的港口城市。

问判断失误。

我能看出什么来呢？一张充满了好奇的脸，并不幼稚，却有着孩子的天真。她正在恋爱之中，这一眼就可以看出，但恋爱的对象是哪一位呢？我自己笑了，笑自己仅凭表面就做出种种判断。她以为我在向她笑，也报以微笑。她举着一本我写的书当作名牌。她的话是个安慰：“是的，你来对了地方。欢迎来到美国南方。”我走近才看出使我做出种种复杂判断的是她的头发，她的头发很密，剪得很短，像男生一样。但她不是男生，她的容貌和姿态不带一丝男人气。

癌症。

她会告诉我这个吗？我该不该问？问一位年轻女士化疗应当要注意什么？她在简短而正式的通信里并没有提及这些，正是这些通信使我们在此时此地相会。我见到她本应当高兴，现在却感到十分不自在。从列克星敦到查尔斯顿的飞机又小又破，我的同座是有名的查尔斯顿镇公所博物馆的馆长，他为旅程增色不少。我很高兴终于到了地方，可是一想到将要谈及癌症又不免开始担心。我刚做完几个月的化疗和放疗，我喜欢这两样事情的程度还不及生还者训练班上的诉苦和抱怨。我认为，人们要么康复，要么没有康复，而只有后者才能给出可靠的医疗建议。

她轻松地和我交谈，没有提及任何重要的事情，只涉及这一天的安排。她安排的日程并不轻松，没有给癌症病人或假装已经治愈的人留下互相怜惜、嘘寒问暖的时间。我后来才了解到，她并不讨厌问候，她只是讨厌挫败。我喜欢她。可是，我想，她处理问题的方式也许太温和了，也许应付不了开设克莱门特课程的种种问题。也许是南方女人极富教养的优雅口音，让我误以为她很柔弱。只用了几分钟，谈话就进入了工作的正题。我看得出来，她志在必得，这位温和的教授有的是热情和办法，也有克服困难的决心。我觉得要是有谁能在南方开设克莱门特课程，那个人就是她。

过了很多年，我们才再次见面。那时，玛丽·安和特莱登特技术学院的筹款人卡丽·汤普森来纽约参加一个颁奖典礼。玛丽·安那时已经在查尔斯顿出了名，是全国有名的教师；她同时也十分擅长为克莱门特课程招募学生、筹款、做宣传。我们的交流主要依靠网络，她偶尔也寄来毕业典礼、课堂教学和她组织各种筹款活动的录像带。她靠这些捐款支付图书的费用和教师的报酬、为贫穷学生买食品、提供交通费、购置和维修电脑等。她是天生的作家，文笔优美，乐于写作。我知道她的宠物和朋友的名字、她婚姻的缺憾和终结。她写诗，最喜欢14世纪的波斯诗人哈菲兹，他的作品在她生活艰难时给她安慰，在她思考工作的时候给她启示。特莱登特技术学院、克莱门特课程和其他活动的工作量超出负荷，她破除冷漠和不公这堵墙的能量、意志和决心令我感到惊奇。

最初在看似不可能完成的筹款活动中，有一项是为愿意买点心或演出票的人表演才艺并提供咖啡，她发给我一段演出的视频。查尔斯顿克莱门特课程的学生们充当演员，募来的大部分款项都花在他们自己身上。钱并不多，但玛丽·安从中学到，她需要用全部精力来筹钱。院长玛丽·桑利全力支持克莱门特课程的主张和玛丽·安的工作。但桑利手里的是一所有六万名学生、多所分校的学院，她需要依靠一个官僚机构来管理它。

像所有的官僚机构那样，这个机构也不完美。夹在玛丽·安·科利和玛丽·桑利之间的一些人并不支持她们或克莱门特课程，或者任何破坏她们心目中完美世界的安排。这个使她们感到安慰的宇宙是她们自己想象出来的。桑利无法插手保护科利和克莱门特课程不受官僚主义的干扰，否则她就要解除整个学院的行政机构。一个有六万名学生的学院，行政管理需要玛丽·安细细料理，无论是咖啡馆的细节还是学院方面的事情。她不仅要跟没有受多少教育的穷人打交道，也需要时时关注夹在她和院长之间的人，他们像极了狄更斯小说里的保守人物。

咖啡活动并没有带来企划者预期的收入，但是它使学生有机会展示他们的能力，他们可以站出来，可以唱，可以朗诵诗歌，可以演奏萨克斯。黑人女孩福歇健壮得像小山一样，她在台上唱了《奇异恩典》，她的声音浑厚，但并不像专业歌唱家那样咬字，她跟着音乐祈祷，有时没有跟上。即便没有跟上伴奏时，歌声仍然打动人心，仿佛她并不是在咖啡馆唱歌，而是在唱着黑人的历史。他们来自西部非洲，带着种稻子的知识，被迫为奴，与其他人隔离，他们说的是嘎勒语，做的是非洲西海岸流行的沃洛夫饭。但是他们没有获得自由的希望。奴隶制废除很久之后，他们仍然滞留在稻田里，就像在不可企及的孤岛上。人类学家为嘎勒语着迷，却对说它的人无以为报。他们住在围栏隔起来的稻田里，是最后一批离开种植园的西非人的后代。监督他们劳作的人被称为赶水稻的。福歇唱的《奇异恩典》承载着历史。在美国南方东海岸，就像一些说嘎勒语的人靠着节庆和为白人表演为生一样，福歇也要凭借人文课程求得生存之道。在这个原本不是咖啡馆的咖啡馆里，她就像一颗明星。

玛丽·安继续与现实抗争，为课程寻找资金。学院的行政部门不给她资金上的支持，官僚们仍然坚持要她把争取来的一部分课程资助交给学院。她有时会怀疑，自己还能否坚持下去，与院方的问题很严重。虽然行政部门想出无数方法阻碍克莱门特课程，却从来也没让玛丽·安认为自己应当放弃此事。这是明摆着的，不管多么微妙，学院管理方也为这个课程而自豪，更何况还有玛丽·桑利。虽然桑利院长不能让玛丽·安或课程超越规章制度，但是绝不会让条条框框破坏这个课程。

玛丽·安通过办音乐会、演出、美术展览和卖咖啡筹来资金。她组建了一个有才干的教师团体，她和老师们把对话的课堂变成了富有人文精神的生活。学生们去博物馆、参观历史遗迹、到萨姆特堡上历史课。他们观看表演，自己也表演。在这里，饿肚子的人总能得到食物，受伤害的人总能得到安慰。一个无家可归的拉科塔人从栖身的桥下赶来上课，一位爵士乐手努力戒除毒瘾，终于战胜自己。哈利法克斯的课程指导玛丽·卢·赖登告诉我，阅读《奥德赛》帮她筹集了两万块钱。我把这件事告诉了玛丽·安，她于是也在查尔斯顿开展起类似的阅读活动。

玛丽·安参加民间俱乐部，在电台和电视上露面与南卡罗来纳人文委员会取得联系。如果自己不能说服人们支持课程，她就把学生们带上。到了为下一年招生的时候，她会让上一届克莱门特课程的毕业生来帮忙。最好的招生干将是费利西娅·艾林，她在查尔斯顿的一所学院继续完成学业，同时在地方电视台的制作部门做全职工作。

* * * * *

费利西娅·艾林生在华盛顿的西雅图，她全家都是“典型的白人至上主义者”，我不久前还跟她聊天。她曾经体态臃肿，甚至肥胖。为了照相，她才把浓密的棕黄色头发盘在头顶上，这就是她最整洁的样子了。到我们谈话的时候，她的身材又苗条起来。她淡棕色的皮肤光滑亮泽。她说话很快，一句接着一句，不时提到她潜心学习的专业。她已经学了三年，记忆滚滚而来。她回忆起以往疯狂的生活，显露出成熟和改变之后才有的悔恨，而这种改变会永远继续下去。

她说：“我妈妈跟一个黑人有了孩子，她很害怕，离开西雅图去了波特兰，生下了我，又把我带回西雅图，我就在西雅图长大。我妈妈全家是种族主义者，她是爱尔兰人。1968年，她爸爸是三K党的首领，全家都是新纳粹，而我就在其中，跟他们不一样，是羊群里的黑羊。

“直到我21岁时，我才见到我的生父。我妈在廉租房里独自把我养大。你知道，我们住在城南的廉租区，那儿住的都是黑人，类似种族隔离。他们把我送到白人的学校，但是学校并不想要我。廉租区很糟糕，东西总是被偷，居民被袭击，最后帮派也出现了，很可怕。我记得小时候总是提心吊胆，常常躲在壁橱里。邻居要么在叫喊，要么就开枪，我吓得跟什么似的。而我妈在酒吧上班不在家，她是单亲妈妈，要做两份工作。我就一直躲着，躲在所有的衣服下面，一边躲着一边哭。那真是太吓人了。”

费利西娅长成少女，头发变直了，皮肤光滑。她学会打扮，漂亮迷人，虽然有时也会咄咄逼人。可是，即使她长大了，童年躲进衣橱的经历也难以抹去。

她说："真奇怪啊，我遇到的麻烦真多。从中学辍学，加入帮派，惹乱子……法官说，我得参加职业教育计划，不然就得进教养院。于是我就进了。我参加GED中学毕业考试，这是我第一次参加这样的考试，转身就得到一个中学毕业的同等学力。后来我又被博伊斯州立大学录取，在那儿读了一个学期。有天晚上我去俱乐部，乐队正在演奏，他们是从俄勒冈的波特兰来的。我问他们认不认得一个叫艾林的人（真是巧了），我就这样见到了我的父亲。

"我从职业教育计划毕业，去了波特兰，事情那时才发展到最坏。我跟一个男的混到一起，他为说唱明星图派克·阿玛鲁·沙库尔卖毒品。沙库尔的带子里总提到他，他就是大盖托。我开始跟他约会，他教我吸毒、抢劫、开枪等疯狂的事情。他就是图派克说唱里的那种人和事——图派克是兄弟帮的人，很出名。盖托是地道的傻帽儿，他比我大，我那时二十二三岁吧，他30岁。

"帮里有个人要服刑两年，我们给他开了个大烧烤会。我妹妹一直请我去这家伙的家里。结果，在那儿我屁股中了一枪，子弹打穿了膀胱。我在医院里待了八个钟头，就是我出生的那所医院，他们把我救活。我完蛋了，问麻醉师：‘你们能把我救活？’”

那是一场混战，她中了枪。开始的时候，费利西娅正在冰箱边拿烧烤用的东西。她和不少人都吸了大麻。又来了一些人，费利西娅说他们的装扮很吓人，像里士满匪帮，从波特兰来，抢劫这里的钱和毒品。他们荷枪实弹，要屋里的人交出所有的钱。她觉得，对方以为他们会乖乖地把钱交出来，但是，一个人拔枪就打。费利西娅在枪战中受伤，躺在那儿流着血，眼看着两个男人被打死，那是她晚上要约会的相好和另一个本地匪帮的男人。

她说：“我醒来时，我姐姐来看我。我刚动完手术。”她说，“我要搬到北加利福尼亚去。”她第二天就搬了。她吓坏了，因为她赶上了枪战。“有一个人抢毒品贩子，还在一个男孩头上开了一枪。那个人现在死了。不过，是他杀的人。他因为在波特兰和俄勒冈开枪杀人上过好多次报纸，他很出名，我记得他好像是1999年死的。

“大概过了一年半我才痊愈。之后，我真是吓坏了，就和我姐姐搬到了夏洛蒂。”

她在一家玩具店找了份工作。在那儿，她遇见一个女的，说服她辞了工作去给一家公司卖户外电子标志。她接受了那家公司的训练，来到了查尔斯顿，开始了类似游牧的生活，旅行、卖标志。但是，她发现外人进不了生意圈。“如果你没有熟人，或是认识一些人，你根本就进不去。”她最后由唯一买过她产品的客户把她带进了他的生意，那是家夜总会。买卖很好，可是后来发生了枪击事件，夜总会关门大吉。

熟人给她出主意，让她申请残疾人救济。“救济来得正是时候，那时有人跟我说起住房补贴，我就拿到残疾人救济和住房补助。也卖点儿毒品，因为我只知道怎样卖毒品。

“我刚安定下来就接到电话，我父亲死了，我垮了。一天早上醒来，我看见冰箱上有个吸大麻的塑料管子，里边还有药。我就拿了过来，实际上我喜欢这样。就这样，我又吸毒上瘾。我不用去外边从毒贩那儿找毒品，因为我自己就拿得到。我没有活下去的愿望，流落街头。我开始卖毒品、卖淫、骗人，在旅馆和吸毒场所进进出出。”

她搬去跟母亲同住，最后因为携带可卡因被捕。她被判了四年，其中九十天在监狱，其余监外执行。一从监狱出来，她又开始吸毒，再次被捕，被送上法庭。法官再次网开一面，送她去戒毒，可是警告她，要是还不规矩，就把她送回监狱服完四年刑期。费利西娅说：“这让我害怕，我打算乖乖听话。还没有人在查尔斯顿戒毒中心成功戒毒，我待了十二周就出来了。我的心理辅导员告诉我，我要么是世界上最厉害的骗子，要么我是真的戒了，从此就会出类拔萃。”

和戒毒所心理辅导员的谈话改变了她的生活。她说：“我不知道是怎么回事，我冲口而出：‘我要去上学。’”然后，辅导员拿出一张小广告，说：“这儿有个克莱门特课程，刚好是为你这样的人设计的。而且——你知道吗，你在特莱登特技术学院上课。”

“我当时就想到，哦，天哪，自从1986年来我就没再进过学校的门。上帝保佑我一次就通过了中学考试，我也不知道是怎么回事，我就是通过了。所以总是有人告诉我，上帝救了我，对我另有安排，被枪打中却没有死。

“以后的事你都知道了，我参加了克莱门特课程。我要接着上大学，需要考试，我得分很低，好像刚擦着边。所以科利博士让我坐下来，问我：‘你真的想上学吗？’

“我知道我不想回到街上去，也知道我不想再吸毒了。这一次，我真是干干净净，我就说：‘是，我想。’她说可以。我最后得了B，我向自己证明了，是的，我可以回到学校。

“在课堂上教师从来没有说过这样的话：‘不对，那个答案是错的。’而总是说：‘让我想想，我知道你为什么会这样说。’总是这样，老师们都是这样。我太感谢克莱门特课程了，于是就当了志愿者。这时，一切才真正开始。科利博士想让人们来参加克莱门特课，我刚好能做些事情，我跑遍了我以前住的地方，挨家挨户敲门，发宣传页。我告诉街头卖毒品的人：‘听着，如果你在监外执行，最好参加这个，因为它能证明你是清白的。’

“而他们会说：‘哇！你真是完蛋了。’接着会问：‘你想要什么？’”就这样，她就有了一个申请人名单。

“我相信了克莱门特课，我读完那个小册子（特莱登特技术学院招生简章）——我打开它之前还祈祷了。打开它后，我看见里面的电视和电台广播专业。我做到了。我有两三次受到系主任的表扬，我毕业了，平均成绩是三点几学分。

“你知道，我是克莱门特课的辅导员，我们开始学莎士比亚时，好像在读另外一种语言，这真让人感到意外——学生们为什么一下子就理解了。他们在谈奥赛罗，我看着他们，心想，哇，这简直太棒了，学习、理解、交谈，这些学生简直太聪明了。

“我是说他们（老师）教我们的方法，就像一个大家庭，现在我去查尔斯顿学院，通过这里的学习，我被全美广播公司的新闻四频道录用。你要是来见经理或导演或是任何人，不是我吹牛，他们会说，感谢老天，我们拥有费利西娅。

“我的生活完全改变了。我从来也不相信我可以再上学，因为我不是个好学生。周围的人对我说：‘你应当好好上学，因为你要上大学，将来为社会做点事情。’我一点也不想上学，我只想由着自己的性子来，我只是到处瞎撞。我小时候担惊受怕，我向自己保证，我再也不用担惊受怕，于是变得凶悍起来，开始变坏，上哪儿都带着枪。我想，可能就是在这儿出的错。

“我拿到了特莱登特技术学院的学位，然后去查尔斯顿学院学传媒，获得了文学学士学位。我想当记者，我结了婚，过得很好。

“当科利博士第一次见我时，我很害怕、很怯懦，我不相信自己，没有自尊。克莱门特课最好的部分是在后来，我得到了毕业证书，看着它，我知道自己完成了。还有爱，我总是对科利博士说，对我来说，她就像个天使。”

* * * * *

有时我和玛丽·安天天写邮件，有时又一连数周得不到她的消息。一到这种时候，我就开始担心，给她写信。我不知道她怎么有时间写那些文雅又亲切的信，这些信展示了克莱门特师生们的性格。我妻子把学生们称为真正的英雄，他们从贫穷的困扰中走出来，和塞尚、雪莱为友，敢于梦想。

在查尔斯顿，坐过两次牢的男人跟他的两个小孩坐在一起读《奥赛罗》。玛丽·安也在视频里，画面里她在教学，不过只有短短几秒钟的镜头。她明白他们到这里来，需要打破什么样的墙。她问的问题很难，但是实实在在。他们带着艾滋病、带着酗酒的记忆，来到这里读莎士比亚和查尔斯顿的历史。他们说起“那堵墙”，费利西娅说：“在查尔斯顿，即使在一间屋里，也总是白人坐在一边，我们坐在另一边。而在克莱门特的课堂上，大家坐在一起。”

* * * * *

2010年12月17日，我正在写这一章时，玛丽·安·科利写来这封信：

嗨，厄尔：

哥伦布街（帕尔默校园）不断出现奇迹。如果你不相信存在更高的力量或圣诞老人，你真应当改变一下。你的克莱门特课一次又一次被不知从哪儿冒出来的好人搭救，这是我遇到过的最离奇的事，你真应当来好好看看，还会出什么事。这是最近发生的一件事。

在捐助今年毕业活动的信封上，我贴了圣诞节的即时贴“致______自______”，我们收到了一千一百美元的捐款。

桑利博士每年为特莱登特技术学院基金会组织大型作家晚宴以及不记名拍卖。卡丽打来电话，问我要不要拍卖乔纳森·格林签名的作品，她说卖画的钱会给克莱门特。我就请乔纳森帮忙，他给了我一张价值约四千美元的签名作品。我花钱配了画框，就当是自己的一点心意。我也会在拍卖会上当义务的招待和义工。

报纸上也报道了乔纳森·格林亲自到场参加毕业式。我还收到了以前南加州大学上司的来信。我在那里读研究生、当助教的时候，卡罗琳·马塔林负责全部英语课程。她和丈夫退休后回到了查尔斯顿，她想为我们教授写作课；她丈夫是古典文学教授，想要教授莎士比亚戏剧；二人都想帮助募款。

卡罗琳认识一位南加州大学的驻校剧作家，此人现在也退休居住在查尔斯顿。他来参加了毕业式，表示愿意将爱伦·坡的独白写成剧本，他想跟克莱门特课的学生一起讨论，写作剧本并制作演出。

查德的导师——查尔斯顿的两位教授，与桑利博士见面，商谈克莱门特课程与查尔斯顿毒品法庭合作的事宜，把当事人送到这里学习而非送去监狱。

圣诞老人会对此如何想呢？

昨晚，我参加了毕业式，默想着两句话，一句是："没有爱的真理是残酷的，而没有真理的爱是滥用感情。"我的意思是，克莱门特课程不是滥用感情。我的学生就在真理的刀锋上行走，千真万确。他们如果后退，就必死无疑。如果在真理的刀锋上能够立足，他们就会发现这句名言的真谛："我的屋子烧掉了，我才得以看到升起的月亮。"这句话对我来说确实如此，对我的学生也一样。真理能够杀人，也能够救赎。

我已得救，
玛丽·安

第十二章

玛雅之城和墨西哥城

小鲁茜

我9岁时，在埃尔帕索市立图书馆书架的尽头偶然看到约翰·劳埃德·斯蒂芬写的一本书，讲他在尤卡坦半岛旅行的事。我立刻迷上了这本书，从此再没有放下对中美洲的兴趣。后来，另一次邂逅促成了马亚-胡纳伯·库文化课程的建立，教室在圣安东尼奥西禾小村一栋水泥房子里，距离尤卡坦和坎佩切边界的卡尔基尼遗址不远。那时，我乘坐小型飞机从墨西哥城前往东部的梅里达。我和邻座的年轻人聊天，他说："你到梅里达安顿下来之后，应当给我父亲劳尔·穆尔吉亚·罗塞特打个电话。"他是联合国发展计划署在这个岛上的负责人。我记下了电话号码和人名。飞机降落了，我跟他握手告别，各奔东西。两天后，我打了个电话，穆尔吉亚有点不耐烦，但还算客气。他问我要在梅里达待多久，然后说好在我离开之前见面。

我原本以为对方只是一个联合国的官僚，没想到他长得瘦高，胡子有些花白但修剪得很漂亮。他的笑带些苦涩，让我想起了古巴社会主义作家豪尔赫·瓦尔斯。瓦尔斯曾经入狱二十年又四十天，因为与他的革命战友卡斯特罗意见不合。穆尔吉亚每说上几句话就会发表一些奇妙的讽刺，而且说的时候，自己也在笑。与瓦勒自始至终的严肃不同，穆尔吉亚招人喜欢，而且他十分坚强。我们一见如故。

我们谈起克莱门特课程，当时课程在纽约刚进行一年多。他没有费时间客套，或夸奖这个课程，他单刀直入，执行力强——这是他生活中的一贯作风，问课程效果如何。他的哈哈大笑把犹豫扫荡一空。我们定下日期去巴利阿多利德见豪尔斯·科科莫·佩什，佩什是一个显赫玛雅家族的后裔，他本人很有影响力，我们打算请他帮忙找上课的地方，再找二三十个学生，同样我们还需要教师。

我和穆尔吉亚都同意，我们要把玛雅的人文课教给玛雅学生。我会帮助设计教学内容，课程以著名的“玛雅圣经”《波波尔·乌》为基础。我们当然也要讲其他重要的作品，但《波波尔·乌》是根本——融文学、道德哲学和历史于一体的形式，堪称神奇。

几天以后，我们出发前往巴利阿多利德，那是一座可爱的小镇，靠近索生。玛雅人说，索生原本是世界的中心。我们把车停好，走进一家旅店的酒吧，等候科科莫·佩什。方才行车时下着小雨，此时变成了倾盆大雨，街上全是积水，我立刻明白了为什么两边的便道比公路要高出好几尺。雨下个不停，穆尔吉亚和我一边谈话，一边喝着龙舌兰酒等佩什。喝呀喝，比约定的时间过去好几个小时了，科科莫·佩什才带着两个小伙子进来。两个小伙子看起来像是服务生。我们一起喝酒，谈得并不顺利。

我们没有再跟科科莫·佩什合作，而是去了小小的圣安东尼奥西禾村，联合国发展计划署在这里有一个种植草药的小项目。穆尔吉亚召集了一小群年轻男女来听我讲开设玛雅人文课的事情。就是在那里，当我讲苏格拉底方式和助产士的概念时，我告诉学生，我会当他们的助产士。有位年轻女子面露惊恐，向后躲闪，好像我是洪水猛兽。穆尔吉亚连忙解释，我的意思是对话方式，不是真的接生婴儿。我们都笑了。很久以后，这位来上课的女人才明白我当初的意思。

回到梅里达，我们要召集教师，穆尔吉亚先要找到课程主任。这一步十分重要，与美国的课程主任联系之后，他请亚利桑德拉·加西亚·昆塔尼拉来到他的办公室。亚利桑德拉·加西亚·昆塔尼拉是位历史学家，在北卡罗来纳大学获得了博士学位，她的英语完美，不带口音。尽管我和妻子很喜欢她，把她当成亲姐妹，可她却不苟言笑，在穆尔吉亚的办公室里很拘谨。她身材丰满，黑卷发，穿着传统的套头连衣裙（玛雅服装，白底绣花的袍子）。我用她称之为塞万提斯式的断断续续的西班牙语解释这门课，她仔细听着，没有发表任何评论。她的表情悲喜交加，可是她严肃的目光却让穆尔吉亚讽刺地称她是齐齐美卡人（住在贫瘠的墨西哥北方的玛雅人，阿兹特克的先人，被西班牙人征服的最后一族）。

她同意担任课程指导，但是我们还需要招募老师。我们要找的人，可以把人文和种植玉米、豆子和菜瓜的小农场联系起来，把人文和森林联系起来，林中会有苋菜和其他野生作物、小鸟，甚至小鹿。西尔维亚·德兰是本地受人尊敬的植物学家和民族学家，正适合担任这个教职。

教师中还缺一位关键人物，如果没有他，亚利桑德拉、西尔维亚·德兰、劳尔都无法将课程推进下去。第二天，这个关键人物——米格尔·安吉尔·梅就来到劳尔的办公室。梅比我们都年轻，穿着之随意令我们自愧不能。他出生在尤卡坦，所以在闷热和潮湿里也怡然自得。他三十来岁，不过头发已经花白，穿着马甲，显得骄傲甚至大胆。米格尔虽然有些怀疑，不过还是愿意尝试。他嗓音低沉言谈文雅，像个学究。他愿意教授玛雅语言和玛雅文学，古典的和现代的。最后我喜欢上了他，甚至也喜欢上他拘谨的笑容。

* * * * *

第二天，穆尔吉亚和我去了西禾。我在那里学会了墨西哥式的大笑，一边摇头一边拍腿的大笑，之后的十多年里我一直笑得这样肆意。劳尔召集了村里二十来个年轻人，听我做介绍。其中一些人在联合国计划署的项目里工作，另一些人仍然跟家人住在一起。我们开会的建筑是一栋水泥房子，不大，宽十英尺，长二十英尺，还没有盖完，电压不稳，没法连接电子设备——这些设备需要稳定的电流。墙上留的窗洞需要用木板挡上。我建议使用的长桌，其实是由很多张小桌子拼起来的。将要入学的学生，坐在各式各样的椅子上，多多少少都能挨到桌沿。劳尔把我介绍给大家，然后，我开始为大家讲解这个关于玛雅人文的课程。这个题目我知道一些，小时候在埃尔帕索公立图书馆，我已初次涉足。

不过，我们先要把水泥房改造成教室，才能开始上课。那一排小桌子连带椅子，都是学生从家里带来的。那些桌子是吃饭用的饭桌，学生们把家中主要的家具带到这里，让我们用它们来上课。那天晚上，我给纽约家中打电话，告诉妻子这一天的事情。听了那些桌子的事之后，妻子说她自己有个银行账户，虽然不多，但是足够买些椅子，也许还能买张桌子。梅里达正好刚开了一家沃尔玛的山姆会员店，我和穆尔吉亚去那儿买了塑料椅子、聚合板的桌子、一面可以挂在墙上的黑板。这些设备足够让我们施行苏格拉底的接生术了。

又过了好几天，我和教职员上了劳尔宽敞洁白的客车。那是我记忆中最热的一天，水泥房里闷热极了，甚至好几个梅里达本地人也说热得头晕。教师们个个大汗淋漓，但是都讲了话，并且讲得很好。民族植物学家西尔维亚很谨慎地展示了她对本地花卉的丰富知识，而且没有伤害本地学生的感情；亚利桑德拉滔滔不绝，讲起历史来好像在朗读现成的文稿。接下来轮到米格尔发言，他的瓜亚贝拉衬衫熨得十分平整，洁白的衬衫映着他深棕的肤色，显得极为凉爽，他张口就是纯正的玛雅语，那种声音和语调仿佛来自祖先。他把学生从午后的酷热带入清凉的记忆，让他们想起这里原来的样子。在受到侵略之前，在腐败发生之前，那时森林里长着高大的硬木，玛雅的土地还属于玛雅人自己。

劳尔和亚利桑德拉建议其中五分之一的课程教玛雅人说玛雅语。在此之前，我还有些畏惧。这件事想来有些荒唐，我觉得用英语教说英语的人毫无问题。语言的微妙、表达的美、一切文化曾经表述过的思想都有可能存在于英语之中，自我记事起，我就难以舍弃这样的想法。英语是我一生中最亲密的东西。家里人说，我在婴儿床里刚会坐就开始说话，我深信不疑，而且这是我一生中唯一相信的：语言创造了人类，真正的婚姻是语言创造的人文的誓约。虽然我懂一些拉丁语，一点儿希腊语，不少西班牙语，但是在这些语言里，我不能发现完整的人类历史，只有一些歌谣、很多对历史的嗟悼、一些辩论和一些主张，但是这些不是全部，只有英语是我的。

一个学生小声求我，好像觉得这是一种有罪的背叛——他求我教他说英语。要是我没看见米格尔发言，没有看见学生们喜爱语言中自己的存在，喜爱自己语言的声音，我可能会同意教那个孩子说英语。他喜欢英语，像一个店员或是一个会计那样喜欢。我会同意教英语，支持这个主张，因为我就可以教他们。而这另外一种语言，这种正在消亡的语言，对我来说没有什么意义。只是当我看到，听到玛雅语的玛雅学生的面孔，我才有了劳尔和亚利桑德拉的认识：一种语言就是一个世界，即使这个世界消失了，它仍然在语言里继续存在。

不久后，我去了帕伦克。这座辉煌的玛雅之城，坐落在恰帕斯，曾经是卡帕尔大君的都城。卡帕尔大君指挥军队发起战争，摧毁并征服了一座座城市，学者们将他比喻为玛雅世界的恺撒大帝。这一次，我登上了通向宏伟建筑和墓穴的高耸台阶，之后又沿着小溪进入了森林，这些小溪是城市的水源。我看见一种蓝色的蝴蝶，这种颜色的蝴蝶是我从来没有见过，也没有想到过的。几个月后，我翻查了玛雅语词典，才发现其中对蓝色蝴蝶的定义竟多达九种。而《波鲁瓦西班牙语词典》对蓝色的定义只有三种，这意味着，如果不使用玛雅语言，那六种蝴蝶就会从世界上消失。

在那个闷热的夏末午后，人们挤榨灰叶剑麻，把它搓成长条，残汁引来成群的苍蝇。在这个下午，我开始认识这个语言的世界。而在环绕卡帕尔大君之城的森林中，我懂得了人文的含义。

与美国不同，玛雅的人文课为期三年。劳尔·穆尔吉亚是个苛刻的赞助人，不允许拖沓、浪费，也不允许偏离他所批准的严格的课程范围。对于联合国发展署在墨西哥南部的所有项目，他都这样要求。相比纽约懒怠的官僚作风，墨西哥的穆尔吉亚真是雷厉风行。如果他朋友的公益项目缺乏表现，他会取消资助。他的目标是提升人们的生活，谁要是没能达到这样的目标就会受到警告、再警告，然后被抛弃。他就像古巴的乔治·瓦尔斯，不同的是瓦尔斯信奉宗教，瓦尔斯祈祷，而劳尔在行动。像瓦尔斯一样，穆尔吉亚也深受政府腐败之累，只是没有那么严重，时间没有那么久。他们两个人都在教世界上最贫穷的文盲学习读书写字，都无所畏惧，一个人靠着上帝的慈悲，另一个对生活中的讽刺付之一笑。

* * * * *

西禾村的第一次聚会过去将近十年之后，梅里达成立了一个组织，专门为尤卡坦半岛的穷人提供开放的教育。该组织的领导者是教育秘书处的荷赛·桑齐兹。这个组织及其工作由发起者组成的理事会监管，理事会包括两名前墨西哥大使，墨西哥国立自治大学和尤卡坦大学的顶尖科学家，以及我本人。尽管穆尔吉亚是教育平等联盟的背后推手，但是却不在理事会之内。前墨西哥驻加勒比海国家大使鲁兹·艾琳娜·加西亚任主席，我的好友亚利桑德拉·加西亚·昆塔尼拉也是关键人物。我在邮件中回复她，第一次开会时必须有玛雅人参加，否则我不会接受邀请。我推荐了米格尔，还有两位西禾村的毕业生。亚利桑德拉与鲁兹·艾琳娜、桑齐兹、劳尔商量了一下，之后告诉我就按我说的办，可以去买飞机票。

开会的前一晚，大家在安巴贾多拉·布埃纳的家中吃晚餐，我因此有机会在大学举行正式会议之前结识其他理事。第二天清早我到达会场的时候，米格尔以及我的玛雅人文课学生鲁茜·济，已经坐在那里了。我和米格尔紧紧拥抱，小鲁茜站了起来，我和她多年没有见面，很高兴能在这里见到她。我们为重逢而兴奋地拥抱、欢笑。她送给我一个用玻璃珠串起来的小鳄鱼，笑着说："我们在广场上卖这个。"我记得当初她是学生里个头最小的，甚至比一起上课的妹妹还矮，那时她很害羞，要让她开口讲话真是困难，尤其当村里的其他女孩和几个小伙子都很爱说话的时候。这位玛雅赫米恩的曾孙女现在与大使、大学的领导以及教育秘书处的人共坐一桌，真是令人吃惊又不安，轮到她发言时将会怎么样呢？

我坐在桌子的另一头，挨着主席安巴贾多拉·布埃纳。安巴贾多拉的另一边坐着心理系主任，他带了摄像机，把它支在三脚架上。他对大家说，他要记录这次理事会。因为我态度坚决地要求玛雅人参加会议，所以鲁兹·艾琳娜便请米格尔·梅率先发言。米格尔先用玛雅语祈祷项目受到保佑，然后念了一个他还没有发表的短篇故事，用的是西班牙语。既然我们在玛雅的王国，我请他至少用玛雅语朗读一部分，他照我说的做了。他的朗读捕获了所有的听众，因为像以往那样，他读得慢而清楚，似乎在欣赏着那些发音。大家对朗读和故事都报以热烈的掌声，之后安巴贾多拉邀请小鲁茜发言。

她刚参加课程的时候，说一口带着浓重玛雅口音的西班牙语，听起来怪怪的，有点像德国人说西班牙语。如果不熟悉这种口音，或者在当地人说西班牙语时冒出的玛雅词汇，你会觉得这种话有些难懂。墨西哥城的一些知识分子会残忍地模仿玛雅人说西班牙语的口音。鲁茜面前的这群人，就可能在当晚的饭席上边饮酒边模仿她的口音。我有点儿担心，毕竟我了解玛雅人经受的种族歧视。

小鲁茜站起身来，站立时比坐着高不了多少。她比我以前见她时长胖了一些，脸很圆、很宽，她的天真不带一丝狡猾，班里没有比她更害羞或者更可爱的人。她迟疑了一下才开始讲话。我有点儿想去营救她，这都是我惹出来的。

她开始说了，说的是清晰、准确的西班牙语："我有一个PPT展示。"

满座皆惊。谁也没有想到，来自偏远山村的一个小女子会做PPT，并且西班牙语讲得这么好。她说起村中的几位妇女建立起一个组织，她们追求男女平等，渴望扮演新的角色，尤其渴望终止对妇女的言语和身体虐待。她的讲述引起了听众的共鸣，正在录像的心理学家突然向她飞吻。她一讲完，我就上前致谢，我说，我多年来一直都很喜欢她，现在更是爱上了她。听到这种热情洋溢的祝贺，大家都笑了。会后，在大学花园里举行了午餐会，每个人都想找机会挨着鲁茜坐。

因为她的演讲，以及桑齐兹与亚利桑德拉·加西亚·昆塔尼拉的努力，教育平等联盟成了一门课程，玛雅学生的学习尤其出色。教育平等联盟起初是为讲西班牙语的人开设的西方研究课，为玛雅人开设的多门课程用玛雅语言和习惯教授，这些并不是常规的克莱门特课，而相当于它的表兄弟，或是孩子：给穷人的财富。我写这本书时，尤卡坦大学正在开一门课，昆塔尼拉在培训全省的乡村教师，让这些教师能够教授玛雅的语言、历史、文学和哲学。昆塔路省也开设了同样的课程。小鲁茜成了妇女组织的领导者，在一个始终不承认妇女的社会中，谋求男女平等，这一直是克莱门特课程在墨西哥推动的最惊人的改变。从这个课堂毕业十二年后，她详细讲述了自己的生活和工作。我说不上她的力量和见识有多少是来自这个课程，我请她讲讲她自己的故事。她用清楚、响亮的西班牙语讲述着，这位来自小山村的女人说的话让我初次认识到人文自我批判的重要性。

“我叫玛利亚·鲁茜·罗塞尔瓦·齐·土库齐，1975年9月9日，我出生于尤卡坦的圣安东尼奥西禾村。我在村里的小学读到四年级，因为家庭困难而辍学。我妈妈有病，我需要帮助她照顾弟弟。我不愿离开学校，因为我喜欢上学，我十分想学习，可是我不得不学做家务。我要学会做饭，还要学刺绣等。我非常难过，但不得不这样。过了不久，我就开始卖自己绣的衣服，挣到一些钱。虽然不多，但也帮助了家里。

“我15岁的时候，听到国家历史人类学院为成年人开了一个课程，不过这个课是为扫盲而设的。我虽然很想学习，不过我不想再回到小学。我参加了一个妇女组织，一共有十四个人。这个组织的名字叫‘来吧，女孩’，我们盖房子，教育儿童。22岁的时候，我听说了玛雅文化课（克莱门特课程），一听他们说起这个课程，我就开始留心，因为我想继续学习。但是临到开课的时候，我又觉得自己不行，因为看到我们要学的种种科目，我就想，我一直没有读书写字，已经把学习的事放在一边很久了。

“我们组里有四个女孩要去上学，还有三个，包括我和我的妹妹，也想去，但是没有准备。比起朋友来，我觉得自己很差。她们有中学毕业文凭，而我只上到四年级。（虽然如此，她和她的妹妹，还是参加了介绍会，在会上，我和劳尔介绍了课程。她们决定先上几课再说。）

“我学了玛雅历史和玛雅文化课的全部内容。这个课让我继续学完了小学和中学的课程，不过我们是一群成人学生。我学习了一些玛雅文化之后，就想了解更多，特别是亚利桑德拉讲的课。我学了历史课、玛雅日历和象形文字，认识到重新获得这些曾经失传的知识是多么重要。公立学校不教这些东西，没有人提起这些。虽然那儿也有历史课，但截然不同，没有米格尔所讲的玛雅人的重要地位，也没有玛雅文字的读与写。这对我的影响非常大。

“我最感兴趣的课是历史，玛雅文阅读和玛雅文写作。这使我懂得了玛雅历史上的很多事情，懂得了我们被边缘化，懂得了我们作为玛雅人处在社会的底层，而那些说西班牙语的人什么知识都有，什么权利都有，有种种机会。学习了玛雅历史之后，我知道不应该这样。我们的历史、我们的文化、我们的语言和传统应当与西班牙的地位相当，我们不是下等人，不应该被放在底层。我开始为玛雅的出身而骄傲，我知道，我找到了自己的身份，我说玛雅语，我成了玛雅人。

“我说西班牙语时带着玛雅口音。我是玛雅女人，为其他妇女的权利而斗争，争取平等，男女平等。我为此而感到自豪。

“当你重新找到了自己的根，吸取了对自己有益的东西，这样的事就会发生。是在克莱门特的课上，我有了对自己文化的基本了解，这些知识是通过阅读（印第安史诗）《波波尔・乌》和其他文本获得的。了解了我的文化之后，我立即全心投入我所爱的文化之中，它与别的文化不同（西班牙的或是西方的）。在那些文化里我是客体，而在我的文化中，我是主体。

“我们这个‘来吧，女孩’组织教育儿童，我们认为儿童代表着未来，我们的目标是把儿童培养成有行动力的人，善于行动，能够做事。他们要成为全面的人，不光要学会如何运用头脑，还要学会如何感受，如何表达。不光有头脑，同样也要有心灵。

“我们在教育孩子，但是我们能发现，他们一回到家里，我们说的事情根本就不存在：有自己的名字、去上学、得到善待。我们说他们有权利，可是一回到家里，他们什么也没有。我们在学校教的，像是在对孩子撒谎，我们意识到，要和每一个相关的人合作。在这件事上，这些人是孩子的父母。于是，我们开始在妇女们身上下功夫，我们就孩子的事情召集她们开会。这时我们才注意到妇女并不尊重孩子的权利，这不是因为不知道或者不在乎，而是糟糕的环境不允许她们承认儿童的权利。我们因此很气馁，因为我们看到自己的工作并没有真正起到推动的作用。于是——我想是在2005年，我们在镇上做了一项调查，这次调查的结论是：我们在谈儿童的权利，但这些权利也适用于妇女。当我们认识到这一点，就看到主要的症结：妇女们没有工作。

“我们提倡社会参与，因为那时候参与社会的只有男人，女人不能参与决策，那是男人的事。所以，我们开始行动。社区里没有健康中心，偶尔会有一个护士，或是一个公共卫生负责人，一个医生或是一个医疗助手。要想看病，你只得上别处去。这是一个重要的需求。

“同一年，也就是2005年，我们还组织了一次妇女论坛，发现对她们而言最重要的是什么。她们需要一个可以去的地方，一个说话有人听的地方，需要一个了解她们生存环境的人。于是我们开始了其他方面的工作：增强领导力、在经济上帮助她们、建立营利的组织。每个小组由五到八名妇女组成，她们有的编吊床，有的做手工刺绣，有的用机器绣。

“成员们在一起刺绣的时候，会谈论自己的权利和健康。现在我们一共有七个小组：五个在西禾村，一个在曼尼——那里靠近梅里达，一个在特科。组员是四十到六十岁的玛雅人，她们有自己的营利活动。她们养鸡，我们在一起的时候，就谈这些事情。我们和她们一起工作，支持她们进入社会，在公共的空间活动。我们谈论性别、平等、产品质量、如何销售、如何与丈夫相处、如何教育孩子，我们帮她们解决很多问题，甚至参与作为女子应该做的很多事情。我们使她们能够投入传统工艺制作，也使她们能够参与社区生活、在公共场所发言等。我们不要求她们死记硬背我们说的事情，我们帮助她们用自己的方式争取。这就是我们为妇女们做的工作。”

圣安娜特拉科腾科

要想在墨西哥城找到利夫拉多·希尔瓦·加莱纳的家，你非得是个天才不可，而且需要卫星定位系统。1968年，墨西哥政府建了一座足球体育场，俯瞰足球场的半山街道因此全被打乱，那年之后，没有一个出租车司机能找到利夫拉多居住的那条街。我会告诉司机：“照着这个走。”我递给他一串详细的说明，可是，我们还是会走丢。三十分钟的路程，我们会走上一个多钟头，这中间要停下无数次去问路，不是问到他家怎么走，而是问从这条街到那条街，再从那条街道到下一条街要怎么走。

拜访过利夫拉多的人，都想再和他见面，我就是这样。我前一天就答应要陪他和他的妻子——爱菲蒂亚·伊莲娜去米尔巴阿尔塔。那里是墨西哥城的最南边，俯瞰全城，空气清新而寒冷，那里的人说着西班牙人入侵之前的古老的纳瓦特尔语。我们先在利夫拉多和伊莲娜的家中待了一会儿。我们晚上要去米尔巴阿尔塔的社区中心，伊莲娜要在那里展示她新出的烹调书（米尔巴阿尔塔的纳瓦食谱），她为此感到心神不安。等待司机来接我们的时候，我们谈起利夫拉多与米格尔·利昂·波提拉的合作。米格尔是著名历史学家和纳瓦特尔语翻译家，利夫拉多和弗朗西斯科・莫洛雷斯・巴兰达两人都是在圣安娜特拉科腾科出生长大的，他们合作把16世纪初期德萨哈冈用罗马文记录的纳瓦人的神秘语言翻译出来。

我时常与米格尔、利夫拉多、弗朗西斯科相聚，看他们努力把纳瓦特尔语的深层意思翻译成西班牙语。这是一个有趣的三人组：米格尔是尚在世的最著名的墨西哥学者，五短身材，满腹经纶，有无尽的灵感，博闻强识，通晓多种语言（希腊语、拉丁语、法语、德语、英语、纳瓦特尔语，以及娴熟文雅的西班牙语），他滔滔不绝，急于把自己知道的都说出来。利夫拉多个头高一些，比八十多岁的米格尔略为年轻，但身有残疾。他出过车祸，坐在沙发里，一条腿上盖着毯子。利夫拉多是个锱铢必较的人，主张一字对一字的翻译。弗朗西斯科肤色黝黑，十分英俊。他在墨西哥国立自治大学的时候，穿着细条纹的英式西装，在田里种胭脂仙人掌的时候则穿着工装。我曾见过他们为哪一种才是更优雅的翻译而争论，弗朗西斯科在其中起着缓冲作用。这三位是纳瓦特尔克莱门特课程的核心。

翻译伟大的纳瓦歌曲和祈祷词《墨西哥歌曲》是一项极其艰巨的工作，问题大多集中出现在比喻上，这是一桩苦差事，三个人的争论持续不断。在莫雷洛斯山上一个小村的庆典上，我见识了利夫拉多与一个纳瓦特尔人激烈辩论。尽管如此，几天之后，在我们准备纳瓦特尔克莱门特课程大纲时，伊莲娜的书引出的争论之激烈，仍然出乎我的意料。

社区中心的讲台上放了一张桌子，伊莲娜、利夫拉多、多产诗人肖齐姆和我坐在桌前，面对着寥寥可数的听众。我们每个人都做了一段简短的发言，最后利夫拉多讲了他在食谱序言中写的故事。虽然伊莲娜不是纳瓦人，但是她和利夫拉多结婚多年，从婆婆、小姑和其他圣安娜特拉科腾科的妇女那里学会了烹饪。我们讲完之后，利夫拉多说，有问题尽管向他提问。听众中有个男人抱怨说，食谱并不是纯粹纳瓦式的，他说，其中很多原料在纳瓦人被征服之前并没有使用过，之后他们在玉米和玉米皮的烹饪方法上发生了激烈的争执。利夫拉多为自己的妻子辩护，但是这位男听众拒绝让步。很快就有一个人站出来支持他，接着又有一个。他赢得了众多的支持，伊莲娜的书似乎处境尴尬。最后轮到我发言，我为自己的朋友辩护，我想换了利昂·波提拉，他也会这样做的。我讲了承载纳瓦文化的羽蛇神让蚂蚁从死亡之地的地下翻出玉米，使纳瓦人免于挨饿的故事。一个外国佬给米尔巴阿尔塔的纳瓦人讲他们自己的神，比起方才那番争执，这更加不可容忍。为了避免一场暴乱，弗朗西斯科·莫洛雷斯·巴兰达站出来，他身边总有一位年轻漂亮的女士陪伴，他邀请大家去享用一道类似面条的晚餐，那是胭脂仙人掌搓出的细长条，用番茄汁烹调而成。

比起两天以后在墨西哥国立自治大学的聚会，伊莲娜的食谱引出的争辩实属温和。我们在库埃纳瓦卡教授克莱门特的西方文化课已有多年，但这是我们第一次为纳瓦特尔人开这门课，赫尔琳达·苏亚雷斯·索萨亚教授组建了这个课程，请来库埃纳瓦卡的教师，并和利昂·波提拉一起组建了纳瓦特尔的教师队伍。纳瓦特尔课程为期两年，第一年课程设在米尔巴阿尔塔的小镇圣安娜特拉科腾科，内容是阿兹特克语言与文化，第二年课程设在国立大学的教室，内容是世界文化。

我们向一流的纳瓦学者介绍这个课程，把彼特拉克的观点转变成古老的阿兹特克语言和文化，而学者们需要把他们的阅读书目带到讨论会上。那是个简短的会议，主要是让教师们彼此了解对方的工作。我们在大学的一个小房间里聚会，争论几乎立刻就开始了。

“谁来教农业？”

我说，我们没有设农业这门课。有个人还没有到场。

令人惊讶的是，利夫拉多对纳瓦特尔语的教师安排大发脾气，我在米尔巴阿尔塔和莫雷洛斯山上都曾全力为他辩护，但是他却拒绝教这门课。

好在纳瓦特尔语的系主任也在会上，他顶替了利夫拉多。接着，艺术史教师又开始争论，他想教现代艺术批评而不是古典艺术，而我觉得这门课应当从奥尔梅克人教起，他们在墨西哥东海岸建造了雄伟的玄武岩雕像，是中美洲最古老的民族之一。艺术史学家坚持用德里达、福柯、哈贝马斯、格林伯格和罗兰·巴特的书做阅读书目，而他们之中没有一人曾经写过关于中美洲艺术的文章。让一群圣安娜特拉科腾科的人讨论格林伯格、哈罗德·卢森堡、德里达、哈贝马斯，这简直是疯了。可是，我已经失去了利夫拉多和种玉米的人，我不得不对与会学者的博学鞠躬致意，又低声提醒年轻的艺术史学家，伟大的英国艺术批评家克莱夫·贝尔曾经认为奥尔梅克的艺术是重要形式的最突出范例。

我们就能否从奥尔梅克开始，讲到鹰武士的伟大雕塑，或人类学博物馆中宏伟的夸特里姑——她的头是巨蟒，项链是心做的。

我不知道是因为贝尔还是夸特里姑，这位年轻的艺术史家被说服了。他没有再说什么，只是点了点头，把自己的书目搁在一边。然后就轮到哲学了。

弗朗西斯科·莫洛雷斯·巴兰达拿出了一个有趣的阅读书目。但是我认为他对书目的批注并不完全正确。幸亏在前一天，米格尔·利昂·波提拉给了我一本新出的西班牙文《阿兹特克思想与文化》，它仍然装在我的提包里。通过引用大师的作品，我说服了弗朗西斯科，使他同意利昂·波提拉的见解，因为我们二人都十分崇拜他的作品。最后，我们讨论了学科融合的需要，定期开教师会，把哲学、文学、历史与艺术结合起来。但是我不觉得教师会真的能如期召开，所以各门课的信息将由赫尔琳达·苏亚雷斯·索萨亚从一个教授传递给另一个教授。

第二天，我们去了米尔巴阿尔塔，负责人把所有的申请人都召集到图书馆的大厅里。有七十五把椅子整齐地排放在那里，一把椅子单独面对着其余的。赫尔琳达·苏亚雷斯和纳瓦特尔语学院院长陪我进入会场，学生们就座，赫尔琳达做了开场白。

我说：“我们要学习苏格拉底的方式，因此不能这样坐。我们必须围成一圈，这样大家才是平等的，我们才可以对话。”

学生有男有女，各种年纪。人太多了，坐不成一个圆圈，于是围了双层，大约五十个人一圈，其他人挤在后面。我想象不出这么多人怎么进行苏格拉底式对话。我跟赫尔琳达说了我的顾虑。她说：“别担心，不是所有的人都来上课，你得明白。”她是个有经验的教育学和数学教授，我于是耸耸肩，走向那把单独的椅子，把它挤进圆圈的空隙。我问：“你们都是纳瓦族吗？”

没有人否认。

我说：“我不是纳瓦族，不过我与米格尔·利昂·波提拉一起做事。”

在墨西哥总是这样，米格尔的名字会产生奇迹，学生们于是坐正了一些。我开头提了个问题，米尔巴阿尔塔遍地生长的胭脂仙人掌是从哪儿来的？一片沉默。

有谁知道有个魔法师？

胭脂仙人掌可是他变出来的？

终于，坐在远处的那群人中有一个举起手来：“科皮尔？”

是的，魔法师名叫科皮尔。科皮尔遇到了什么事？

慢慢地，他们开始讲述科皮尔的故事，他怎样威胁人们，人们又怎样杀了他，挖了他的心，把它埋在他们曾经路过的特诺奇蒂特兰城（是阿兹特克帝国的首都）。

他的心后来怎么样了？还在那里吗？

不，先生，埋心的地方长出了胭脂仙人掌。

关于胭脂仙人掌你们还知道哪些事情?

他们看见有只老鹰站在那上面，嘴里叼着一条蛇。那是我们的国旗!

没错，没错，后来又有个好巫师种了很多胭脂仙人掌，他就是弗朗西斯科·莫洛雷斯·巴兰达。他将担任你们的哲学教授，他就在这儿!我指向弗朗西斯科，他悄悄进了图书馆，正站在赫尔琳达身边，在椅子围成的圈后面。他和学生都笑了，因为大家都知道弗朗西斯科和他的胭脂仙人掌田。

我们继续讨论，未来的教授认真观察提问的方法，学生们对这个方法越来越熟悉，笑声不断。当我问，多少人知道“伟大发言者”的著作?一位年轻人站起来，他结实英俊，像西班牙人还没有入侵时的纳瓦人那样。他有王者之风，尽管衣着有些破旧。他说，他要用纳瓦特尔语回答。他的声音响起，发音既慢又清晰，每个字都是圣安娜特拉科腾科古老的纳瓦特尔语。他的声音越来越大，这是尚存的特诺奇蒂特兰的王族的声音，他们中只有为数不多的人幸免于西班牙人的钢刀和特拉西卡兰同盟的石刀。好像阿兹特克武士和诗人的声音又回来了，他情绪激动地朗诵着，说到这一段时，哭了起来。他哭泣着，身体仍然挺立，音量也没有减弱:

> 我们的朋友知道那时发生的事吗?
> 你悲伤的心在受苦,
> 我们不能重生,
> 人不能变回孩童,
> 我们只得离开大地,
> …………
> 我的心在哪里存活?
> 我在哪里居住?

我的房屋在哪里？

…………

我的心在受苦。

不要再在世上悲伤，

也许命运就是这样，

也许我不值得

这样出生？

如果是这样，那也好，

没有住的地方，

我的心这样说。

古老的语言似乎使他回忆起那时的荣耀、生死，以及武士的悲伤。他身材魁梧，青春焕发。他站在那里，而其他人都沉默地围坐在他身边，似乎是什么传统的习俗。他说，他们听。房间里，拥挤的人群为他倾倒。

* * * * *

那天中午刚过，在城中广场，好几百把椅子上坐着学生和他们的家人。那儿有个讲台，台上是要人的座席。我对庆祝会的组织者说："我不能高高在上坐在那儿。"其他本该坐在台上的人也这样想，我们坐在台前，与听众一般高。讲话之后，人们奏乐、唱歌、跳舞，吃喝，纳瓦特尔语的克莱门特课在圣安娜特拉科腾科启动了。

第十三章
悉尼：“街区”

凌晨三点钟，电话铃响了。“我是德尼斯·戈金，从悉尼打来，早上好。”

“现在是半夜三点钟，六个小时以后再打过来。”我对着电话说。相信这一定是疯子打来的，要么这就是一场梦。

早饭的时候，我对妻子说起这个电话，她也觉得这是个梦。九点钟的时候，电话铃又响了，又是那个德尼斯·戈金。他问我什么时候能去悉尼，能在那里待多长时间。他说他读过克莱门特课程的介绍，他和朋友们也想在澳大利亚开始这项课程，为了启动这项计划，需要我亲自到场。他还说，圣云先会（Society of St. Vincent Depaul）把这个课程作为穷人服务中的一项，还专门为它招聘了负责人。可是他们需要扩大宣传，募集资金。看来，我是非去悉尼不可了。

我对德尼斯说，我并不是一个募捐的能手，但是这丝毫没有改变他的初衷。后来，当我对澳大利亚人的脾性有了进一步了解之后，才意识到，我的悲观论调恰恰激起了他不服输的劲头。于是我们定下行期，我从纽约经洛杉矶飞往悉尼，仅仅因为一个对时差都没有意识的人打来电话，我就从纽约飞往澳洲，说明我们之中肯定有一个人是疯子。我对妻子保证，这里面发疯的肯定不是我。可她却说，如果我已经知道戈金是个疯子，却还要去澳大利亚，那么我自己也一定是个疯子。我一边觉得她说得有道理，一边准备起程。

戈金说，会有两个人到悉尼机场去接我，他们分别是伯纳德·克罗宁，一家无家可归者收容所的经理，以及社会科学家科林·罗宾逊。可是我到达的时候，却没有人来接我。他们既不在出口处，也没在行李提取处出现。我犹豫是搭下一班飞机回纽约，还是在悉尼停留上几天观光。这时，有两个人向我走了过来，其中一个人问道："是厄尔吗？"

我点头说是。于是科林接过我的手提箱，我就跟他们走了。我马上弄明白了，我到达澳大利亚的时间是纽约的凌晨两点，由于有了上一次德尼斯·戈金时区混乱的前车之鉴，我可不想在夜里两点的时候把妻子吵醒，因此我没有马上打电话向她报告飞机已经安全到达悉尼。我和克罗宁、罗宾逊直接赶往一家名叫查尔斯·奥尼尔之家的无家可归者收容所。

我们开车前往萨里山上的查尔斯·奥尼尔之家。途中，我试图了解这两位未来伙伴在奥尼尔之家的作为。伯纳德·克罗宁是在非洲传教的天主教牧师，在那期间，他去开普敦短暂度假。非洲离他的爱尔兰老家已经够远，而开普敦离他工作的西非仍然路途遥远。在开普敦，他爱上了漂亮可爱的博茨瓦纳姑娘多萝西。之后伯纳德辞去神职，与多萝西结了婚。他们双双逃往澳大利亚，他们一个是离了婚的东非女子，一个是脱去僧袍的爱尔兰牧师，相信会在这里找到幸福。与贫困、罪犯和孤儿这类定居澳洲的故事不同，他们的故事有一个幸福的开端。在这里，多萝西找到了工作，自己的技能派上了用场，伯纳德也是：他领导起一个无家可归者收容所。

我最后一次和他们见面时，伯纳德告诉我，他们再过几周就要离开澳洲去爱尔兰，然后去博茨瓦纳。他的父母还从未见过多萝西，而多萝西的父母也从未见过伯纳德。他不知道他在爱尔兰的中产阶级父母，以及多萝西在博茨瓦纳的父母对于他们跨种族的婚姻会做何反应。虽说伯纳德不是一个感情外露的人，但是我猜想他一定想给大家一个惊喜。

科林·罗宾逊曾经是数万“移民儿童”之一——孤儿、街头流浪儿，以及父母不想要的贫困家庭的儿童，从英格兰和苏格兰被送往澳大利亚，充当“白色种群”在这块大陆定居。在这里很多儿童受到虐待，或沦为奴工。如果我没记错的话，科林是10岁时来到澳大利亚的。我见到他时，他已经是个英俊的男人，五官线条柔和，比起克罗宁严肃和公事公办的样子，科林更温柔，更富于同情心。科林能够熟练地说澳洲英语，比如用澳洲特有的用法说“祝贺你”和“伙计”等，可是英国英语，尤其是带有上流社会口音的英语却能给他带来慰藉。伯纳德则说着带有爱尔兰口音的宗教英语，让人刚好能够听懂。在我们驶往收容所的路上，他们介绍了为我做的日程安排，并且给我解释了奥尼尔之家收容所的性质——这是一家特殊的收容所，来的人都刚刚从监狱里出来，他们应当尽快找到工作并融入社会。

那一周，与我们后来参观的另一家更大的收容所完全不同，那里简直像是最糟糕的疯人院。我清楚地知道，我对那里是无能为力的。克莱门特课程需要最基本的秩序，而在那家较大的收容所里，许多人连看半个小时的电视节目都坐不住。我问伯纳德，我们能否为这里的人安排简短的课程或者是圆桌讨论时，他那张冷冰冰的严肃脸庞上，顿时漾起了仁慈的笑容。我很快就发现，我在澳洲认识的许多人，都像他和彼得·霍华德一样，他们真的相信自己可以收复乐园。

我不像他们那样相信天使降临的故事，更不相信天堂的存在，但查尔斯·奥尼尔之家这样的地方，确实给我带来了希望。这个收容所坐落在一个安静的中产阶级社区，是座四层楼的建筑，住着四十个人，他们分别处于康复的三个不同阶段，以及预备出去工作和生活的最后阶段。这里的规定基本上都遵循理性的原则：整洁、秩序、节制，以及对未来的一点点希望。种族主义是澳洲生活的一个重要方面，但在这里，至少表面上看来，种族主义并不明显。在查尔斯·奥尼尔之家的员工里，有一个名叫克拉伦斯·斯洛奇的土著人，他能够演奏土著人的乐器迪吉里杜管，会唱土著歌曲，跳土著舞蹈。作为奥尼尔之家的员工，他改变了这家收容所的性质，使人觉得宾至如归。他是一个强壮而优雅的人，跟一个美丽的金发姑娘结了婚，他们有个漂亮的孩子。我在那里的时候，他们的女儿还是个婴儿，跟着她的妈妈来到奥尼尔之家，给那里增添了一种正常生活的气氛，也为收容所带来了难得一见的美貌。

我接受了他们的提议，同意把我在澳洲逗留的大部分时间都花在奥尼尔之家。我喜欢伯纳德和科林，我也发现克拉伦斯既迷人又有才能，克莱门特课程需要的正是这样的一群人，对此我毫无疑问。他们已经在《哈珀斯》杂志上读过了《新美国蓝调》的部分内容，以及我论述理念的《给穷人的财富》一书，他们所缺少的只是信心，他们不相信，那些认识字但没有受过教育的贫穷成年人能够谈论人文经典著作。我们对收容所的人讲解了课程的内容，并请他们预先读一下《洞穴隐喻》，为第二天的第一堂课做准备。一些人主动要求参加，但并不是全部人都参加，因为上课并不是强制的。

在我们回旅馆的路上，我们谈到了奥尼尔之家、圣云先会、课程、师资，以及教育穷人的时候永远存在的砝码：金钱。在这方面，澳大利亚和印第安纳、康涅狄格或库埃纳瓦卡的情况一样，没有人对支付教师工资提出异议，因为他们理解这正是教育与慈善之间的区别：教师得到报酬，我们就能够对他们提出要求，甚至更换不称职的老师。我们也相信，优秀的教师应该为他们的劳动而获得报酬。这里的人觉得，如果由我出面会有助于募集资金。

当我在酒店办理入住手续的时候，吃惊地发现，我自己在计算国际日期变更线另一边的纽约时间时，也不比德尼斯·戈金好到哪里去。我算错了八个小时！我的妻子正陷入恐慌之中，她向澳洲航空公司查询，航空公司确认我乘坐的航班已经着陆，但是又拒绝向她提供乘客名单；她在我住的这家旅馆也没有找到用我的名字登记的记录。虽说我的妻子曾经历过丈夫被列为战争失踪人员的事件——当时我的父亲一点儿也不着急，只是说“他会出现”。但是这一次，她相信我已经死了。以防我万一真的“出现”，她给宾馆留了言，留言以“紧急”开头。我想这件事对她来说一定太可怕了。所以她报复了我。

几天以后，我在圣云先会遇到了德尼斯，我们见面握手的时候，他再次对在凌晨打电话吵醒我而表示道歉。我说：“我真弄不明白怎么会有人犯这样的错误。”然后告诉他，我妻子为什么好多天都不理我。

这项计划虽然乍看起来似乎很难，但是一直在稳步前进。从悉尼开车去坎贝尔镇的路上，要经过很长一段焦黑的灌木林带，我们要去坎贝尔镇和当地的穷人住房计划负责人见面，希望说服他们开设克莱门特课程。此外，克拉伦斯还安排了和原住民社区领导人的会见，以及参观一个名为“街区”的地区。这个所谓的“街区”，实际上是一个社区，离悉尼市中心不远。自打最穷的原住民在这里对抗入侵者以来，这个地方一直被他们占据着。现在这里大部分的贫民窟已经被拆除，政府正在建一个社区中心，剩余还未清除的部分就是这块叫作“街区”的地方。

第二天，我们又回到查尔斯·奥尼尔之家。伯纳德早先已在讲授克莱门特课程的缩略版——实际上是他自己的发明。学员们学习艺术，也读了一些故事，但是“全版”克莱门特课程中难度更高的课程——历史、哲学、逻辑学，以及更加严格的文学阅读——都没有包括进去。我本来希望那天能亲自上第一堂哲学课，但因故推迟了一天。相反，在那天，我获得了四处走动、与人们谈话的机会。居住在这里的人们还没有回到外面的社区学习一技之长，回归劳动大军。这座建筑的顶楼分成一间间小隔断房，他们就住在这里。我看到两个健壮的男人，穿着一模一样的白衬衫和深蓝色裤子，正在进行一场紧张的对话。他们不是面对面地谈话，而是中间隔着一块很大的木头，那是用来支撑两个小房间之间的公用墙的。他们的装束是刚出狱者的标准服装。这两人隔着柱子说话的奇特方式，是这里的住宿规则造成的——他们不得进入彼此的小房间。

于是，我停下来倾听他们的谈话，还想加入他们。但当我走近时，我发现他们因疲劳而眼圈浮肿，也许是因为他们刚刚才从监狱里出来，或者是刚上了夜班。伯纳德告诉我说，有些人从监狱里出来之后，就直接穿着白衬衫蓝裤子去上班了，还有的刚出来之后，就在大街上几天几夜不停地走，享受数月或数年监禁结束之后才有的疲惫。

我旁听时，他们的话题总围绕着如果一个父亲可能杀死了一个无辜的人，他的儿子应该怎么办。我猜想这一定是澳洲的一起著名谋杀案，而他们对此感兴趣是因为刚刚蹲过监狱。可是这个案例越听越觉得熟悉。那个被控谋杀的人最后死在了狱中。

“不是那样的。”其中一人说道。

“一个人为给自己辩护简直什么都说得出来。”

“可是众神……”

我终于忍不住插话问他们读的是什么，是谁对谁说了什么。

"柏拉图。"两人中年轻、强壮的那个回答道。

"不对。"另一位个头更高的说道。他摇摇头，浓密的浅棕色头发就落到一边的耳朵上，"柏拉图从来就什么也没说，一直都是苏格拉底在说话。"

我问他们是否读了《欧蒂弗罗篇》中的对话，他们说头天晚上刚读过。

"你们不是应当读《洞穴隐喻》吗？有时间的话，你们为什么不看看《申辩篇》呢？"

"没办法呀，伙计，"高个子答道，"因为一开始它说的是谋杀案啊。"

他们阅读、争论了一宿，从互联网上下载了第一篇对话，用奥尼尔之家的打印机打印出来，匆匆读完，然后转向下一篇。第二天早餐的时候，他们又继续对话。他们对自己就走出洞穴见到光明的理解感到满意，随即转向对苏格拉底的审判，然后再返回到"执政王门廊下的对话"即《欧蒂弗罗篇》。

我又问道："你们觉得自己是虔诚的人吗？"

"因为我们爱耶稣。"矮一点的说。

"因为耶稣爱我们。"另一位说道。

我笑了，他们也跟着大笑了起来，然后继续讨论。他们浓重的澳大利亚口音，语速快时我根本就听不懂。他们不仅都已经读过了对话，还读了一些评论，而且从中吸收了很多思想，足够把古代的争论转换成现代语言了。我对他们说，他们已经是优秀的学生了。这时，矮个男人用一种多年在监狱中形成的账房先生式的眼神看着我，还管我叫"伙计"。不知为什么，我感到非常不安，仿佛坏事就要发生似的。果然如此，但是并不是因为账房先生的眼神。

克拉伦斯·斯洛奇安排我和土著团体见面。会上，他演奏了迪吉里杜管。一位来自新南威尔士大学的年轻教授讲述了原住民祖先的事迹，以及她作为一个混血儿的痛苦遭遇。我们大家围坐成一个圆圈，我简单地介绍了克莱门特课程，然后就静静地听原住民诉说种族主义对他们的侵害。当时，悉尼警方仍然在用原住民的照片做打靶练习，教育体制也使原住民陷于贫困不能自拔。

我渴望给居住在城市和乡村的原住民上课。当我向克拉伦斯问起能不能到"街区"去上课时，他回答说我们明天就去。我告诉他，保护原始语言是克莱门特课程的一个重要方面，并请他参阅我那篇关于语言消失致使人类文化损失的文章。对于澳大利亚来说，这是极为重要的，这里的语言正在以惊人的速度消失。

第二天，克拉伦斯带我来到"街区"东部的伊夫利大街。他年迈的姨妈仍然住在那里狭小的排房里，这条街的房子正对着铁路，虽然地区上已有计划把它们全部拆除，但是克拉伦斯的姨妈拒绝搬走。这位老人并不喜欢有人来访，但还是可以跟我谈一会儿，克拉伦斯的在场让她放心，我不会威胁到她在这里的居住。我向她询问在这个街区教课的意见，她认为这是个好主意。但是，当我问她应该使用什么语言教学的时候，这位皮肤枯暗干瘪的老妇人说，虽然"街区"里的人使用那么多种语言，但是相互之间的交流却只用英语。

然后，我们就陷入了沉默，直到一辆汽车从铁轨旁边的空地上快速驶过，扬起一阵尘土。我们又坐到房子阴影下，漫无目的地谈话。我透过敞开着的门，看到她身后的房间。这是一座典型的基督徒住宅，墙上挂着十字架。室内的地上有一张明显褪了色的沙发，这让房间与荒凉的乡村景象形成反差。沙发就像老人的衣服和皮肤一样，失去了往日的光彩。她仿佛来自上个世纪，最后定居在这个危险的贫民窟里。这个昔日被人遗忘的危险"街区"，现在已经成了房地产开发商竞相争夺的热点。我和她这种跨越时空的对话，偶尔被经过的火车，以及在大街上扬起的漫天尘土、呼啸而过的汽车打断。

两个年轻的原住民女人走过来，谈论"街区"里面新建的社区中心，一大块空地已经平整完毕，她们都是城市重建计划的工作人员。这位拒不迁出的老妇人，今天能够容忍她们过来，完全是因为克拉伦斯、科林·罗宾逊和我在场。过了一会儿，我们向老妇人告辞，沿着伊夫利大街向小山走去，一直走到山顶上主街的路口。在一排枝叶繁密的大树下，我们看到两个"巨人"正坐在沙滩长椅上。他们都已微醉，女人的衬衣纽扣开着，露出乳房。男人的巨大身躯向前倾，开始向我们提问。来这里之前，有人已经警告过我要当心"街区"里的这号人物。他们都凶恶好斗，对陌生人尤其不客气，而且都随身带着刀。

我刚刚走到他们面前，这对男女举起用褐色纸袋包着的啤酒罐，做出凶恶的鬼脸，那个男人还像毛利战士那样吐出舌头。我当时也想学着吐出舌头，但是想到那或许是一种接受挑战的表示，还是克制住了。他们先是问了我们几个温和的问题，然后男人的目光停留在我身上，他的问题开始带有攻击性：你是哪儿来的？在这里干什么？你跟警察有没有关系？你为什么要教育原住民和穷人？这和你有什么关系？你难道不知道"街区"里已经有一所学校了吗？等等。

在他们举起啤酒痛饮的时候，还一口咬定不是在喝酒精饮料。我提议说，如果他们能给我讲些"街区"里的事，我倒是乐于给他们每人买一听不含酒精的饮料。他们又从椅子下面拿出三听啤酒，邀请我加入。我说我在工作的时候不喝酒，但是为了表示对他们的敬意，我会在谈话之后喝一听。我感到，如果我们要在"街区"里开设课程，我们就必须经过这对肥胖、傲慢、在大白天就喝醉的人同意。事后，一位城市重建工作人员向我确认了这对“街区保卫者”的身份。我对这些城市重建工作人员说，最好是等到社区中心建成之后再开始我们的课程。至少在目前，“街区”还不是开始课程的最佳场所。

另一边，查尔斯·奥尼尔之家的课程开课了。我则在克里斯蒂娜·克里明斯的陪同下，参观了一家轻度老年痴呆症妇女患者收容所。那里的妇女都穿着浅色的居家便服，不走神的时候，她们苍白而浮肿的脸上总是挂着微笑。我跟她们谈论诗歌和哲学，我不知道她们是不是真的理解了，但是她们看上去很高兴，这让我和克里斯蒂娜感到很幸福。随后，我们又去参观了一个无家可归者的食堂，在那里就不太令人愉快了——一个德国男人在食堂里威胁恫吓其他人。这个德国人对一个胆小的同伴使用粗暴的语言，就因为后者说自己上过大学，却怎么也解释不清为什么偏偏喜欢在街上流浪。德国人很瘦，大约刚刚步入中年，那个上过大学的人则面色苍白，浑身发抖。我们谈话期间，德国人伸手从大学毕业生的盘子里抢过一片肉。我告诉他这是糟糕的行为，他却用最冷酷的眼神看着我，让我想从他嘴里把肉抠出来。我担心地看着克里斯蒂娜，害怕她的安全会受到威胁，可是这个苗条而优雅的女人看上去镇定自若。

第二天，我们见了圣云先会的负责人，为他们介绍了克莱门特课程。他们很耐心地听，还提出很多问题。我以为他们第二年一定就会在澳大利亚全面开展这项课程了，但是在我离开澳洲不久，问题就产生了——而且是最坏的事情。圣云先会的领导层大换血，新的决策是：结束伯纳德·克罗宁在查尔斯·奥尼尔之家已经开始的缩略版克莱门特课程。后来，科林·罗宾逊和他的儿子拍摄了一部关于悉尼无家可归者的电影。由于找不到固定工作，他和妻子、儿子离开澳洲返回了英国。

* * * * *

在澳大利亚逗留期间，我同意尽我所能帮助他们为澳大利亚的克莱门特课程筹措资金，并且接受默多克控股的天空电视台采访。我们把采访地点定在查尔斯·奥尼尔之家。这家电视台说，他们将安排最优秀的记者来采访我，但是我指望的是一个像美国公共广播频道那样的采访，而不是默多克把持的澳大利亚电视节目式的采访。一个穿着正装的年轻女人走进来，这身衣着跟她专注的表情非常搭配，身后跟着摄影师。假如不是因为她没有化妆，头发又有些凌乱，我还以为她就是采访人呢。过了一会儿，另一个女人踩着高跟鞋小心地迈着优雅的大步走进来。我对她说出了我的名字，她没有当场记住，她也把她的名字告诉了我，我对此毫无兴趣。

第一个进来的女人明显是导演和制片人，她从提箱里取出一面镜子和一把刷子，以及一个小型化妆包，把它们递给那个明星。后者开始在我认为已经非常完美的脸上费力地雕琢起来。完工以后，她又把那套东西递回给制片人，然后在我面前距离我的膝盖不到一英尺的椅子上坐下来，微笑着。她身上的一切都是完美的，但是不是维纳斯的那种完美。这个完美的物体并不是由神圣的大理石制造出来的，而是由香水和玻璃制造出来的，一种表面的美丽。

摄影师调好光圈，撤回身跟制片人说话。然后制片人向记者打着手势，后者正在看制片人刚刚递过来的小黄纸条，上面罗列着采访问题。她说出了我的名字以及收容所的名字，问我为什么要到澳大利亚来。在我尽量简要地回答了这个问题之后，摄影师停了下来，制片人又在小黄纸片上写出下一个问题递给记者。她则把黄纸片放在膝盖上，慢慢地读了起来。这时，摄影师再次对制片人点头，制片人就对采访人做出手势，让她读出黄纸片上的问题，即问我一些关于克莱门特课程的问题。我再一次尽量简要地做了回答。然后摄影机再次停了下来，这回是采访人把记事本递给制片人。制片人在上面写好要提问的下一个问题后，再递给采访人。于是，她又开始把记事本放在膝盖上，慢慢地读着，然后开始提问题。

在我回答完了这个问题之后，摄影师变换了拍摄位置，以避免把采访人拍进画面。与此同时，采访人又把提问簿递给制片人，后者又在上面写出下一个要提的问题，然后把它递给采访人。这个过程就这样重复了很多次，我面前的美人儿除了纸条上写好的内容，没有提出一个问题。她们的行为令我目瞪口呆，以至于我自己说话也变得结结巴巴。在采访的最后，制片人又把提问簿交给了采访人，后者于是就读出了诸如谢谢、自己的名字以及这个节目的名字等。然后制片人对我说了谢谢，摄影师关掉了摄像机，摄影师整理设备时，玻璃美人儿站起来，微笑着走出了奥尼尔之家。

我问制片人，为什么她自己不做采访。她对我说，以前她曾经做过很长时间的出镜记者和新闻播音员，但是现在她是制片人了。“那么，电视台就是以这种方式对待妇女的吗？”我问道。

她把目光移开，越过房间，看着正在整理设备的摄影师。当她转回头时，我看到了一个已经越过某种边界，进入另外一种生活的女人的无奈。她说道：“我喜欢当制片人。”

在返回美国的飞机上，坐在我旁边的是一位给香港商人开飞机的飞行员。我给他讲了我在天空电视台的奇特遭遇。他告诉我说，在澳大利亚，人人都知道她，她是全国人的笑话。我忽然想到，假使我在当时对这个笑话有所反应的话，那么我会不会说出一些挖苦的话，或者是做出讥笑的表情，从而毁掉开展克莱门特课程的机会呢？于是我转而想到那个制片人脸上掠过的无奈，而我自己已经过了生命中的那个时期，我把它们都转化成了同情心。

离开澳大利亚的前一天，我在悉尼文法学校巨大的礼堂里做了一次演讲。这是一家很好的私立学校，位于悉尼市中心。几百个人设法穿过了反对伊拉克战争的示威人群赶来听我演讲。我在演讲中，没有以笑话或者感谢作为开场白，而是直截了当地表明我对美国轰炸、入侵伊拉克的反对态度。如果说听众中有人对此持反对意见的话，他们也没有做出任何表示。演讲之后大家开始用餐，这时候，曾在奥尼尔之家整夜讨论柏拉图的一个男人——更健壮的那个，朝我走了过来。他告诉我，他在来文法学校之前，去了艺术博物馆。"以前，我一直不敢进去，因为我看着进出博物馆的女人穿着精致的衣服，就以为那是专门为她们开放的地方。但是现在，我开始学习人文科学了，我就可以去任何地方，甚至是那些最好的地方。"

当时我已经知道，科林和伯纳德不会成为澳大利亚克莱门特课程的创始人，这让我感到自己把时间和金钱浪费在遥遥无期的事情上。虽然我有些不快，但是仍然很喜欢他们。我们在达林港一家饭店里举办了盛大的告别宴会，我们都承诺会保持联系。第二天，我就带上我购买的纪念品迪吉里杜管、拍板和回力镖，返回美国，一切都结束了。

没有出席告别宴会的是教育学院的负责人裘德·布彻，澳大利亚天主教大学的教授彼得·霍华德。同样缺席的还有圣云先会，他们认定克莱门特课程的短期版毫无用处，"澳大利亚使命"也没有来，这是一个为澳大利亚穷人服务的机构，已有150年的历史。

我离开澳大利亚一年后，基督教兄弟会"彼得和裘德·布彻"开始在文森特村教授克莱门特课程。他们从慈善姐妹会和悉尼市政府获得了资金。彼得和裘德两人都坚持班级的规模要小，教学要严格。后来，彼得成为澳大利亚课程的核心人物。他证明了自己既能传播思想，又保持课程严谨性的巨大才能。一个学生要在澳大利亚完成这门课程需要几年时间。每一门课都采用轮流强化学习的方法。现在，萨里山区已有两门克莱门特课程。最初在奥尼尔之家开始，之后在布里斯班、纽卡斯尔、坎贝尔镇、堪培拉、墨尔本、巴拉瑞特、阿德莱德和珀斯陆续开设。埃迪斯科文大学，巴拉瑞特大学以及弗林德斯大学也加入了澳大利亚天主教大学的教学计划，“联合道路”以及十几家组织也参与了这项工作。

裘德去亚利桑那工作时经过旧金山，和我有过一次简短的见面。至于彼得，虽说我们有时通过电子邮件联系工作上的事情，并且在我搞清悉尼当地时间的时候，偶尔也通过电话，但是我和他却再也没有见过面。我们之间的很多话题都是关于原住民的，因为我和彼得都认为，在澳大利亚远离城镇的偏远地区开始这项课程是极为必要的。在那里工作的人，都提到过“酒精的问题”，但是我认为，保守和矜持才是问题的症结所在。我深信，以彼得杰出的组织才能，加上他对人文科学教育积极效果的深信不疑，给原住民开设的课程迟早会开始。在我看来，彼得不仅是一位学者，还是一位绅士。现在我已经把他当作朋友了。

我去澳洲已经是很久以前的事了。我真想回去，见见那些老朋友，去认识通过克莱门特课程进入大学的人。也许会有这么一天吧。

很长时间都没有伯纳德和科林的消息了。即使有了互联网搜索引擎查找人名这样方便的工具，我还是无法知道他们现在的情况。“伯纳德·克罗宁”这个名字是澳大利亚很多著名人物常用的名字；而谷歌上搜索“科林·罗伯逊”，结果有265,000条之多。他和伯纳德，对于我来说，大概已经永远消失了。

第十四章

盐湖城：最幸福的穷人

这场对话发生在2011年，是在犹他州盐湖城的克莱门特课程的毕业生之间进行的。

在一个大房间里，组织者安排我们坐在一张小桌前。我把一个小型录音机放在桌子上，向她们解释，我这样做是因为我已经无法像年轻时那样快速记笔记了。没有人表示反对。

我倾听他们说话。他们仿佛都住在同一屋顶下，却各自把自己锁在不同的房间里，听他们谈话的时候，我沉浸在用人文主义精神让他们联结的强烈愿望中，直到对面的女士对我的瞪视使我回过神来。虽然我是一个既写分析现实的文章，也写虚构小说的作家，但是，如果不是这些妇女主动讲出她们的内心生活，我是永远也无从了解，也写不出来的。如果这是一部小说，那么我就可以向你叙述你想知道的一切。可是，这里并不是虚构的天地，你我就只好将就着这些妇女所讲的内容了。她们中的一些人想要讲出思想，可是却发现有什么阻碍着她们表达自己的想法；而另外一些人，则把自己真实的思想和感情严严地封存在心里，任其发酵，甚至沸腾。这需要你和我一起随着她们去感受，思考人文科学给她们的生活带来了怎样的改变。如果你觉得我说得太少的话，那是因为我认为并不该由我主导，而应该由这些妇女来谈论克莱门特课程。克莱门特课程在俄勒冈地区的名字是“冒险”。这些毕业生回到这里对话，一方面是因课程给她们带来了成功，另一方面，则因为是犹他州课程创办人琼·切尼邀请她们来的。她们对她十分信任和爱戴。

艾米开始发言了，她是一个心直口快的女人，喜欢把见到的事情都说出来。对她来说，这是一次学术讨论课：她非常认真地思考和回答我提出的问题——谈谈你在克莱门特课程中的经历。她讲话时，每当遇到想不起来的名字或名词，就会征询其他人，从而把其他人也都拉入到谈话中来。她是第一个发言的人，并且她为所有人打开了话题。

她说：“我已经离开学校很久了，我一直都害怕回去。虽然我知道，我还没有那么老（37岁），但还是感到胆怯。不过，我心里一直想着要重新回到学校，检验一下自己的翅膀，看看自己这些年到底走到了哪里。对我来说，这是一件励志的事情。这项课程给了我信心，让我知道我能阅读、能分析事情、能写论文，让我感到一切又走上了正轨，让我感到自己也有个优美的声音。这些教授都太好了——杰夫（梅特卡夫）的文学课把美带进了艺术史。同时，他还让我们学会了以崭新的方式阅读——他的幽默简直太令人惊奇了。他教会了我们首先要以批评的眼光阅读别人的著作，然后再对比自己写的东西，这样才能吸收阅读的东西……而杰克——你简直就不知道应该怎样评价纽厄尔教授才好。我简直爱上这个人了——他太美了，他总是能让你看到历史的另一面，让你看到一切事物中的人文精神，而不是一个日期接着一个日期地去死记硬背。可是对于布里奇特

（纽厄尔）的哲学课，我就遇到了一些困难。我喜欢思考事情，也喜欢分析问题，但是学这门课，我需要比同学花更长时间才能进入状态。

“不是苏格拉底，也不是柏拉图，我想不起他的名字了，反正是我读的第一个人的著作，名字叫《是什么使生活美好》，这是一篇很有趣的文章，我总是把它与最末一篇结合起来看：就是济慈关于幸福的那篇（是不是《夜莺颂》？），后者对我来说是更有意义的一篇，也可能是因为当时课堂上的讨论。我是过了一段时间才开始喜欢课堂的，老师让我学会了以一种新的角度看事情，这对我来说具有改变生活的意义。现在，我完全获得了自信。”

第二个发言的是格蕾塔。一开始，她还因为有我这个陌生人在场而感到拘束，但是在艾米的请求下，她也开始发言了。格蕾塔是个苗条的金发女人，她看上去更像中学的啦啦队员，而不像是两个孩子的妈妈。在她的声音里，有一种悔恨的意味。如果说里面还有痛苦的话，那只在她谈到爱的时候。那时，她的声音变得断断续续，就像人们在叙说自己的生活本该是另外一种样子的时候，经常发生的那样。

格蕾塔说自己的姓氏时，只是在喉咙里含糊不清地一带而过。“我刚刚离婚，不用这个姓了。”她说道，“但是我为我的孩子保留了这个姓。”说到这里，她似乎平静了一些。她接着说道，“我一直都想上大学，我总是以为那是我应该做的事。这些课程正好为我重新回到学校提供了铺垫。我刚离开中学的时候，就遇到一个吸毒的男人。在很多年里，我都试图帮助他，可是最后我自己也染上了毒瘾。后来我戒了毒，而他还在吸。这样下去是不行的，我真的是太软弱了。”

在场的妇女却都不同意她对自己的评价。她们都对我说，她很坚强。

格蕾塔说：“我不是迷恋毒品，我是迷恋上了他，不是毒品，但这更糟糕。”

这时候，达西亚走了进来，大家随即说笑了一会儿，然后格蕾塔继续讲孩子的事。“我想让孩子们看到我在做有意义的事，这对他们很有好处。他们会看到我是多么重视教育。我的两个孩子一个5岁，一个3岁。5岁大的儿子已经喜欢看我的艺术书了，他还喜欢去艺术博物馆。

“通过写作，我发掘出过去的很多事——很多我永远不会忘记，却一直藏在心里的事。这是写作和文学的功劳，我想是这二者的结合才让我把这些事写出来。我最喜欢的诗人是兰斯顿·休斯，他那篇《母亲致儿子》很长时间都是我最爱的诗。”

然后，大家开始讨论诗歌，说起雪莱和华兹华斯。忽然，她们的话题又跳到了《芒果街上的小屋》一书上。虽然她们都喜欢这本书，但是又嫌它把一切处理得过于简单化了。希尔达是个拉丁女人，她说她的母亲对这本书持否定态度，因为书中西班牙语的水平太低劣了。“我还记得去图书馆时，那里的书的味道是那么好闻，那些老书。我们通常靠着积攒可乐瓶子卖的钱买七十五美分一本的平装书。我一直都喜欢书。”

达西亚说她是纳瓦霍人。但是“达西亚”并不是一个纳瓦霍族的名字，她也不会说纳瓦霍族的语言。“我是一个诗人，”她用西部山区的标准口音说道，“我一直在学习诗歌。我是犹他大学的全日制学生。刚进大学的时候，因为不及格而被退学。我想学习社会工作专业，这给我带来了一系列问题。从来没有人告诉我，开始时感到难是很正常的。我因为不及格而失望地退了学，再也没有尝试重新回去学习。儿子出生之后，我又想上大学了，可是没有大学要我。”达西亚一字一顿地说着，她对自己的描述是很准确的：她总是带着笔记本，她总是把头发扎成利落的麻花辫，她目光从不闪烁，她用凝视挑战别人，给自己找到宣泄愤怒的出口。这是挑衅的、令人窘迫的，却又是迷人的。

“他们说，‘你需要想办法改进’（那个学期我有很多门功课不及格），可是没有人帮助我。我真的感到很耻辱，他们让我去见学校的辅导员，她问了我一个问题：‘如果你现在有了你想要的一切，那么你将会做什么？’

“我说‘我要去上学’。

“然后她说：‘我不知道会发生什么，因为已经有那么多大学拒绝了你。’

“可我说：‘我还是要上学。’于是我去了市图书馆，在那里看到了克莱门特课程的海报。当时离截止日好像只剩下一周了，于是我立即填写了申请。我还记得，当我走到邮局的时候，我亲吻了这封信，然后才把它寄出去。很快琼·切尼就收到了信。她给我打来电话——是第二天下午三点的时候。她说：‘我想对你进行面试，你能过来吗？’

“这就是我进入这个课程的过程。从那时候开始，人人都对我说：‘你应该上大学，你应该上大学。’

“我不知道我能不能上，因为这个课程开设在威斯敏斯特（我们的这次会议就是在威斯敏斯特学院举行的），它是个很小的校园，我想‘我不会在这里迷路的。即使真的迷了路，也会有人注意到。’于是我就来到这里，申请在这里入学，然后我的奖学金也跟着转到了这里。

“后来，杰夫劝我申请犹他大学的妇女研究专业，我照着做了，只是为了让他高兴，因为我真的非常喜欢他。我得到了奖学金——这是2007年夏天的事，就在开学前不久，妇女研究中心的主任给我打电话说：‘我们给你申请到钱了。’然后我告诉她：‘我不去了，把奖学金留给别人吧。’

“我是不会去那里的。我在那里会垮掉的，不会有人知道，也不会有人在乎。

“她说：‘就过来跟我谈谈吧。’我很喜欢她，尊敬她，于是我就说：‘好吧，我去跟你谈谈。’我就去了她那里。她说：‘我们这里有托儿服务。’我的儿子才两岁，因此，就像大多数母亲一样，我的日程安排起来很难。她还说道：‘在大学里，你还可以建立自己的生活圈子。’这让我深受触动，因为我还从来没有过自己的生活圈子，可是她却对此做出了承诺。于是我就上了威斯敏斯特这条船，在那里上大学，至今已经有四年时间了。

“如果顺利——我能够在明年或者后年毕业，虽然我的学位是个问题。我本来以为大学里也会像这里，这个克莱门特课程一样呢，可是并不是这样。那里很难。我是置身于白色体制中的一个棕色小人儿。这一切都被写入了成文的和不成文的规定之中，这个州有很多种族歧视现象。由于抑郁，我休学了好几个学期。”

于是，我打趣地问道：“是不是因为他们认为你是‘移民’而遇到很多麻烦？”起先，她疑惑了一下，然后就大笑起来。

在场的其他妇女都鼓励她，她们要么正在大学里读书，要么即将在明年入学。希尔达是最后发言的，她说她要上一所技术学校，学习计算机编程。“我一直都想上学。可是从2002年开始，我丈夫就病倒了。他的情况越来越糟，我几乎绝望了。教会里的朋友向我介绍了这项‘冒险计划’，她对我说：‘希尔达，你知道吗？你应该回去上学。’于是我就来了。在我已经绝望的时候，我照着她说的做了，我在这里看到毕业生的照片，在心里对自己说：‘哦，我也想像她们一样回到学校重新学习。’

“我在网上填写了申请，我记得好像花了两个小时的时间。后来，我就忘了这件事。可是詹妮弗·鲍曼给我打电话，请我来面试。我就来了。我当时心想：‘哦，他们真的在考虑我的申请。’我来了之后，她直截了当地对我说：‘你就是我们这项课程所需要的人。’从那一天开始，我的内心仿佛有什么东西觉醒了。那天，我感到自己有使不完的劲儿，我把家里的一切都擦洗了一遍。我又能开始梦想和希望了。可是开课以后，我发现课程很难，自己总是因此哭鼻子。作业是要求完成有艺术性的东西，而我却只能坐在那里发呆，什么想法也没有。我想：‘我这是怎么啦？我母亲是个画家，我过去经常跟她一起画画。我是个音乐家，我这是怎么啦？’我发现自己已经死了，我的内心已经死亡。我必须想办法摆脱这种状态，找到突破的办法。

“母亲常对我说：‘希尔达，开始做点什么吧，任何事都行，乱写乱画，或者是在杂志上剪东西然后贴到一起也行。’我正是那样做的。随着时间的推移……我记得我们学到现代艺术的时候，我哭了。因为我们已经达到了艺术的极限，再也没有新的运动了，什么都没有。我的感受就像：‘哦！不可能是这样的。一定还应该能做点什么吧。’我还记得当时我强烈的感受。在写作批评课上，我也哭了。有一次我不得不离开了课堂。”

然后，她看了看格蕾塔，继续说道：“你也让我想起了我的生活。我和他在军队服役的时候，两个人都染上了毒瘾。其实有三年时间我并不知道他在吸毒，他总是给自己注射毒品。当你刚才提起这件事的时候，我又恍惚回到了那个时候，我年轻的时候——那时我才刚刚离开学校，我的祖父就在旧金山的大街上自杀了……

“我有个摆脱不掉的男朋友。当时，我在市中心工作。我外出工作时，必须让朋友帮忙，才能摆脱他。他会爬上三层楼的窗户闯进我的房间，他简直是疯了。是他让我在学校里的情况变得一团糟。我想，我一定有什么地方做错了。我进了急救室，他们以为我喝多了，然后他们测试我的毒品反应。最后，一位好心的实习生进来问我发生了什么事。我出现恐慌症一样的症状，呼吸急促。

“我努力想去上学，可是不行，我感到难堪，我真想在课堂上谈一谈……我的这些问题。这对于我是一场创伤性的经历。当我努力回到正轨的时候，我又陷入了这种不自信之中。我真是没有办法，我做不到。

“我变得像祖父一样绝望，这个过程持续了将近四五年。后来我有了自己的孩子，那真是一段漫长的时间。这个课程太棒了，它让我看到了别人的故事，看到不仅是我一个人在生活的海洋中漂泊。在一般大学的课程里，你是无法了解到这些的。在那里，你只不过是千百万学生中的一个人，就像是大湖里的一条小鱼。我还没准备好去过那样的生活，只有这里才有人文科学的课程。”

接着是一段沉默。然后，达西亚念了一首诗：

亲爱的朱迪斯
我知道你给我发电子邮件是因为我需要一些指导
我需要一些指导是因为我从一个红种人的女孩
长成了一个红种人的女人
我用红色的双脚拖着红色的身体
穿过层层制度
寻求博士学位

亲爱的弗洛里斯博士
我需要一些指导
女人对女人的
红种人对红种人的
辛劳的双手和满是创伤的心灵
伸向我
今天，我需要的不是指导我写简历或个人陈述

今天，我需要知道你的做法

朱迪斯·弗洛里斯·卡莫纳博士
你是怎么做到的？
我想要知道
循着怎样的道路
我才能获得
那个该死的博士头衔
把它冠在我名字的前面
让这个红种人女孩
以前在学校大厅里
在幼儿园
小学
初中
中学
然后是这里
这里
和这里
说过的话
获得更大的效力

当我用扭曲的躯体编结恐惧、愤怒和痛苦的时候
它的力量击碎了砖石和玻璃的学术大厦

朱迪斯·弗洛里斯·卡莫纳博士

我需要一些指导
你是怎样做到的？
你是怎样每天起来之后走进那些
总在试图把你赶出去的学院？
他们从不会管住自己的舌头
他们总是想让你的心流血
他们从来不会放过一次
把你击倒
让你晕头转向的机会

求你了，朱迪斯
请你别对我说
“哦，对于我从来不是这样。”
请不要给我一个敷衍的回答，就像
“哦，学术界是有点不同……”
请不要告诉我，我的创伤不是真的
别人并没像我这样受到伤害
或者告诉我应该把脸皮变厚
或者说是我自己太多愁善感
或者说我其实并没受伤
或者说学术界并不是真的要吸我的血

对对对
我知道
有更安全的地方

在零星而遥远的地方

当你发现努力都白费的时候
你是怎样振作自己的?
让你自己去寻求另一个躯体的温度
他的双手向你张开
在你舔舐伤口的时候
他会保护你
给你温柔和温暖
你真的找到这样的双手了吗?

求求你博士
我需要你的专家意见
求你了

别哄我

我去犹他州的几个星期之前，芭芭拉给我写来一封信，讲了她在课程中的经历，以及她自己的一些事情。这封信写得很好，读起来很有趣，因此我认为，在这里完全应该全部或部分引述这封信。可是一想到她付出很多努力来找我谈话，我就把挡在她座位前面的录音机推到桌子一边，请她发言。假如我不给她这个发言的机会，那么犹他人生活中最令人吃惊的故事，恐怕就会永远埋没下去。我也就无法对一个妇女在困境面前的勇气表达敬佩了。

芭芭拉属于那种身材高大、看起来很强壮的女人。她全身的主要重量集中在臀部，因此笔直坐着的时候，显得比平时还要高。她的衣服宽松肥大，看上去与她的身体浑然一体：鲜明的颜色、大片的印花，这是标准美国农民工人的装束。她是一个生活在2011年，穿着19世纪的衣服，漂亮的21世纪人。她化了妆，面颊上涂了胭脂，这使她的面部特征更加突出。看来这是她为了出席今天的场合精心准备的。

“我想说，我的生活从十年前就开始了。这是多么奇妙的冒险啊！我又是多么幸运啊！你们知道，我可能是生活在贫穷中最幸福的女人了。我不知道琼（·切尼）对你们说过没有，我出生在一个一夫多妻的邪教家庭中。我不是个漂亮的姑娘，没有人愿意跟我结婚，至少不会一下子就愿意。于是家里把我给了一个牙医抵债。这个牙医为所欲为，我遭到这样的对待只是因为一些坏牙、烂牙，就因为我是个弃儿，是个别人不想与之结婚的人。

“最后，我嫁给了一个需要刷碗工的人。我就想，至少还有人要我。我一直认为自己没有什么价值，因为我生来头上就顶着一个巨大的问号。上帝把这个记号放在那里，不是为了别的，只是为了让我受苦。当我爸爸打我妈妈的时候，我就会问他为什么打她，她究竟做错了什么。这时，他就会停下，过来打我，因为我蔑视了他的基督教权威——你不能向父亲发问，那有违规则，那是不尊敬他。

“我就生活在这样一个诡异的世界里，根本就不像是在美国，那里没有自由。如果你不是家里受宠的孩子，那么你能希望的最好的事，就是在你死了之后，能够进入天堂，那时你繁重的工作量能减轻一些。假如你能进天堂，你也许会少受些打骂和惩罚。或许天堂里的生活是幸福的，但是你活着就必须一辈子受苦受难，这就叫作‘忍耐到最后’。因此，不快乐是正常的。事实上，如果你发笑，别人就会奇怪是为什么，是不是你没有完成责任，是不是你不诚实，是不是你偷懒了。可是，我和任何人一样辛苦地工作，天啊，我有这个问号长在我的头上，很多事情就是这样没有道理。

“世上就有这么没道理的事。我的朋友十五六岁时，注意到一个姑娘，他对她微笑，最后得到的惩罚是被带进沙漠里，他再也没有回来。我们都知道，他很可能就死在那里。男孩子永远不能和先知争夺女人。如果他们胆敢与先知争夺女人，或者对一个姑娘笑笑，那么得到的惩罚就是死亡。这不是真的处死，而是相当于被判了死刑。他们把男孩带到沙漠的中央，脱掉他的鞋，不给他食物和水，把他留在那里。如果男孩侥幸死里逃生，活着回来，他可以活命，娶一个像我这样的姑娘。如果他死了，那么这就是上帝的意志。我总能听到生命不算回事的种种借口。他们总说这是上帝的意志。

“我发现我并不怎么喜欢上帝，而且总的来说，我非常憎恨男人，因为他们都太卑鄙了，我不知道他们为什么是这副德行。其实如果有人好好地请求我，我什么都愿意做。有那么可怕的一天，我爸爸……我觉得他要杀死我妈妈。我曾经结过一次婚，可是那个男人酗酒无度，因此我获准和他分开，然后被许给另外一个丈夫。那时候，我已经受够了被伤害被虐待，于是当我看到父亲试图再次伤害我母亲的时候，我就面对着他大叫：‘你不能伤害她，她已经受够了！’可能是因为我说了我也不应当挨打，他马上拿我出气，直到我母亲求他别把我打死。

“家庭暴力成了家常便饭，人人都见过他毒打我。我猜是因为他太狠毒了，长辈们要求他改变惩罚我的方式，留下伤痕是一回事，几乎把人打死是另一回事。我父亲觉得我是造成不快的根源，因为我总是不停地提问题。他认定最好的办法就是让我心碎，让我感到悔恨，因为如果你摧毁了一个人的意志，那么你想让他干什么他就干什么。于是，他们决定在我的面前杀死我的儿子。

“在这件事上，上帝对我分外恩慈。当时正值隆冬，他们必须把一切伪装成一场事故，否则会引起警察的追问。于是，他们让两个人架起他（我儿子）的一双胳膊，让我的叔叔把面包车从街上开过来压他。这样，人人就都可以做证说，哦，这真是一场悲剧。他们以为，如果他们杀死了我的孩子，那么我为了保护其他的孩子，就会完全听话，这样他们就能让我闭嘴了。

“我叔叔是个相当自负的人。他开惯跑车了，不习惯开面包车。愿上帝保佑他的灵魂。他猛踩油门，压在了一块冰上，车子打转翻倒在地。趁着人人都跑去救他，我拉着孩子，跳上旁边一辆未熄火的汽车，一溜烟地开走了。我和孩子们就这样开始了冒险生涯。

“十年来，他们一直告诉我，院子之外的世界就是地狱。我正在离开所谓的天堂，丧失掉获得永生救赎的机会。可是在那一刻，我已经不在乎了，因为我以为只是我一个人失去了永生的机会，而不是我的孩子们。我知道我自己没有价值，但是他们必须有。每当我抱着他们的时候，他们对我来说就是奇迹，我必须拯救他们。

“我一直向前开，直到看见一个警察在路边给人开罚单。那个被罚的人可真要感谢我了，因为他最后没有得到罚单。我把车停到警车的前面，我一边发抖一边哭。我砰砰地敲警察的车窗，他把车窗摇了下来，我对他说：‘我刚刚犯了重罪，但是你必须救我。’

“‘呃……我看得出来，’他感到疑惑，不知道遇到的是不是一个疯子，‘你在说什么？’

“我说：‘你必须得帮助我，求求你。我犯了重罪，你必须把我带进监狱，但是你必须救救我的孩子。’我告诉他，我刚刚偷了一辆车以及所发生的事。他说道：‘唉，你看，高速公路旁边就有一辆废弃的汽车，你们为什么不一起进来暖和暖和？’然后我们又在那里谈了一会儿，他决定把我从南犹他带到盐湖城去，那里对我来说会更安全。

“我对他说，我有一辆汽车，在我的名下，是我辛辛苦苦挣来的。我想把车要回来，于是我把车钥匙给了他，他就去了我们的院子，对他们说：‘有一辆车的牌子是非法的，我要扣押它。’就这样，他扣押了我那辆车，把它交给我，我就跟着他来到了盐湖城。在他办手续期间，我们在一个安全的庇护所内住了一个月。之后我们就可以走了。那时候，我都不知道怎样到商店买东西。我什么都不会，孩子们也没有任何受过教育的证明，我们也都没有出生证。我们要解决的问题太大了！可是我又必须救他们。

“最开始的五年，我们要解决居无定所的问题。我们加入了一项庇护计划，从当时的‘不同宗教间的友善’组织得到帮助，它现在已经改名为‘家庭承诺’。他们让我们住进更安全的住房。然后有一天，我们的牧师说：‘我这里有一张大学招生传单。’

“我说我不知道怎样能上大学，我好不容易才付得起房租。我这么笨，也不可能上大学。我真不知道怎样才能做到。

“他说：‘你说话的时候有热情，你写信的时候，写的是完整的句子，而且你喜爱文字。’

“我说：‘好吧，除了我内心里的问题之外，文字是我拥有的全部。我所能做的就是观察世界，那是我能做到的唯一的事了。’

“他坚持说：‘你能上大学。’这把我给吓住了，因为我心想，大学里哪会有我待的地方呢？当时他们已经说服我接受辅导，取得了高中同等学力，我意识到自己还可以做一些事情，但是上大学这件事还是把我吓住了。在我的一生中，从来没有完成过一次因式分解——我不知道是怎样疯狂、邪恶又喜欢折磨的人，发明了这种数学，我永远也不会跟这种男人约会。在我获得了高中同等学力之后，通往大学之门打开了，这让我十分恐慌。那种感觉简直要把我逼疯，我想，我真的做不来。你要知道，高中同等学力的学习已经够难了，我不可能参加难度更高的学习了。可是我的牧师说：‘你要上大学。’于是，我上了。

“这里的一切简直太惊人了！詹妮弗简直就是一只蹦来蹦去、充满能量的皮球，她能让你想要把艺术一口吞了——对于我这种一直节食的人来说，它的好处是不含热量。这门课程讲的是让人使用色彩和图像来表达感情，就像我用文字表达感情一样。我最喜欢的一门课是历史课，因为讲课的杰克·纽厄尔，他热爱自由，喜欢教育人们，让人们觉得自己是这个国家的一部分，自己可以让这个国家得到改变。到那时为止，我还没有让任何人发生改变，我所做的一切只是为了活下去。

“此外，我想我已经没有多少时间了。每个星期五我都要进行化疗（芭芭拉得了狼疮），我不知道我还能活几个星期，但是我上了大学，我必须坚持到底。这可真是一个大冒险！我还没死。

“给我治病的一位医生问我：‘你怎么还没死？’他们惊讶的是为什么来化疗的人都死了，我却能够坚持这么长时间。我答道：‘你从来也没有告诉我应当死去呀，你们应该告诉我嘛。’

“我说过，我是孩子们全部的依靠。我有好奇心，我心里充满了问题，所以我必须看到这些问题的答案，我还必须帮助孩子们度过目前的笨拙期，找到自我。他们的内心仍然带着过去的伤痕，我要看到他们成为完整的人。

“我知道，上大学通向成才，这样我就能给孩子们更好的生活，让他们成为更好的人。整个上学期我一直在努力，为了得到这个愚蠢的肄业证书。你知道，我必须这样做。

“上学期，我开始意识到：‘这还很不够。’因为从上学期开始，课程才变得有意思。课程1010（课程代码）完全没意思，那应该是给死刑犯开的课；课程1050简直就是违法的；有些预科课强度和压力太大了！它们不是用来培养冒险精神的，因为一个人心里要说的话要比拼写错误重要很多倍。学业强度加大并没有带来十倍的冒险，而是十倍的压力。没有人来告诉你该怎样应付，只有你能告诉自己。束缚的茧让你更加大胆。因此，现在我正努力变得更加勇敢。现在我想，我要得到学士学位。可是我究竟要付出怎样的代价呀？我现在是在跟我的三个孩子一起上大学，我的意思是说，我们一起吃中国的拉面，这就算是我们丰盛的晚饭了。

“我知道，我心里的所有问题都是关于自由的，而我得到了自由的许可！”

这次谈话后不久，琼·切尼告诉我，芭芭拉和另外五名毕业生一起去见犹他大学的招生咨询人员了，对方愿意指导她们申请奖学金。琼在信中说，我们应该尝试了解学生对他们所上的大学有什么影响，巴西阿雷格里港的一位教授也说过类似的话。学习克莱门特课程的学生并不是草根运动的一部分，而像自身的DNA就能引起学者感兴趣的人，他们本身就是现代广场中的学者：雄辩、热烈、爱民主，又有些危险。

我似乎一直都在对学生们说，要找出最适合自己的方法。我请求盐湖城的妇女们回到课程中的学术部分来，她们喜欢苏格拉底，崇拜他，是他引导她们进入了思考。她们知道，早在1955年贵格派教友提出之前，苏格拉底已经说出“真理就是力量”。质疑世界的概念来自柏拉图，她们读《洞穴隐喻》，其中的故事就像是她们来上课之前的经历。学生都愿意看到光，但是她们并不想重新回到洞中，去告诉那些仍然处于黑暗之中的人们。《安提戈涅》也让她们喜欢，如果爱与秩序悲剧性的冲突是令人喜爱的，也许亚里士多德的“宣泄”一词更好地说出了她们的感受。

第十五章

首尔：大家好

首尔古老的小巷蜿蜒曲折，一直通向交通工具无法通行的小道。转弯很急，甚至无法看到对面的行人和自行车。司机不得不停下车，沿着弯曲的街道倒回去，然后开上另外一条路。我根本无法和他交谈，他坐在我旁边，不停地用韩语嘟囔抱怨，然后又因脱离险境大笑起来。高秉宪并没有向我们解释为什么要进入这古老的黑暗之中——这里的街头曾发生过打斗。在黑暗中，没人说得清这里留下了什么，又还会发生什么。

翻译说："车子开不上去了，要下车步行。"司机把四轮驱动的面包车停到路沿上，我们下了车。我们曾经去过下面的临时收容所，可是这一次，我们必须向上爬。山坡非常陡，爬起来不容易。几百年前，朝鲜人在山上凿出很深的台阶，可是每个台阶之间的距离却相差两尺多，只有巨人才能跨越。在没有月亮的漆黑夜晚，凸起的石阶看起来黑魆魆的。台阶两旁，住房和商店顺势而建，随着山路蜿蜒上升。我们向上爬去，很少说话。我隐隐约约地看见队伍最前面的人影，在陡峭的地方，有人会伸出手把我拉上去。四周的黑暗和耳边的韩语让我感到不知所措。我听见给我们当翻译的女人提到我的名字。我们绕过一个转弯的时候，突然出现的灯光照出前面攀行者的剪影。我忽然发现，女翻译竟然是一行人中最高的，她有着男人般健壮的体魄。

我们一行的负责人迈向一扇大门，门马上就开了，然后他就走进了一间透出黄色灯光的屋子。我听见他在跟一个女人用韩语交谈，很明显，这个女人不会允许我们都进去。除了翻译，最先进去的是领队和我，其他人只能回到门道等。我回头看了秉宪和建筑师一眼，秉宪冲我笑了笑，建筑师仍然往前挤，希望能够抢先进去。房间里，穿着深紫色连身衣的肥胖女人正在一架斑驳的小钢琴上弹奏，我并不知道那悲伤的曲调出自何处。领队把我介绍给她时，她连头都没有抬，只是稍稍转换了音调和节奏——可能是爵士乐的旋律，以此表示见过我了。

负责的女人通过翻译对我说道："美国人用过她，她是他们的妓女。"

"她当时还是个孩子吧。"我对翻译说道。她点点头，但是并没有把我的话翻译过去。

一个女人带着一个小女孩从里间走了出来，女人穿着层层叠叠的衣服，最后在外面套了一件半透明的薄纱；小姑娘的衣服也像那个女人的一样，一层套着一层。我懂得把自己所有的衣服都穿在身上是什么意思。小姑娘微笑着。这里似乎是某种提供长期住宿的地方，不过我搞不清它到底是什么样的机构。我在衣袋里翻找能够给小孩的东西——一块糖、一个硬币，或者任何东西。找来找去，只摸到了一块不知从什么地方顺手拿来的薄荷糖。我伸手把糖递给小女孩的时候，她忽然跑回到妈妈的身边，母女两个又慌忙逃进了黑暗的里屋。我看着领队，她什么也没说，也没有暗示这里面有什么不寻常。这对母女刚走，就又来了一个长相年轻的女人，她有三四十岁，头发染成暗红色，用发胶抓起来。我用韩语对她说道："你好。"她则用英语回答："你好。"

"你说英语吗？"我问道。

她对我报以迷人的微笑，很明显，这是某种开放的表示。她有着娇美的容貌，就像一个玩具娃娃，她涂着口红，擦着胭脂，眉毛和睫毛都描得又黑又重，这使她的头发显得更加花哨。“是的，说英语。”她说道。

“我是来这里教人文科学的。如果我给你一本诗集，让你阅读、讨论，你愿意吗？”

她迷惑地看着我，翻译又用韩语对她说了一遍。这个红头发的姑娘回答我说：“愿意。”

“你能用英语跟我再说点儿什么吗？”

她妖媚地向我微笑，用英语说道：“八十七年前，我们的先辈们在这个大陆上创立了一个新国家，它孕育于自由之中，奉行一切人生来平等的原则。”

我赞许地冲她点点头，并且示意她继续说下去。她接着说道：“现在，我们正从事一场伟大的内战，用以考验这个国家，或者说考验任何一个孕育于自由而奉行上述原则的国家是否能够长久存在下去。现在，我们在这场战争中的一个伟大战场上集会……”

已经没有必要再请她继续背下去了，于是我打断了她，问道：“你喜欢诗歌吗？”

她再一次做出媚态，不置可否。

第二天，翻译和我在旅馆附近的一家小店里买了一本诗集。她答应说会给收容所带去，以此开始在亚洲的第一次克莱门特课——假如不把葛底斯堡演说也算上的话。

* * * * *

实际上，在我收到邀请，让我在联合国教科文组织和国际哲学学会在首尔女子大学举行的联合会议上演讲时，克莱门特课在韩国的准备工作就已经开始了。那次会议的主题是美国思想，我将它视为传播克莱门特课程的良机。但是因为我还有其他工作要做，去不了首尔，只能以远程会议的方式发表了演讲。这次演讲很顺利，直到两个记者抓住我的一句话，我在讲演中说美国的资本主义制度促生了巨大财富，也促生了贫穷，他们就这句话穷追不舍地提问。

会后，会议的组织者给我寄来了刊登演讲报道的韩国报纸，可是韩语我一个字都不懂。报道中，我唯一能认出的就是自己的照片，照片上的我没有一丝笑容。

一年以后，“京畿道终生学习中心”的人给我发来一封电子邮件，紧接着，一位名叫朴容德的纪录电影制作人也发来一封邮件，他想要制作一部关于克莱门特课程的电视纪录片。我对他说，芝加哥是最好的拍摄地点，因为那里的艾米·汤玛斯·埃尔德可以帮助他，同时他还可以拍摄威斯康星州的麦迪逊，那里离芝加哥很近。在麦迪逊，他可以拍摄艾米莉·奥尔巴赫的工作。艾米莉是大学英语教授、广播节目的主持人、克莱门特课程在麦迪逊（在这里被称为奥德赛）的联合创办人和主任，同时，她还是好几本书的作者。我向他承诺说，我会帮助他获得这两地课程主任的拍摄许可，并且会尽快告诉他能否直接与他们联系。结果，艾米莉和艾米都同意了。我告诉他，艾米莉创造出克莱门特课程的新版本，而且非常成功。可是我不会说韩语，朴先生的英语也不流利，我真不知道两个人之间交流的效果如何，不过，人人都赞同朴先生的拍摄之旅。不久，由朴先生、摄影师和拍摄助理组成的摄制组就抵达了纽约。当我问他朝鲜战争期间他在哪里时，他说道：“还没出生。”我耸了耸肩，对着他的摄影机微笑、鞠躬，然后把他们送到中西部去了。

也许，那次学术会议并不像我自己想象中那样糟糕，否则为什么朴先生会飞越半个地球来找我呢？

朴先生真是一位疯狂的电视制作人。艾米莉向我报告说，他把一切东西和所有人都拍下来了，他甚至想跟着她进厕所！在朴先生最终寄来剪辑好的录像前，这一切都显得有点儿喜剧成分。最终，难以沟通的语言和文化的影响淡化了，朴先生制作出了关于奥德赛/克莱门特课程的第一部电视片。在得到同意之后，他拍摄了学生们在家庭和社区中的生活情景，他还捕捉到了艾米莉·奥尔巴赫的教学天才和课堂上温馨的气氛。虽然字幕是韩文的，但是终于有了第一部记录我们工作的视频资料。朴先生冲破了语言的阻碍，理解了我们的事业，并以生动和易于理解的方式将它制作成影像。

我第二次见到朴先生的时候，是在首尔飞机场的出口。他肩上扛着摄像机，目镜紧贴着他的脸，站在那里迎接我。从加利福尼亚来的航班持续飞行了十一个多小时，因此，尽管韩国航空公司的飞机很舒适，但我还是感到疲倦。在朴先生的后面，还站着几个来迎接我的人。在我们互相介绍的时候，朴先生就退到一旁，拍下在我看来没有什么意思的事件：几个不断鞠躬和微笑的陌生人，来迎接一个疲惫的老人。

我们一行人走进机场里的休息室，还有三个人在那里等我们，他们坐在一个小长桌前面。又是一阵寒暄和鞠躬，以及用英语、韩语以及不确切的翻译进行的空洞交谈。在鞠躬和杂乱的交谈间隙，我明白了我应该与两位报纸记者、一位翻译，以及我从来没有听说过的一所大学的系主任林正安一起坐在那个桌子旁。来自“终生学习中心”的那位先生担任我们的翻译。我想从这群人中间寻找一张脸，一张能够让我记住的脸，一个我能够理解的微笑的脸。最终，我的目光停留在了一位在机场出口处迎接我的人身上，他很容易让人感到亲近：他面颊上的肌肉跳动着，眼睛里闪烁着克制的泪花。这个人有属于波兰农民或苏格拉底塑像上的圆鼻子，每当眼前荒唐的情境令他发笑时，他的鼻子就会皱起，眼看着他几乎要失去控制，开怀大笑。我还从来没有见过一张这样心胸开阔而值得信赖的脸呢。

看着他笑，我也跟着笑了起来，我们成了朋友。我问他可不可以跟我坐在一起，他理解了我用英语提出的问题，但还是婉言谢绝了。这时，一个报纸记者打断了我们，她告诉我说她的时间很紧。新朋友也点头同意。原来，我的新朋友高秉宪就是这次行动的负责人，我怀疑我对他的表情理解错了。也许，那并不是友谊，而是一种韩国式的管理风格。

采访开始了，记者提的问题都是用完美的英语写成的。在我看来，这就是一个巨大的错误，韩国人把我当成别人了。我又累又渴，跟他们要水。这次，水、冰块和软饮料很快就端上来了。韩国人的举止优雅有趣。我很快就意识到围在小桌旁的这群人，并不是对我感兴趣，他们想知道的是教育穷人的事。看来我这次来韩国的决定是正确的，这次旅行将是有趣而有益的，于是谈话变得越来越亲密。现在，轮到我向采访者和在场的其他人提问了：韩国有没有大量的贫困人口？西方人认为韩国创造了经济奇迹，那么与此同时，这些贫困人口又是怎样产生的？

他们谈到了1997年的经济危机，以及国际货币基金组织造成的灾难。我们还在仁川，他们说等我们向首尔走的时候，路上会经过一个公园，那里有一万多个住在帐篷里的无家可归者，是国际货币基金组织的政策使他们失业，流落街头。虽然我在这里看不到睡在城市大街上的人群，但是在这个丰足的社会里，确实有很多，甚至是成千上万没有受教育的人群。我告诉他们，美国也有同样的问题，正是由于美国贫富阶层之间的差距，才诞生了克莱门特课程。

他们问起这项课程背后所依据的理论，我们谈到了民主以及它在雅典的诞生。这次访问前，我做了些准备，因此我们可以谈论朝鲜哲学以及永恒运动的概念。比方说，天和地是处于完全静止之中，处于完美的相对平衡之中，可是忽然创造出了人，立于天地间，于是产生了永久的运动。据此，我们也可以期盼穷人和没受过教育的人站起来，过上更好更美的生活。我们还把古代韩国的思想与主导这个国家多年的儒家等级思想进行了比较。

出了机场，我们分别坐上几辆车。从那时起，秉宪就完全接管了我的旅行。在车上，他详细地解释了来接机的都是谁，他们与教育和民主的关系。这群人里面年岁最大的名叫金民基，他是光州起义战歌的作者。1980年，这次起义推翻了独裁，在韩国建立了市场民主制度。金民基先生不说英语，但是我们还是能够通过秉宪和其他人的帮助进行交谈。我向他表达问候，并解释说克莱门特课程的目的就是民主。他说他知道“目的”这个希腊词的意思。我进一步解释说，使用苏格拉底的温和方式教授人文科学，就是一种自由的艺术。秉宪介绍说，这位起义歌曲的作者冒了很大的危险，甚至是生命的危险，最后终于推翻了独裁统治。

我满怀敬佩地紧紧握着老人的手，我们都发出了幸福而舒畅的笑声。来自“终生学习中心”的人问我喜欢不喜欢爵士乐，我说我非常喜欢，而且有很多爵士音乐家朋友。这让他很高兴，我还答应寄给他一张唱片，曾经与卡尔·雅德一起录音的鼓手在上面签过名。他问我到首尔后，想不想一起去爵士乐俱乐部，我说道：“如果有时间的话。”我这样说是因为考虑到我从那么遥远的地方来，想尽量做一些有价值的工作。

比起在机场采访我的人来，韩国的旅馆更加美国化，在我入住的房间里，家具都是按西方样式布置的。我开始整理行李，盥洗完毕，给旧金山的妻子打了报平安的电话，然后上床睡觉。像往常一样，凭我自己是算不清楚现在的旧金山当地时间的，于是我给宾馆的前台打了个电话，然后定上我随身带着的小闹钟。我躺在黑暗里，可能有几个钟头睡不着。我在心里问我自己，这次来韩国是不是为了要把更多的西方观念带给东方人呢？

我又想到我的新朋友秉宪——我从他脸上读出来的内容准确吗？我是在怀疑善良吗？我是不是已经失去了信任真挚笑容的能力？我来这里干什么？脑海里翻腾着上千种关于文化帝国主义的疑问，我迷迷糊糊地入睡了。

一大早，西蒙·林神父就来了，他是圣公会的牧师。他接受克莱门特课程的理念，已经为无家可归者提供教育。西蒙是一个瘦削、真诚的男人，虽然不像秉宪那样，但和他一样爱笑，他在给无家可归者提供一种全然不同的庇护场所。我们参观了一家在西蒙领导下、由圣公会运营的诊所。他把我引见给正在工作的医生，这位医生用英语和我简短交谈了几句，就带我进入诊所。我看到了来自街头的饱受疾病、饥饿、肮脏折磨的无家可归者，他们无精打采，形容憔悴。医生用韩语跟他们说了几句话，然后就回到检查室里继续看病，而我则沿着等待就诊的队伍逐个与病人握手，说些空洞的话，这些话马上就被身后高个的年轻女翻译译成韩语。

我转完这一圈以后，西蒙带我们去看还在施工中的收容所。他热切地给我介绍这个目前还只是处于胶合板隔断阶段的工程，完工后这里将给无家可归者提供一个属于自己的小房间。通过翻译，我们都表达了“尊严”这个词的重要性。秉宪也去了，我们两个都说了一些打趣的话，但是那些只不过是为了发笑而找的借口罢了。我们都明白，只有发笑才能释放一个说英语的人来到一群陌生的韩国人中间，只能靠翻译进行交流的那种紧张气氛。这就像是在课堂上，大笑能够开启学生们的对话之门。

头一天，几家主要报纸报道了美国克莱门特课程的创办人来首尔教穷人的新闻，首尔最高的大楼之一也在楼顶的电子广告牌打出了消息。这让我感到很不舒服，我倒是更愿意去收容所里与无家可归的人待在一起，询问他们是否愿意参加一门教授人文科学的课程。

第二天下午，我在一家大学的礼堂里面，为一大群观众做了讲座。当然，现场有些客套的讲话、礼貌的掌声以及为聆听同声传译准备的耳机。

坐在我旁边的男人是个道知事，也是总统竞选人，坐在他身边的是一个容貌近乎完美的女人，我被她的美丽惊呆了。这位知事告诉我说，漂亮女人名叫李惠敬，是社会融合委员会的主席。他说如果能请她参与，对开启克莱门特课程将有非常积极的影响。我问知事他能不能帮助我们，他向坐在旁边的女人点点头。于是我侧过身去，问坐在我身边的秉宪，能不能安排我和这位主席会面。秉宪马上对她说了，然后她用纯正的英语告诉我说她的日程都排满了。我对她说，我为此深感遗憾，因为我认为很多韩国人都能从这项工作中获益，只要她给我十五分钟，我是不会浪费她的时间的。她礼貌地微笑着摇摇头。

事先，翻译曾经传话给我说，如果我能严格按照事先写好的稿子而不即兴发挥的话，他们将会非常感激。我很惋惜，也无奈地同意了。因为我本打算请这位社会融合委员会主席帮忙，向她解释在韩国教育穷人，我们需要做些什么。知事讲话时，我在遵守礼仪与争取开创克莱门特课程的机会之间挣扎。最终，是怯懦而不是良好的举止让我选择照本宣科地念稿子。事先我已经从秉宪那里学会了怎样用韩语说“老子”和“孔子”。在开始这次讲座之前，我觉得来一次韩国历史和文化突击也是一件有趣的事。从中国传来的儒家等级文化统治朝鲜半岛长达数百年之久，这令我感到惊异，我发现，老子可以作为反对儒家的有力武器——道家思想中静穆的感觉可以成为天地之说的完美对立，这与认为人来到天地之间，带来了永恒运动的韩国思想迥然不同。

第二天，我们去一家斋菜馆吃饭。我的座位紧挨着秉宪十多岁的女儿在勇，我曾经带着她和她的弟弟参加了新闻发布会，是为了让他们能够亲眼看到那有多么愚不可及。两个孩子一直和我坐在一起，使劲忍住不笑。他们的英语能力令我吃惊，也令我着迷。在这个餐馆里，都是穿着传统装束的僧侣为食客服务。我很享受午餐期间的谈话，但是这两个孩子——他们这时候已经是我的朋友了——更有意思。我注意到，对于我平生吃过的最美味的素菜，在勇却毫无兴趣。我忍不住侧过身子去问她：“你喜欢这里的菜吗？”她皱起了鼻子说道：“这是喂兔子的。”

我大笑起来。这些菜虽然很好吃，很对我的口味，但确实是兔子的食物。我们的对话引得整个桌子上的人都转过来看我们。

在韩国期间，在勇跟我建立起了亲密的联系，从那时起，我就成了她的“美国爷爷”。在她中学住校不快乐的几年里，我们互通电子邮件。现在她在巴黎大学读书，学了法语后，她的英语有些退步了。最近，秉宪又给我发来了孩子们的照片，比起这位苏格拉底，孩子们长得越来越像他们漂亮的妈妈——一位歌唱家。

第二天晚上，漂亮的主席女士没有请我去办公室里见面，而是请我去市中心的一家日本餐馆吃饭。那里就像很多韩国饭馆一样，位于一家商业中心的二楼上。秉宪和我从宾馆步行前往，先是穿过一条摆满泡菜小摊的街道，然后从首尔中心地区宽阔的大道拐上一条弯曲的小路。天气很冷，我们走得很快，虽然路边的街道都很吸引人，但是我却没有时间去观赏了；秉宪说李惠敬还邀请了其他几位客人参加晚宴。我问他，我的韩国孙女，小美食家能不能参加，他笑了起来，因为他知道兔子食的事。

上楼时，我们两个还有说有笑，但是一进入房间，气氛马上变得严肃起来，我们之间也有了距离感。主席已经到了，端坐在一个长桌的中央，身边围着几个男人和穿着深色西服的女人。从外表上看，这是一群银行家在开会，可是他们全都是政府官员，坐在主席两边的分别是社会融合委员会的两位主任金永泰和闽栋世。大家客套寒暄，然后李惠敬介绍了在座的其他人，之后我们就开始谈工作了。她已经把我们谈话的要点做过介绍，他们也都从报纸上读过这项课程的报道。现在，他们想要详细谈谈：这项课程能在什么程度上，解决世界货币基金组织在韩国造成的遗留问题。

社会融合委员会的职能覆盖多个区域，其中只有两个部分与克莱门特课程直接相关：住房和教育，很显然，政府可以为国内各个地区的课程提供资金。教育分部的主任当场并没有做任何承诺，只是说他会试试。然后谈话转到了住房上面。这是我感兴趣的话题，因为我知道，韩国人在穷人住房的考虑方面要比美国人先进得多，他们把这件事看作社会融合的机会，而不是进行社会排斥，但是那正是美国制度不便明言的目标。我问负责人，在他的住房设计中是不是包括一间会议室或者社区中心。他说的确有这样的空间安排。我接着问："有没有可能把会议室设计成人文科学室，那样就需要为人文科学室雇用一个协调员，并且需要把诗人、音乐家和教师请到这里来，这样我们能建立起穷人自己的知识和社会团体，从而把他们与社会联系起来。这就是社会融合的宗旨，不是吗？"他们都点头同意。不过，与此同时，我也发现像电影明星一样的女主席以等级森严的方式管理着委员会。那些部门负责人在发表意见时都要看她的脸色行事。

这时候，饭菜端上来了。尽管有很多我不认识的韩国海产，但是我还是几乎把它们都囫囵吞下去了。接着端上来的是一条鱼，一条很小、很洁净、烹制过的整鱼，同时还上来了新的筷子。

"你会用筷子吗？"主席问道。

"会一点。"

我们隔着桌子相视一笑，然后开始操练起筷子来。这位从美国加州大学伯克利分校获得了博士学位的主席说着毫无口音的英语，把鱼皮揭掉，然后从细小的鱼骨之间夹起一块肉来。我也学着她的样子做。鱼皮很容易就揭掉了，下面的鱼肉结实，一点儿也不起油。我瞥了一眼周围，发现每个人都在偷偷地关注——不是关注他们的主席，而是我这个美国人，他们希望看到美国人不会用筷子吃鱼的窘态。主席紧盯着我，我也隔着桌子看她。坦率地说，她使用筷子并不是非常熟练。看来，在勇在斋菜饭馆里说的是真的：韩国人通常用叉子，而不是用筷子吃饭。

事实上，吃这条鱼对于她来说比我更困难。我曾经在旧金山居住多年，因此经常与中国朋友在使用筷子的餐馆里吃饭。这条鱼结果成了主席与我这个美国人之间进行文化竞争的东西了，我们都不停地夹着，谁都一笑不笑。现在，鱼外面露着的肉已经吃光了，紧接着应该用筷子伸到细密的鱼刺上夹取。我们两个中间，谁会是第一个把手伸进嘴里，从舌头上拔掉鱼刺的人呢？我暗暗发誓，绝对要把吃到嘴里的所有鱼刺都嚼烂了咽下去。假如我被鱼刺卡住了，那么也是为了这项美好的事业，因为我已经开始相信，我们之间的竞赛，实际上就是在考验我的西方观点能不能在韩国的穷人中间实行。

我和主席就这样恶狠狠地、优雅又小心地吃着。我不知道面前的究竟是什么鱼，我永远会把它当作一条竞赛的鱼。吃到最后，我已经无法把眼睛从仍然挂在鱼刺上的零星白肉上移开。经过一番艰苦努力，我终于看到盘子里可怜的鱼就像是遭到了一群食人鱼的攻击，最后只剩下干净的白骨。主席也承认把竞赛的荣誉归我。再看她的那条鱼身上，鱼刺上到处挂着鱼肉，令人伤心地躺在她的盘子里。获胜之后，我长舒了一口气，大家都笑了，因为这场比赛只不过是我想象出来的，他们从来也没见过吃得这么干净的鱼，剔得这么干净的鱼刺。

关于克莱门特课程设置的争论很快就出现了。两位年轻的教授指责我这是文化帝国主义，他们说在我提出的课程里面，没有韩国或者其他亚洲国家的材料。我回答说："如果我了解韩国文学和哲学，我就会把它们包括进去。当然，你们会认为我想在韩国教授纯粹的西方课程。事实上，我还曾经对秉宪说过，我认为韩国太西化了。"

秉宪点头承认，并且用温柔的笑容赢得了在场每一个人的好感。争论刚一开始就这样结束了。

现在还有一个问题：克莱门特课程与其他教育项目有什么不同？我的回答就是苏格拉底。在没有我参与的情况下，林牧师和秉宪等人商定，第二天开一堂教学方法的演示课。他们提议由我来使用苏格拉底教学法，给住在收容所里的无家可归者上一堂课。我同意了，但条件是这些人要事先阅读翻译精准的《申辩篇》。既然他们要看苏格拉底的方法，那么就应该让苏格拉底自己来教。在用韩语讨论之后，西蒙牧师说他们同意我的条件。

两天以后，秉宪和我走进房间，里面坐满了报纸记者和学术界人士，摄像机无所不在。在这个长方形的大房间里，用长桌子和椅子摆成方形。最远端的桌子后面，已经有一男一女坐在那里，他们向我示意，表示那是主桌，让我也坐到他们身边去，听课的无家可归者将坐到方形的另外三面。我拒绝了，向翻译解释说，我跟人群一起坐才能更好地演示苏格拉底的方法。翻译和我不认识的一个人——我猜是负责这次演示课的人物，对此感到非常不高兴。我们甚至就这个问题进行了简短的讨论，他们说我在主桌可以更好地看到每一个人，但是我坚持说，那样会给人一种上课的印象，而且更糟的是，这会形成一种等级分明的状态。而我要建立的是一种对话，人们拥有政治和个人的自由，却仍然愿意在享有这些时遵守规则。“这是非常希腊式的，不是吗？”

他耸耸肩，不置可否。

无家可归者从房间后面的一扇门进来，坐在桌子旁。每个人手中都拿着一叠纸：韩文的苏格拉底《申辩篇》。我问有多少人读了材料，在翻译重复了我的话之后，他们中的大多数人举起了手。我又问道，有多少人读完了。在经过翻译之后，没有几个人举手。

“这个故事是讲什么的？”

很久才有人回答。

“他被指控犯了什么罪？”

令人惊奇的回答出现了。我问是不是每个人都同意这个回答。

“他是一个基督徒吗？”

“他相信耶稣吗？”

这回花了很长时间，我提了很多问题才引出毒害青年罪的话题，但是我们做到了。等待翻译把每一个问题翻译过去，再把回答翻译过来，是非常乏味而令人厌倦的。学生们和我互相看着对方，他们都很整洁，穿着西装，看来西蒙在准备工作上下了一番功夫。

我们谈话期间，我可以听见在房间后面响起照相机的快门声，摄像师在变换角度和镜头的时候，让人们移动地方。随着讨论的继续我从他们的发言可以看出，他们阅读的文本在翻译上有差错。他们以为苏格拉底自己就是法官，而且他们不相信他有孩子。其中有一个人说，苏格拉底非常富有，其他人都表示赞同。我们终于谈到了美德。坐在我旁边的一个人举手说话，逗得所有人哄堂大笑。听了翻译之后，我也跟着笑起来。他说的是：“我不想谈美德，我想谈谈钱的问题。”

人群中很多人表示同意，于是谈话就从苏格拉底转到了没有钱的问题上。课堂上都是无家可归的人，他们都住在收容所里，我无法责怪他们对钱的关注。又经过了很长时间和很多的问题，我们才把话题转回美德和幸福上来。我不得不先表示，有足够的钱去买食物和住房非常必要，然后话题才回到《申辩篇》上。后来我想，假如我之前直截了当地告诉他们要读的内容，可能会节省好多时间，但是我还是决心坚持自己对于对话式教学的信念。

这堂课快结束时，我问他们，老子会不会同意苏格拉底的思想。我惊奇地发现，他们对老子的了解并不比对苏格拉底的了解多。后来，我跟之前担心文化帝国主义的教授谈起来，我完全同意在教授西方文化的同时也要教授东方文化。最后，在记者们采访了学生之后，我尽量对每个学生礼貌鞠躬，并且与那个关心金钱更甚于美德的人握了手。

去仁川机场之前，秉宪、“京畿学习中心”的爵士乐爱好者、闽吉、林牧师和我一起在三清阁进午餐。这是一个传统的韩式宫殿，当初是为了政府而建设的，现归私人拥有。开门的是一个穿着传统服装、踩着短高跷的妇女。这是一次阴郁的午餐，大家有一种战争结束的感觉，一种推翻了独裁的感觉。闽吉轻声唱起他谱曲的作品。我很遗憾我的韩国孙女在勇没能来，不能用她的笑声让大家轻松起来。我们当然也需要她的弟弟在场，他的英语仅限于能说出希望拥有一辆豪华轿车。最后，我们以鞠躬和拥抱结束了午餐，然后驱车前往机场。现在评判我们的工作还为时尚早，但告别总是令人悲伤和焦虑的。

* * * * *

我的忧虑是多余的。韩国人像各地的课程创建者一样理解克莱门特课程。秉宪把《给穷人的财富》这本书译成了韩语。不到一年，就有人从韩国来美国商讨这个课程。很快我就意识到，很多人形容亚洲巨大的政治和经济变化时提到亚洲的“韩国化”，实际上是从韩国人争取多方面的自由引起的。对传统规则的严格遵守会限制一些个人自由；民主在各地不断获胜，随之而来的是更大的政治自由。在个人自由中，妇女的地位仍然难以确定，尤其是在乡村。但是，一切都在改变，而这种朝向更好生活的改变给韩国注入了令人吃惊的能量。我给秉宪写去长文，呼吁在教育中给笑声和对话应有的地位，这已经成了我的主要作用。比起秉宪和社会融合委员会以及首尔市政府带来的改变，我的作用真是微乎其微。比起我们那年久失修却还一息尚存的民主，韩国人令人振奋。首尔市长吴世勋意识到克莱门特课程对穷人的作用，他聘请五所大学向城市中的穷人讲授这门课。四年多来，每年有至少1200人受惠于市长的这项课程。韩国的其他城镇也开始了这种课程。我之前从来没有听说过的那所圣公会大学，现在已经成了这门课程的主导大学，负责整个庞大计划的人就是高秉宪。

现在，西蒙·林牧师已经离开韩国，被圣公会派往别处。我还记得那次他带我参观首尔天主教堂的情景。那是一座奇特的建筑，英式的外观却有韩国式的屋瓦。在观看了内部结构、绘画，爬过很多级台阶之后，我们来到花园。西蒙打开通向一个小房间的一扇门，里面是一块板子做的床，这里是他隐修的地方，他就睡在那张板子上，只吃大米和水。他说，当我再来韩国的时候，他将安排我住在这里，“这里可是写书的好地方”。

第十六章
杰斐逊县：美国精神

克莱门特人文课是典型的美国想法，它的初衷源自希腊，在美国以外的学生更多，他们说各样的语言，恪守各自的文化。尽管如此，克莱门特课程仍然是美国的，在雨林与波吉特湾之间的狭长地带，也就是华盛顿州的杰斐逊县，它尤其美国化。在那些小镇、破败的农场和发臭的小河一带，在州立大学的地方分校，非传统的中学，甚至森特姆附近自诩为华盛顿艺术创作中心的漂亮住宅，到处都能感受到由人文而生的社区氛围。

蕾拉·希尔顿是杰斐逊县中心的中心。她组织克莱门特课程，资助它、哺育它，像呵护婴孩一样把它抱在怀中。她十多年来把杰斐逊县里形形色色的人集合成一个社群。她住在奇马克姆，她的房子建了没多久，可是她拥有那片土地已经很多年了，她刚刚来到西北部读大学时，就买下了这片地。那座房子，按她自己的说法，没有电，在山上的树林里。她的丈夫，杰克·雅各布，设计了房屋的结构，与蕾拉一起依山建房，这样他们就可以从窗口俯瞰下面的树林。他们并没有全靠自己盖房，虽然杰克自己也能做到。他是盖树屋的，是这个行业中有名的顾问，他爬过上千棵树，盖过一百多个树屋。

蕾拉的学术生活是文学和环境的结合，这时时从她的话里透露出来，也能从她能将话题突然转向路上看见的鸟儿或树间的小熊里感受到。杰斐逊县对渴望了解、漫步大自然的人来说是个好地方，这里大部分地方属于国家公园，多山，很多地方仍然很险峻。巴尔迪山就在这里，俯视着西面的雨林和东面的市镇。这些市镇的名字多数叫“港”，如哈德洛克港、拉德罗港，以及县里最大的城市汤森德港。小社区的名字常常叫“堡”，讲述着这个托马斯·杰斐逊命名之地的历史。大多数原住民已经迁走了，或被驱逐，或搬到该县的西部居住，以避开人口统计。因此，穷困率（2010年时大概为14%）并不能反映杰斐逊县的真实情况。蕾拉·希尔顿说，杰斐逊县的人要同时打两份工，再做一点副业才能维持生活，除了拉德罗和森特姆度假地的富人。

当地人认为，县里真正的城市汤森德港正在迅速成为失业大军的营地，而存在严重的经济和教育问题的地方不止这一个。基尔瑟内也遇到了难关，那么多人在拼命挣扎，但是官方公布的贫困率只有14%，这是美国农村地区的怪象之一。数字并不能描绘这个地方，蕾拉·希尔顿却能够，她对克莱门特课程兢兢业业的投入让她做到了这一点。

她说：“大多数为穷人服务的项目都针对贫困，而这个项目却是关于财富的。”

蕾拉的工作成为国家人文基金会的样板，我曾经以它作为美国、阿根廷和非洲乡村克莱门特课程的起点。我并不觉得这种样板是文化沙文主义，因为它预示着最基本的民主社会和美国精神，有希望移植到其他文化中去。

杰斐逊县是个好地方，虽然它受到贫穷的困扰，要募集到开课所需的一点钱总是非常艰难。像南卡罗来纳查尔斯顿的玛丽·安·科利，阿根廷的克劳蒂娅·帕拉迪诺和帕特里乔·格雷汉一样，蕾拉把募款变成了又一个集思广益的机会。

一天下午，我和蕾拉开车去参加当地克莱门特课资助者、学生和朋友的聚会，这个地方看起来不像伊利诺伊或加利福尼亚那么富庶，土地灰蒙蒙的光秃秃一片。我从西雅图越过群山，经过空落落的市镇，来到东部的农村，看到数月来的干旱使土地变成灰色。水有恩于杰斐逊县，但没有挽救大片乡下地区。在路边等我们的年轻人就住在乡下，在贫瘠的土地上耕作，他的家中没有自来水，他和同伴过着无政府主义者的生活，尽量离群索居，甚至远离水源和食品店，他们吃的是自己在贫瘠的土地上种出来的东西。

他很瘦，稀疏的胡子接近黑色，衬出苍白的脸。他爬上后座，关上车门。我在想因为缺水或者香水，他身上可能会发臭，可是他身上只散发出男人和土地的气味，他名叫贾斯汀。我问他是否真的是一个无政府主义者，他说是。我又问，他所认为的无政府的界线是什么，而不是那些英国摇滚乐队歌里唱的那样。他什么话也没有说。我又问："你相信一切私人财产都是偷来的吗？"我指望他会就这个话题滔滔不绝，但他只是表示同意，然后又一言不发了。

过了几分钟，他与蕾拉开始讨论食物。她一直在为他和跟他住在一起的女伴提供少量生活必需品，补充他们土地供给的不足，以此作为对他们在这一带工作的回报。我没有问他，无政府主义是如何与克莱门特课程调和的，毕竟这个课程得到了美国人文基金会的一些资助。他不想多说话，宁愿独自裹着外套坐在车后。

他是个英俊的年轻人，是个农场工人，也是猎人，靠打猎和种植维生。在梅瑞迪丝和彼得·华格纳家中举行的聚会上，他在人群里安然自得。这座房子是梅瑞迪丝和彼得围着一个将近二十米高的图腾柱盖成的，他们按照自己的品位雕刻了这个图腾柱，与彼得设计的房屋格调一致。作为华盛顿人文理事会的理事和杰斐逊县图书馆馆长，梅瑞迪丝·华格纳自该县开办克莱门特课以来，就是它的一分子，她是这个县最富有的群体与公民参与之间的纽带。

在她的聚会上，在小吃和白葡萄酒之间，贾斯汀这位无政府主义者穿梭自如，像无礼的其他客人一样，他跟人闲聊，时而停下，观看图腾最高处的面孔，或眺望窗外的林地，那片林地似乎在窗外漂浮。在聚会不久后拍的一段视频中，他说："教师使用的苏格拉底教学法让我觉得自己有能力，也有动力去学习。教师真正对我的各门学习和作业感兴趣，这跟我的中小学经历完全不同。

"我有一次想看一看美国历史，特别是艺术史。很难说这是政府的错，也不能说所有人都有责任。我看到了一个更广阔的图景，这帮助了我，使我不再执着于我的'主义'，这也帮助我与那些有着不同生活经历的人发生关联。"

贾斯汀参加克莱门特课时，并没有离开自己的信仰，只是他现在成了一个公民，一个政治人，伯里克利那种的政治人，而非普鲁东或克鲁泡特金那种的。他可以投票、有驾照。贾斯汀的伴侣——他不称她为妻子，虽然他们在一起有不少年了——在蕾拉新居的卧室地板上生下了他们的孩子。几年前，他们全家离开了那个没有水的农舍，回到密歇根老家。贾斯汀参加了一个正式的野生动植物研究和保护项目，他的孩子是个女孩，现在也快3岁了。他一直与蕾拉·希尔顿保持着联系，尽管他住的地方离这里很远。他告诉蕾拉，他在教女儿树林里的事，告诉她怎样追踪动物。贾斯汀教她的时候，并不给女儿讲他们看见的是什么动物或植物，而是让她来告诉他。他说，他在用苏格拉底的方式培养她。

蕾拉对贾斯汀或克莱门特课程不做社会或政治方面的评价。学习使他有了选择生活方式的自由，与其说这是希腊式或伯里克利式，不如说这是更美国化，更杰斐逊式的。贾斯汀没有对这个把他赶进树林的世界做什么让步，他仍然是一个林中人，一个在自然中找到幸福的人。不过，他显然不再是一个被动反应的人，贾斯汀已经成为一个在林中反思的人，这让人想起梭罗。

* * * * *

克莱门特课程的美国特征，是它与太平洋西北本土文化的联系，对自由以及加入某种秩序当中的渴望，民主的机制，都突出地显现在贾斯汀的身上和华格纳的家中，体现在那天傍晚来参加聚会的人群中。席德尼·吉甘也是其中之一，也许她是所有人里最有美国味的，在本县她从事过各种工作。她根本不像一个哲学教授，虽然她白发苍苍，戴着无边眼镜。她微笑时——她很爱笑，一点儿也不像个学者，因为她笑得毫无保留。她可以使劲拍桌子强调或咄咄逼人提出质疑，在她的课上，苏格拉底变成了古希腊战士，大笑的勇士。十二年前，席德尼还没有教克莱门特课的时候，她在本地的一家五金商店上班。蕾拉物色老师的时候，遇到了席德尼，立即聘用了她。蕾拉说，席德尼·吉甘拥有音乐和哲学高级学位，也了解杰斐逊县里受教育较少的人群。随着席德尼进入老师队伍，哲学成了一条走向而非逃避真实世界的路径。她是个好老师，但是不容易应付。她不给出答案，但是她会引出答案。

老师的团队十年来都没有变化。他们来自这个县里的各行各业，又把课程编织进了当地的生活。有一位教授——尤金·泰勒，他认为，历史课应当在酒馆里上，这是老式的美国主张。一天晚上，我和杰斐逊县的教师们还有几个学生一边喝着酒，一边吃着新鲜的鳟鱼。一个学生坐在长桌的尽头，跟我们一起喝着酒，说他在本地社区大学的IT办公室打零工。又喝了几杯之后，谈话转向了网站。这个想法经历了迂回曲折的路线，又经过一次犹他州的会议，加入了在奥尔良写的建议书，经过美国人文基金会执行主席卡罗·华生的批准，终于变成了由蕾拉·希尔顿在杰斐逊县主持的网站。

酒馆只是偶尔作为上课的场所，大多数时候，课堂还是在杰斐逊县图书馆或是社区大学。课程按照彼特拉克设计的大纲进行，使用的是苏格拉底教学方法。但是，2011年席德尼·吉甘在汤森德港的马威斯达非传统中学教了八周哲学课。班很小，哲学对那儿的学生是个挑战。不过，蕾拉说，学生们反应积极。这个克莱门特分课堂下一年在马威斯达还会扩大，老师们与学校的教师一起教学，已达到本州的标准。这一次，课程的全体教师会在整个学期教授这门课。那之后，青少年法律系统就要求与这个课程挂钩，因为司法官员看到了参加这个课程的成人的变化。杰斐逊营会在汤森德港奇马克姆的中学开这门课，而“女孩圈”将来会有八十名学生参加成人课程。好邻居联盟也加入其中。有一个教贫穷的女子职业技能，帮她们自立、过上体面生活的组织，这个组织也在询问是否能把克莱门特课程扩展到妇女之中，因为他们认识到仅仅工作并不足以带来体面的生活。扶轮社、名流俱乐部、同济会和国际职业妇女协会都在支持杰斐逊县的克莱门特课。

蕾拉·希尔顿相信，人文促生了社群，苏格拉底式教学方法在教室内发生了作用，也影响了课堂之外的世界。她看到这一点，就像从她的窗口由近及远，从树间看到远处浓密的树林。她就是这样看待世界和感受世界的，她的孩子都大了，她像一切接近大自然的人那样，站得直、行得正、说话直截了当，她仍然满头金发。虽然每年写提案书、申请、做三文鱼、管理捐献的衣物这些事很麻烦，她感到疲倦，也想发一笔横财，但她仍然坚持着。她完全明白，必须这样。她教文学，而她本人就是活生生的象征。去年冬天，她穿上潜水衣，跟洄游的三文鱼一起逆流而上。

第十七章 开端——2011

学生们开始谈论一个人可能会做或不会做某件事的各种原因——为了达到目的或得到某些东西，或者只是因为这么做是对的。有个女孩——一个积极参与的热心女孩——说，不去杀人的唯一原因是，你可能会被抓住。我觉得她在逗我，可她说她是当真的。全班人都同意她的说法。我肯定，他们并不真的这样想，而且我相信，他们最后也会发现他们并不是真的这么想，可是……我们谈了很多关于孩子们在街区长大对他们的意识产生的影响。我之前一直相信哈伦克莱门特课程的影响还不会显现出来，也很难形容，而这场谈话使我的观念发生了转变。

——艾米·汤玛斯·埃尔德

有些事情并没有预先计划，这件事显然就没有。我不能明确地说出它是怎么发生的，但它就是那样发生了，就像魔法或好运一样。多芙达·麦基是这个变化的核心，不管她怎么想，反正我们都这么觉得。这个时髦的女人，打扮得总像是要去她在芝加哥大型律所的办公室那样。她总是以一种干脆、精确的方式进入谈话，然后突然发出银铃般的笑声或抛出一个俗语，让谈话顿时变得有趣起来。我们之所以相识，是因为我曾经主张穷人区的中学生会因为良好的人文教育而受益，这是我在克莱门特课程的后期才想到的。我的观点——穷人受外力胁迫而变得贫穷——经过多年才发展形成。我一开始觉得只需要教育成人，后来被证实这是错误的。最开始，在贝德福德山监狱与维尼丝·沃克谈话时，这一点似乎已经很清楚地摆在我面前了。尼丝主张从孩子开始，她是对的，我错了。过了十七年，我终于明白人文课也应当教给被外力围困的孩子，那从中学开始并不早。

我在芝加哥大学的贫穷、希望和机会论坛上讲演，阐述了以上观点。这是一次学术尝试，众多值得思考的好建议从来也不会成为现实。可是，私下里我觉得这个想法应该会引发什么。但是，到底是什么呢？又怎样产生呢？在芝加哥南部？我认识的芝加哥最正派、最开明的人告诉我，对待贫民窟中的孩子，唯一可行的教育方式就是冲他们吼。

“吼？”我问。

“吼。”他回答。

一个参加过奥德赛/克莱门特课程的女人告诉我，学校的工作人员在女中学生的储物柜里发现了裁纸刀和刀子。她说：“哦，还有别的东西，辣酱。”

“辣酱？”

“用来洒在伤口上。”

我提出帮人摆脱外力的理论已经有十七年了。如果以前行得通，这一次为什么不呢？教人文科学，像彼特拉克定义的那样，不止是一年中每周两次，这一次要四次，每天一节，总共六百小时，在一所公立中学，在黑人贫民区的最深处。这有点像是从头开始再一次开设克莱门特课：人们说我发疯了。人文科学克莱门特课程的两位理事坚决反对，一个人说我对中学生毫无了解，而且我没有与理事们商量就擅自决定了这件事；另一个人说，不要把这件事说出去，否则我们就募不到钱了。他们说得也对，好像是吧。

他们不认识多芙达·麦基，那时，她已经在芝加哥大学的预科为芝加哥南部四所中学的学生讲课。对于有前途的学生、芝加哥公立学校以及要做的工作，她知道得更多。是否做下去，需要由她来决定。如果克莱门特课失败了，或把大学置于尴尬的境地，麦基将难辞其咎。

我们在考虑CPS（芝加哥公立学校）第23区[1]的五所中学，麦基曾在这里与大学预科专员埃里克·威廉姆斯成功合作。这不是个让人看好的选择，这里三分之二以上的学生读写水平低于他们的年级标准，缺勤率很高，毕业率很低，只有不到1%的学生能达到大学录取水平，80%以上的学生达到了享受免费午餐的标准，因为他们来自于低收入家庭。而四年中离开的学生人数也高得惊人：每所中学有将近三分之一的学生流失。多芙达说，芝加哥有一万多名这样的学生，他们来自威廉·朱纳斯·威尔逊所谓的“下层阶级”[2]，注定要继续留在那个阶层。虽然心怀善意的人们为黑人贫民窟拍摄了纪录片、写下悲伤的书籍和文章，但在芝加哥的南端最终什么也不会改变。当W.W.诺顿出版公司的史达林·劳伦斯决心要为贫困问题提出答案时，我就想过诉诸这些方式。

克莱门特课可以算作是我对他的呼应，但是，它把我的生活翻了个底儿朝天。现在，面对内城的公立教育问题，要找到解决它们的办法，我这把年纪可是做不到了。在芝加哥的南端，奴隶制引起的各种罪恶仍在发生，多芙达知道这些，她知道要做出一个重大的改变有多么困难——像科

1　管理几所学校的学区。

2　肯·奥列塔传播的这个概念是对穷人道德品质的无情诋毁，严重伤害了美国的社会平等。克莱门特课对穷人的认识与之相反。我想，种族主义在“下层阶级”有很大影响。

学家所言，一种可以复制、扩大的改变。可是她义无反顾。我和艾米·汤玛斯·埃尔德跟随她的脚步。

在五所最出色的学校中选出一所，需要一种类似信仰的东西，因为统计数字实在糟糕，看不到任何希望。不过，好像也有了一点线索，帮我们解开这个难题：约翰·马歇尔社区中学——俗称哈伦中学的校长。哈伦是个很难管理、几乎没有可能管好的地方。每个人都害怕帮派，一个学生就在学校里被杀，家长们不敢把孩子送到哈伦，教师们士气低落，学校建筑也逐渐破败。雷金纳德·埃文斯被委任为校长，派到哈伦，人们期望他能恢复学校的秩序。埃文斯到任伊始就败下阵来，好像他领受的是失败的指示。芝加哥的每个坏孩子以及全美国都知道内城的口号："停止暴力。"在哈伦，人们不用把警察叫到学校，他们的车就停在学校里，或者整天在楼道里巡逻，以防最坏的情况发生。

很快，埃文斯就在哈伦找到了盟友，一位工作多年即将退休的老师。她仍然有一头茂密的金发，而且穿得比新来的老师更加正式——后者通常穿着套头衫、牛仔裤上班。薇薇安·哈帕纽斯基在工作中见识过最难管、最危险的学生，她虽然临近退休，但仍然怀抱希望，希望哈伦的一些学生能够有出息。这很奇怪，有些像学校以之命名的那位法官。在普莱西诉弗格森案中，只有约翰·马歇尔·哈伦发表了异议，反对美国把种族隔离合法化。哈帕纽斯基和埃文斯也和哈伦一样固执己见——哈伦曾抗议说：我们的宪法是"色盲"的宪法。

多芙达·麦基没有详细说明她为什么选中哈伦中学开设克莱门特课。她只说校长欢迎新点子，没有别的，像一个好律师那样，她不提出细节，以免引起争论。第23学区的埃里克·威廉姆斯请埃文斯、哈帕纽斯基、麦基和汤玛斯·埃尔德一起开会。我通过麦克风参加远程会议，可是校长办公室的麦克风坏了，多芙达只好把她的手机举给大家。尽管我只能听见部分对话，但也知道埃文斯先生和哈帕纽斯基女士严肃、矜持、好奇、含糊其词。埃文斯的声音传过来，深厚、冷漠、富有权威、非常清晰，这并不多见。埃里克·威廉姆斯和多芙达·麦基做了大部分的发言。

* * * * *

对克莱门特课程提出的需求太大了。我们凭空杀出，侵犯了一个管理着一千五百名学生的校长的权利，最后提出我们的条件：我们出一半的费用，提供课程，招募教师。哈伦中学提供其余的部分：一半教师工资、课本、管理、一位协调员、招生，调整课表以保证每天有固定上课时间，并且必须在四年后达到学区和伊利诺伊州的标准。学习小社区的副主任小尤金·罗宾逊说，他可以找来需要的资金。但是埃文斯博士仍然很不放心，他私下跟多芙达·麦基说，课表已满，突然加进一门课程，会很成问题。埃文斯已经开设了一个工程预科课程和一个AVID计划（教授学生如何学习），还有W.E.B.杜波伊斯之家，还有兰斯顿·休斯之家，一个乐队再加上体育课，还有标准的芝加哥中学课程。他说："课程多得像圣诞树，现在你又要我再加一门。"这个过度操劳、烦恼的人客气地说。

第一次开会，假如不是与他改进学校的主张一致，埃文斯肯定就会当场把这个提议拒之门外。他很少说物理实验室、技术或是学校前警车的数量，他会用休息时间去处理这些。他需要对付的是人，他要用校区的规定和教师合同来对付他们。克莱门特课承诺，从芝加哥最好的大学和学院里招聘最有经验的教师。埃文斯很客气，但是他很忙，没有时间来处理听来又像是一个问题的事情。他需要弄明白，克莱门特课能给哈伦的学生带来什么益处，最重要的是，他需要弄清对方是什么人，他们怎么会觉得自己知道怎样教育芝加哥的弱势学生。

这么多年里，这个时间可能是要重新开始的最差时机。谁都没钱，学校的预算被削减，之后还会进一步减少，州人文委员会和国家基金会也缺乏资金。我提交了计划书，心想大概它会被搁置一边，等到年景好时再做打算。可是，我们居然就来到了校长办公室。似乎伊曼努尔·康德的文章《老生常谈：理论正确未必可行》要在这所芝加哥的学校得到验证。

我没有想到会在哈伦开克莱门特课，至少在那个时候，所谓的可以预见的将来是那么死气沉沉。聚会结束之后，我有时双手支着头出神，觉得那些说不的人是对的：我真是发疯。为了教育美国贫穷大熔炉中的孩子，早有能干的人在各个城市尝试过了，并没有产生任何作用。杰弗里·卡纳达广为人知的两亿美元的哈莱姆儿童区也失败了，成了彭博和克兰市长任期给纽约儿童带来的灾难。克里斯·惠特尔创立的营利学校既没有产生营利，也没有带来教育。萨拉·斯多林加是城市教育研究所的研究员，该研究所在芝加哥南部开创了四所特许学校。据她说，四所学校的考试成绩都达到了芝加哥公立学校的平均水平。埃文斯并不是不知道，这实质上等于失败或至多只是保持中等——而中等事实上意味着每年都在下降。面对每个学生增加1300美元的开支，他并没有退缩，这些钱比给每个学生配一台电脑还多一些。学区出650美元，相当于对每个学生追加稍多于5%的开支。以这个预算，哈伦克莱门特课程可以实施。

埃文斯不得不自问的是：为什么要冒险？哈伦中学在他的管理之下一直稳步改善。他努力把他称之为“好人”的教师找来，这个做法很起作用。他知道多芙达·麦基就在此列，从奥德赛/克莱门特课程毕业的年轻女子也不例外。可是，谁来教呢？艾米会来教吗？电话里那个声音断断续续的人会从纽约赶来教课吗？根据我在巴特·舒尔茨学院的讲稿，他大致能看出第一年课程的雏形。我还寄给他一本《给穷人的财富》，除此之外他什么都没有。没有成功的先例来支持这个想法。克莱门特一直是面向中学毕业人群的课程。

2011年春天，我们就开始准备哈伦项目了。当夏天来到的时候，我们出师不利。凡是不认为这个计划疯狂的人都提出了改进它的大胆想法：一个家伙想做希腊悲剧，继续一个给伊拉克战争退伍军人疗伤的课程；而另一位觉得我们应当开个摇滚音乐会；然后又有小提琴家、画家，还有陶匠……各个方面，凡是能想得出来的。我试了所有的提议，尤其是希腊悲剧，我觉得它有可能成功。但是，我们有时间安排的问题，还要付给演员报酬。这个主意令人兴奋，可是我没法实现它。整个夏天事事都感觉不对劲、出了错。我们成立了一个委员会来支持这个项目，到了仲夏，这个委员会里只剩下多芙达、艾米和我。我们九月能开课吗，还是要等到次年九月？或者永远不？我半夜醒来，不断自责。我背诵着从牛津英语词典里翻出的“鲁莽”这个词条，现在，这个词只用于文学语境，只为自以为是的老作家所用。但是从“鲁莽”到下一个词“鲁莽地”之间，列着一长串释义——草率、愚蠢、粗心大意、莽撞、盲目等。是的，解释中还有“冒失”，但是这前面必须有“过分”这个副词的限定，没有丝毫勇敢或有胆量的意思。我上床时先想着“冒失”，到了后半夜开始想“蛮勇”，定义只有一个：“胆怯”。

大半夜不是胆怯的时候。

把理论终于付诸实践的是薇薇安·哈帕纽斯基，起初，我不明白她为什么这样做。在应当有先见之明的人当中，只有她当过这里的老师，了解周围社区，知道学生毕业的小学。她本来上个学期就要退休，但是，她告诉埃文斯，她还可以再做四年，担任协调员和写作老师，直到第一期克莱门特课结束。她会帮助招生、订出课表，让他不用操心管这门新添的科目。从苏格拉底到哈帕纽斯基路途遥遥，可是就要完成了。只剩下教职员、学生，以及设法在已经满满当当的课表里再塞进一节课。

多芙达和我着手给学生和家长写说明册。这里边包括前芝加哥大学招生主任的说明，以及伊利诺伊技术学院现任招生主任的说明，提到我们的学生在申请大学时应当有哪些考虑。我们保证，授课教师来自于芝加哥最好的学院和大学。这个许诺很诱人，不过，我和艾米都不知道哪个副教授会愿意每周到哈伦来教课，这群学生勉强认字，并且极少写作业。多芙达、艾米和我都承认，我们所承诺的优秀教职员实际上不过是希望、梦想。也许，“冒失”不过是撒谎的代名词。

埃里克·威廉姆斯提议从整个芝加哥州立大学招募教师。它与哈伦毗邻，埃里克曾经是那里的学生，多芙达在哈佛和芝加哥法学院上的本科。但是问题是，芝加哥州立大学现在已经远不如他们当学生那时，它的声誉已大不如前。它位列全美国最差的二十五所大学之中，毕业率是13%。它现在刚进入恢复期，但是一所大学的恢复不会很快。我说，芝加哥州立大学和附近的社区大学奥利弗·哈维都达不到克莱门特课程的要求。我们从巴德学院开始，并在世界各地努力保持这种优秀的水平。在哈伦，我们也要这样做，否则，它就不能叫作克莱门特课程。

因为芝加哥允许上完八年级的学生自主选择入学的高中，我们要从一长串的初中学校名单中招生。我们照理说应当喜欢城中最好的中学，分数最高的学生，可惜我们遇到了两个意外的门槛。雷金纳德·埃文斯做出的改进还没有广为人知，学校辅导员和家长仍然认为哈伦高中是黑帮的天下，教职员无能、乏力，体育馆破败、升学率极低。大多数好学生都选了别的学校，选了哈伦的少数好学生都去学理科或商科，或其他偏门，我们只能挑其中剩下的。

招生并不顺利，我们的计划是招五十名学生，并从中选出二十五名最有可能受益的人。我们宣布暑期课程计划那天只招到了几个人，这时候，我们一共有十三位学生，后来这个数字一直停留在十三到十七之间。根据芝加哥学区的统计，我们会失去三分之一的学生，因为这四年中，这些人会搬离这片地区。我问薇薇安哪些学校的辅导员会把学生送到哈伦。她给了我一份名单，仔细标出我应当给谁打电话。一些辅导员很不友好，好几位说他们已经与哈帕纽斯基女士谈过了，还有几个说还没有看多芙达送去的说明册，有些辅导员说，家长们不想把孩子送到哈伦。打电话也许带来了一到两个学生，如果电话起作用的话。

多芙达·麦基和薇薇安经常联系，交流招生的问题，她们相信能招来足够的学生。不过，薇薇安也提醒我们，学区允许学生在开学初的几天自己做最后决定。要到最后才会知道有多少学生会来哈伦，或者有多少学生会来上克莱门特课，到那时要改变计划就来不及了。

整个暑假，艾米都在招募教师。第一个说能来教课的是凯瑟琳·魏纳，森林湖学院的历史学家。在请她来哈伦之前，无论艾米还是我都不曾有机会和她见面，我们能听见和看见的是她在一次会议上讲话和回答问题的视频。她的泰然自若、对材料的掌握、落落大方给我留下了很深的印象，我甚至担心自己是否会因为太急于招募教师，而失去判断力。我请妻子看一看视频，她觉得我低估了魏纳博士，艾米也这样认为。我于是写信给凯瑟琳·魏纳，我们开始合作。

奥黛丽·佩迪是伊利诺伊大学的教授，曾经为克莱门特课程教授文学，艾米说她是个出色的教师。佩迪博士很年轻，喜欢和教育机会曾经被剥夺的人合作，还出过书，我想学生日后会越来越欣赏她。我们谈到课程设置，她觉得在哈伦可以采用。她的学术著作是关于哈莱姆的复兴，我觉得这对学生来说很重要。

丽贝卡·佐拉克在芝加哥大学教授艺术史，正在休假，不过她同意来哈伦。佐拉克博士感兴趣的领域是芝加哥年轻黑人艺术家的作品。不过，她的书《血、奶、墨水和黄金》讲的是法国艺术复兴。她觉得我写的课程大纲行得通，只是古典作品的比重太大。她说得不无道理。

艾米·汤玛斯·埃尔德在芝加哥大学格雷汉姆学院教哲学，也是伊利诺伊克莱门特课程的灵魂。经过反复劝说，她终于同意来哈伦教哲学部分。艾米对课堂有很深的影响。在芝加哥，上过奥德赛/克莱门特课的学生说，艾米是他们所知道的最好的老师。他们对她很是依恋，而艾米教得久了，也十分喜爱他们，以致在毕业时，哭着给他们发毕业证书。

* * * * *

第一堂课开始的那天，学生们陆续到达，有几个刚好赶在八点开始上课之前到达。一共有二十三人，比我希望的人数要少，但是对于用苏格拉底式教学法授课的课堂来说，这仍然是满员。他们都客客气气，经过了漫长的夏季，都有些昏昏欲睡，大多数学生是女孩。虽说他们对于新的规则感到有一点吃惊，但还是已经准备好上新课了。开始的几周用来培养记笔记、做家庭作业和前来上课的习惯。克莱门特课程的学生被要求读一些神话：希腊神话、纳瓦霍族的神话、玛雅的神话以及非洲的神话。这样做的目的是让这些在贫民窟的狭隘环境里成长的孩子们，知道还有其他文化存在，他们很快就能够学会看出故事中的规律。这并不是要让他们成为年轻版的克洛德·列维·斯特劳斯，而是要让他们获得对世界普遍联系的感觉，以及对人的基本相似性的认识。

来参加第一堂克莱门特课程的时候，学生们已经了解到这项课程将是与众不同的，这样他们就可以对即将发生的事有所准备。他们喜欢讨论神话并就这个题目写出几句话来，但是这种对乐趣的期待并不总是能唤醒所有人的学习热情。一半学生会迟到，另外有一部分学生在将近下课的时候才到。麦基在她的大学预科课堂上，也遇到过这样的问题，她试图通过给学生们发橘子汁和早餐棒来解决问题。“你必须在上课之前五分钟停止发放果汁和早餐棒，因为你并不希望他们在上课的时候又吃又喝。”她这样劝告说。但是这个方法没起作用。

在第一堂艺术史课开始之前半小时，丽贝卡·佐拉克到达哈伦高中，学校里还很安静，后面的草坪上空无一人。警察很快也会来的，大厅保安已经就位，秘书和助理正在校长办公室里面工作。薇薇安来到了即将开始克莱门特课程的教室里，她和丽贝卡调试幻灯机，并为了课堂对话把桌子摆成圆圈。

第一批学生在将近八点时进入教室，并帮助老师摆桌椅。大多是女孩，说话柔声细气，就像阳光灿烂而微凉的早晨一样。芝加哥最好的季节是夏末秋初之时。透过教室的窗户，学校外面深绿色的田野给人带来安慰和希望，窗户仍然像夜里那样关着。更多的学生到了，哈珀小姐——学生们都这么叫她——对于迟到的学生，先是皱眉，然后以微笑迎接他们。她是维持课堂秩序的负责人，她可以轻易做到这一点，因为她总是以拥抱的目光望着学生。

这是一间充满尊重的教室。学生们拿出他们的名片，上面都有自己的姓，以便教师可以称他们为“先生”或“小姐”。教室前面的黑板上，蒙娜丽莎正在向他们微笑。丽贝卡说这并不是一幅绘画，她更愿意称它为数码图像。她总喜欢进行这样细致的分辨。这不是一个普通的班级，她也没有把他们当成普通学生看待。她自己承认说，上课前她感到紧张，因为她还从来没有给中学生上过课。她是一所名牌大学的教授——她研究生毕业于哈佛，又在芝加哥大学取得了博士学位——她在那里遇到的都是全国选拔出来的顶尖学生，因此她所关心的只是怎样教而已。而这个早晨，她要为哈伦的学生做两件事：第一件事，她拿出一张纸让学生们传阅，纸上是从瓦萨里的《艺术家的生活》一书中摘录的内容，让他们对屏幕上数字图像的画家有所了解；第二件事，她拿出一个装着小包裹的袋子，每个包裹都有大约两个拳头大小，用纸草草地包裹。她要求学生们分成三个小组，然后她给每一个小组发一个小包裹。这项练习的目的是训练对于所看到的东西学生们应该怎样看和怎样表达。这是艺术史课的基本训练。她请学生们把包裹打开，然后在小组内部就他们所看到的东西讨论一段时间。这些包裹内部的物品主要是手工制作的咖啡杯。也有一种是有着长把手的“伊布里克”，用来冲土耳其咖啡的小型金属杯。她请每个小组分别描述一下他们的物品，每个小组选一个人代表整个组发言。她也不用特地告诉他们每个组只有一个人能站出来发言，他们都懂。学生们抚摸着、研究着这些杯子：其中一个学生说一只杯子是“青蛙颜色的”；另一个学生说他从一只杯子的设计中看出了人形；拿到了“伊布里克”的那个组说，那个把手是用黄金做的。学生们的想象力让教师感到心满意足。佐拉克博士微笑着，她已经开始和学生们交流了。这些物品开启了艺术史课程，一个课堂就这样开始形成了。

在下一个阶段， AVID的教师会过来为克莱门特课程贡献他们的时间。雷金纳德·埃文斯静静地走进教室，在靠后墙的一张椅子上坐下。这些新学生还不知道这个穿着蓝色西装的人就是他们的校长，因此他的在场没有引起任何紧张，继续上课。我与学生们谈了几分钟，然后问他们愿不愿意在一张纸上写上他们的姓名、他们希望上的大学的名称，以及对“自由”一词的简要陈述。他们写完之后，我问坐得离我最近的学生，能不能大声念出她刚才写下的关于自由的陈述。这时候，教室里变得喧闹起来，薇薇安和我请同学们安静下来，以便使大家能听到朗读者的声音。

然后这个学生——是个女生，用细小尖锐的声音读道：“自由就是能够做你自己喜爱的能给别人带来益处的事。”全班都鼓起掌来。我又吃惊又兴奋，开始问还有没有人愿意读一读刚写下的话。许多人举起手。我指着其中的一个学生，他开始读，其他人又鼓掌了。这些陈述并不深刻，许多人说的都是以赛亚·柏林所谓的“积极的自由”，即掌控自己的生活的自由。再过一年我还会再次提出这个问题，然后再过一年，再过一年，他们让我看到了希望。

在我就要暂时跟这个班级说再见的时候，我忽然注意到，在我后面的黑板上，用完美的花体字写着：“一个不做……的学生……”令我自己都感到吃惊的是，我竟然用一种指责的口吻大声问道：“这是谁写的？”那个从AVID来的指导教师，一个瘦削而漂亮的年轻人，很可能还在上研究生，从教室里的某个地方发出声音，承认是他写的。“这个人称对吗？”我问道。

学生们齐声喊道：“不对！应该是第三人称。”

在这位指导教师擦掉黑板上冒犯性的话时，我为我说话的声调向他道了歉。

这一切就结束了，丽贝卡、薇薇安和我离开了教室。整个早晨就这样被一个错字毁了。我能感觉出其中的涵义：糟糕的语法导致了怠惰，意味着玩忽职守，滋养着暴力，鲁莽的结局就是灾难。我犯了一个可怕的错误。我把其他人——教师、学生和所有人都拖下了水。整个早晨，注定的失败的阴云笼罩着我。后来，在回纽约的飞机上，当我看着学生写下的理想大学时，我的期待才开始回转过来。他们只用几个词就定义了自己：哈佛大学、斯贝尔曼学院、芝加哥大学、霍华德大学、伊利诺伊大学、莫尔豪斯大学、密歇根大学、茱莉亚音乐学院和杜克大学。

但是，这都是不能确定的。我想知道我们是不是空想家，或者只不过是空想家？这一切只不过发生在短短的一个多小时内。这些事情再过几个星期，我们就知道了。那时，教授们就能做出判断了。我等待着。所有教师以前都没有教过中学：他们不懂得控制学生的把戏，没有订在破烂活页夹上的陈旧教学计划，没有令人厌倦的讲课内容。这是苏格拉底的方法：温和，但是对助产士的要求并不低。

并不是没有问题。每一个教师都因自己的经验而持有独特的观点。丽贝卡是个热心的人，有一次，一个学生告诉她，艺术史的课太乏味，另一个学生则告诉我艺术史是她最喜欢的一门课。丽贝卡说："看来在很多方面都进展顺利。"她说，"既然我们进了中学，就得重新调整我们的方向。"有些学生不做作业，更多人则在课堂上不发言，这让她很着急。但是她说，他们在学习习惯上与她在芝加哥大学里的学生也没有太大的不同。她还带着这个班去参观了芝加哥州立大学举办的艺术展。她想让他们看到真实的作品，而不只是数字化的图像。她说，有些学生甚至都不知道绘画与照片的区别。

"当一切都顺利时，就会特别顺利，"她这样说，"我看见了他们因为某种东西而振奋起来的情景。孩子们的接受能力很强，因此，重要的是要给他们提供选择，这样就能够让他们与其他事物联系起来。"

丽贝卡·佐拉克热爱工作，是一个温柔的女人，年纪很轻就成了终身教授。她虽然是个学者，却有着艺术家般的感受力。教室墙上的广播喇叭里呼叫需要某处的某个学生回应广播的要求，这让她感到不舒服，她担心现在的中学有点儿太依赖纪律了。"我不喜欢强制。"她说，然后把话题转到画家凯欣德·威利的身上。他创作的街舞艺术家肖像应该能引起同学们的兴趣。也许能够把他请来，并且把他的一些作品带到班上来。威利把古典元素用于现代题材，就像哈伦的克莱门特课程一样，但愿佐拉克的感受力能够影响到这些学生。

奥黛丽·佩迪博士仍然记得，她自己也曾经不想好好学习，她能感受哈伦学生的这种心态。她说："我感到目前进展还不错。从创世故事和民间故事开始是个好主意。我在讲他们自己生活中的故事，尝试请他们贡献。”

课堂的人数一直令奥黛丽感到不满意。“对于我来说，最基本的要求就是要建立起对话，”她说，“我总是试图与教室里的每一个人建立起联系，驱动他们、触动他们。在每一节课开始的时候都向他们提出一个问题——我对大学生们一直都是这样做的。”

“我们的工作就是要点燃他们内心的火焰。我认为他们都很有能力。每一个学生都要在课堂上和大家分享他的想法。”下面的话，我们一般只能从为成年人讲授克莱门特课程的教师那里听到——她说，“我从我教的每个班里都学到了很多东西。我对每一步都尽量考虑周到。我能感到这群学生迟疑和害羞，那么我们要克服的就是情感投入的问题。”这时候，她就回想起自己之前的奋斗。她说，她能够看出来他们的改变，她还讲了她让全班都参与进来的方法。“我们在课堂上要做的最迫切的事情之一，就是要创造一个故事，所以我让他们每一个人都贡献一个句子。”她认为这样做是有效的。他们都在读加西亚·马尔克斯的作品，而且都很喜欢。很容易理解为什么她选择在学期的一开始就让他们读这些作品：因为对于年轻人来说，魔幻现实主义就是世界存在的方式，他们对于加西亚·马尔克斯所写的“老人有巨大的翅膀”一点儿也不感到惊讶。这样的教学产生了作用，奥黛丽·佩迪领他们进入了艺术的梦想。

在凯瑟琳·魏纳的课结束后，学生们都不约而同地走上前来感谢她。她是历史老师，美国历史，一个深入挖掘人类生活的学者。在魏纳博士的课上，学生们一开始就读了洛克的作品。她说：“我们对洛克和《宪法》前言进行了很好的讨论。”她马上就提出了一个问题，“我们为什么需要一个政府？”一个学生回答说：“因为在自然状态下，你妈妈会揍你。”

魏纳的方法是反复回到文本。当她看到学生们也照她的样子做时，她感到很高兴。她说："当我们谈到不可被剥夺的权利时，我们发现，洛克和杰斐逊对我们产生了强有力的影响。"

她看到了课堂上正在发生的变化。"两周以前，我们上的那堂课简直一塌糊涂。上周就已经非常好了，这周将会更好。我们一起讨论了作为哲学文献的美国独立宣言，以及杰斐逊是怎样为这个国家定义这些概念的。"

作为助产士，她提出的问题源自她自己的深刻洞见。这就是我们为什么要费力寻找高学历的教师。如果一个人的学术水平不高，就很难使用苏格拉底的方法。"我以前从来没有教过中学生，"凯瑟琳说，"这件事强迫我重新审视自己的教学方法，我无法假设任何事，我该怎么向根本不知道它的人讲独立宣言呢？"

"如果学生们继续参与，那么他们就会获得一些基本思想。需要让他们理解的是，有那么多不同的声音在竞争，"她回忆起了她和学生们一起阅读一份大事年表的时候，她努力让他们以时间和空间以及那份文件（独立宣言）为出发点。她说，"一提到权利的问题，他们都很有见解。"

凯瑟琳已经产生了一种教师对学生的感情。"有些学生非常寡言少语，"她说，"这个班里确实有一些非常聪明的孩子。他们非常有礼貌，他们尊敬别人、充满感激。"她说这些话是作为一个教师，又是作为一个妈妈说的：今年秋天她的大女儿已经上大学二年级了。与奥黛丽和丽贝卡一样，她也觉得教书是一种乐趣。丽贝卡带着她的学生们去看画展；艾米请他们思考道德问题；奥黛丽从一个作家的角度把他们引入到故事之中；而凯瑟琳则把他们带回到故乡——她让他们珍视这些。公民教育开始了，杰斐逊式的能力正在积聚。

但是，还有更深刻也更令人困惑的问题和思想，最终将把他们引入到那个伟大的康德式的问题上来："什么是人？"艾米·汤玛斯·埃尔德是一个善于提出问题的老师，她也是一位主张把最深刻的信仰拿上桌面，反复触碰的哲学家。正如E.E.卡明斯曾经形容的那样：“一个好色的哲学家把整个世界抱在腿上，与生命的原点做爱。”她说她的学生们在上课前没有做阅读准备，说她害怕去教《申辩篇》，可是她又说，学生们在课堂上的反应真是超乎想象。

薇薇安很快就看到了问题所在：学生们肯定会在第一节课迟到。为了解决这个问题，她和埃文斯博士与另一门课交换了上课时间。这样一来，学生们在克莱门特课程上课时已经全部到校。这对于已经确定的学校日程安排来说，是一个巨大的突变。但是雷金纳德·埃文斯对克莱门特课程非常投入，因此他使这次突变顺利完成。

薇薇安给了我一些学生的电话号码，以便让我通过电话询问他们的进步。尽管我打了有将近一百个电话，但只有一个学生接了电话，是一个使用移动电话的女生。她说她当时正在公共汽车上，让我晚些时候再打。之后我给她打了几天电话，她最终接起来的时候，我问她究竟发生了什么事。她说：“我在睡觉。”

“可是这才是中午啊。”于是我在晚上又打了过去。

“我在睡觉。”

当我们终于可以交谈了的时候，她说她喜欢这个课程，她想上哥伦比亚大学，因为她的姐姐在那里上学。我想，她把目标定在这样难进的学校，野心可真不小啊。但是交谈了一阵之后，我明白了她的那个哥伦比亚大学是芝加哥的一所艺术音乐学校。她是个非常可爱的女孩，跟她的妈妈和姐姐住在一起，她妈妈对她这两个女儿的未来雄心勃勃。

在一个男生的家里，一个男人接了电话，这个人可能是男孩的父亲，但是他不愿意表明自己的身份。他没听说过克莱门特课程，很明显地对孩子上学的事毫无兴趣。他说男孩将在星期天晚上回来，但是结果却没有。

薇薇安和我针对这些孩子的情况以及我们对他们的希望，进行了一次长谈。那时候，我们之间已经很熟悉，因此可以无话不谈。情况比我想象的还要糟糕，她谈到了了无希望、中心办公室的要求、缺少时间，还有混乱等。我们想通过交换彼此的信息来安慰对方。我发现她是个很可爱的女人，她对芝加哥的教育制度感到愤怒，我很敬佩她对学生们的关注，以及她对问题的直言不讳。

十一月，我们召开了第一次教师大会。雷金纳德·埃文斯设法解决了其中最棘手的问题：学生经常迟到的现象。他把每天的课程从第一节移到了第二节——这样，克莱门特课程就在早晨8：48开始。还有一些其他问题，需要长期努力才能解决：有几个逃学的，其中一半的逃学者被找来谈话时一言不发，很难判断他们是因为害怕还是顽抗，或者只是不知所措。对学生们来说，第一学年是寻找方向的时期，而这里的课堂确实跟哪儿都不一样。

哈伦学校的教师羡慕大学老师提问题的深度。据薇薇安说，那里的其他教师也在向教授们学习，可是克莱门特课程的学生却难以应付这些问题，很可能是他们都不理解这些老师究竟在说什么。以前，从来没有人要求他们思考叙事的手法、人称的角度、理解自然法则，或者是思考由神话引出的哲学问题。如果他们有一个像柏拉图传说中的戒指，一种无形的戒指，他们会做些什么呢？艾米给每个学生带来了一个镶着宝石棒棒糖的戒指，学生们舔着自己手中的裘格斯戒指，谈论着应该做些什么。慢慢地，她把他们引到了权力与人性的话题上。她发现了一种让他们与哲学问题产生实体接触的教学方法。

这并没有使她完全满足。艾米仍然在问自己，他们什么时候才能为《申辩篇》做好准备？会是今年吗？每周一次课，这些课的间隔是不是太长了一些？是否需要更连续的课程？奥黛丽要求她的学生们阅读《仲夏夜之梦》，但是她又太担心课堂的场地了。

第一学期是每周两天的哲学课、两天的艺术史，第二学期是两天历史、两天文学。这两个阶段的教学计划真的必须不一样吗？随着学生们的学习，老师们也在学习，老师们正在把课程计划纳入到与现实相一致的轨道上来。

雷金纳德·埃文斯对这些大学教师们解释说，要让学生们来上学也是不容易的。他说他自己在上中学的头几周里，所有的功课都不及格。对学生们来说，中学时期是个困难而可怕的时期，而对于这些从来没有教过中学的老师来说，同样是困难而可怕的。正如我们十七年前在纽约的下东区的第十三大街，以及在贝德福德山监狱中所做的一样，我们正在发现一个新世界。在哈伦，我们有很多事要做，有很多变化要做，有各种希望要树立，有很多给学生家长的信要写，有很多计划要重新考虑，有很多课程安排需要修改——最终，要把一种街头文化重新变成学习文化。

当我看着这张照片的时候，我看到了一个平静、和平而光明的城市。这座城市相当大，而且看起来好像要为人们提供好多东西；这座小镇看起来足够安全，能够让你在那里生活并开始自己的事业。每当我看到它有那么大的时候，我心里就会想，它肯定有什么名胜和娱乐的地方。是的，不论你是从什么角度看，这里都是一个好地方。事实上，我可能会搬到这里来住。

为成人设计的克莱门特人文课很久以前就证明了，一个好的教授可以对一群渴望上进的穷人进行教育。人文科学能够穿透把人束缚在底层、使他们坐以待毙的外力。克莱门特课程针对中学生的课程是一种特殊的努力：它深入这个国家的核心，质疑这个多元化国家自由和民主的核心理念。五个女人和一个中学校长，把克莱门特课程的大致概念应用到了中学生的身上，赋予它生命。他们就是建国者，就是带来了革命的杰斐逊、麦迪逊、富兰克林、汉密尔顿、亚当斯，以及洛克。

十一月初，当首次教师大会结束的时候，我问他们愿不愿意回答两个简单的问题：你认为这项计划能够成功吗？明年你还会再来教这门课程吗？

是的，是的，这是乔伊斯式的回答。是的，是的，这是他们的回答。是的，是的；是的，是的。

谢词

关于这门课

克莱门特课程起始于斯塔林·劳伦斯的一个问题。我第一次把我的想法告诉他，说我打算写一本有关美国贫困问题的书，他问了我一个问题。他说他一点也不感冒“呆头呆脑的政策专家写的书”，也不感冒对贫困问题的纯粹描述——这类书已经有人写了。他主张写出解决的办法，不论这些办法多么简单，对于贫困这个大问题来说多么微不足道。他同意我的计划，这已经是我出版的第三本关于贫困问题的书。多年以来，他的兴趣加深了，更加投入。现在，他已经是一个小小的非营利组织克莱门特公司的总裁，管理课程，是它的赞助人之一，也是它的首席执行官。

利昂·波斯坦几乎从克莱门特课程创始阶段就支持着它。今天，有两门克莱门特课程有巴德学院的参与，并且由玛琳娜·范·祖林和麦克斯·肯纳管理。通过一个由范·祖林博士志愿承担的项目，巴德将克莱门特人文课的成绩纳入它的课程学分。本书第八章《马萨诸塞：民主社会的积极参与者》的第一节和第二节也由范·祖林博士撰写。

对课程的赞助来自美国人文基金会及其州理事会、W.W.诺顿出版社的斯塔林·劳伦斯、AKC基金会、约翰·柴尔兹、彼德·索瑞安、希尔维亚·索罗斯、詹姆士·索罗斯等。很多学院和大学都曾给予过支持，巴德学院和芝加哥大学给予了关键的支持。

开设的课程太多，我无法一一记录在此。对于俄勒冈、新泽西、宾夕法尼亚、华盛顿、得克萨斯、加利福尼亚、康涅狄格、佛罗里达、印第安纳的课程，本书没有恰当记录。这些课程目前没有全部开展，世界经济不景气使我们难于筹集资金，我感到很遗憾，没有把足够的篇幅献给里德学院、威兰米德学院的克莱门特课程，没有记录彼得·斯坦伯格、詹妮弗·艾伦所做的重要贡献。对于布卢姆菲尔德山学院的凯尔曼课程和切里尔·伊凡和鲍伯·迪切尔十年来所做的一切，也没能在书中一一描述。洛杉矶的安吉利斯课程是克莱门特课程可爱的远亲，由夏里·福斯和特里普博士负责，圣母大学多年来一直在南湾给无家可归者开设课程，领导者是克拉克·鲍威尔和斯蒂芬·法伦。三一学院、富兰克林和马歇尔的课程现在已经因为资金短缺而停止，但是我相信它们会恢复的。

教职员包括圣胡安的前市长赫克托·路易斯·阿塞韦多先生，前教育部长拉菲尔·阿拉贡德博士，哲学教授佩德罗·苏维拉茨，历史教授佩德罗·冈萨雷斯博士，艺术教授索罗门·巴里恩托斯，人文系主任奥尔迦·维拉米尔博士，西班牙语教授路易斯·马约博士和迪娜·科特赖特博士。

学术委员会归玛丽丽娜·卢卡·韦兰校长领导，她是这所大学施行克莱门特课程的主要动力。

威廉·费雷斯、詹姆士·里奇，美国人文基金会主席布鲁斯·科尔、副主席卡洛尔·华生以及该组织公共计划负责人凯伦·米特尔曼，给予了克莱门特课程长期的支持。

我们遍布五大洲的教师出类拔萃，我希望我能够把他们的名字一一写下。不过，最根本的是这个课程的学生，我对他们更加感谢。

关于这本书

我和斯塔林·劳伦斯在过去四分之一世纪里共同努力，我们不仅是作者和编辑之间的关系，也是挚友。他从一开始就给这本书指明了正确的方向，并且在最后为它尽了一切编辑的所能，任何作者都不能要求更多。

这是安·阿德尔曼为我编辑的第二本书，第一本中尽是中美民族的语言和人名，现在这本加入了其他一些语言，如韩文、库皮克、纳瓦特尔、阿拉伯、达尔富尔和阿坎语。安找出丢失的字句，审视观点，修饰润色，给单调的词句加入活力。我要再一次感谢她。

梅洛迪·康罗伊不久将成为羽翼丰满的正式编辑，作者们都期盼着这一天的到来。

弗朗辛·卡斯上一次为我设计封面时，展示了我所见过的最为讽刺的天堂画面——核爆炸的蘑菇云。而此书封面的精致表现出她性格中较重要的一面。

关于生活

这本书出版的时候，我和希尔薇亚已经结婚五十六年。我做梦也没有想到我会这么幸运。